生活因阅读而精彩

生活因阅读而精彩

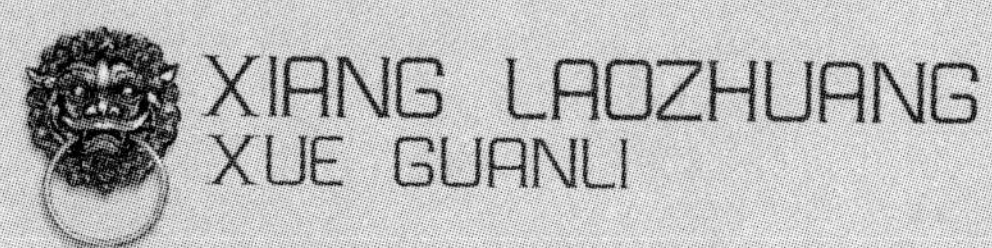


# 向老庄学管理

最有中国味的管理之道

单籍◎编著

中国华侨出版社

图书在版编目(CIP)数据

向老庄学管理:最有中国味的管理之道 / 单籍编著.
—北京:中国华侨出版社,2013.5

ISBN 978-7-5113-3579-1

Ⅰ.①向… Ⅱ.①单… Ⅲ.①企业管理-通俗读物
Ⅳ.①F270-49

中国版本图书馆 CIP 数据核字(2013)第099188号

**向老庄学管理:最有中国味的管理之道**

---

**编　　著** / 单　籍
**责任编辑** / 宋　玉
**责任校对** / 吕　红
**经　　销** / 新华书店
**开　　本** / 787毫米×1092毫米　1/16　印张/18　字数/253千字
**印　　刷** / 北京建泰印刷有限公司
**版　　次** / 2013年6月第1版　2013年6月第1次印刷
**书　　号** / ISBN 978-7-5113-3579-1
**定　　价** / 32.00元

---

中国华侨出版社　北京市朝阳区静安里26号通成达大厦3层　邮编:100028
**法律顾问:陈鹰律师事务所**
编辑部:(010)64443056　64443979
发行部:(010)64443051　传真:(010)64439708
网址:www.oveaschin.com
E-mail:oveaschin@sina.com

# 前言 Preface

很多领导讲到在企业中做管理的时候，都觉得很难。因为管得太多了，会让下属没有了工作的主观能动性，甚至会让他们无所事事，工作显得没有积极性；而如果不管理的话又忍不住，看到别人做得不对的时候总是想说几句。所以在“管”与“不管”中陷入了两难的境地。

其实在管理中我们完全可以借鉴老子和庄子的一些思想，虽然他们没有直接讲到该如何去管理，但是他们的一些哲学思想用在管理中同样适用，如果我们能够参研透老庄的管理思想，那么在管理中我们就可以做到游刃有余。

道家的管理哲学可以用一句话来概括，那就是——无为而无不为。

老子提出了“无为”的观点，并且将此上升到了国家管理和自我管理的层面，之后的庄子成功接过了老子的衣钵，他将人的心理和精神都引到了一个无为的道路上，由此而形成了一个具有深意的管理哲学。老庄的管理思想博大精深，他们不仅很好地继承了前人的管理思想，而且有所延伸，提出了更为与时俱进的管理思想。

老庄提出了很多关于管理方面的思想，在本书中都有介绍，值得现代企业管理者借鉴。并且老庄提出的这些管理思想具有很强的实用性，它能够根据不同的情况提出不同的解决办法，放在现代企业中非常合适。

比如老子讲到的无为而治的管理思想，他所讲到的这种无为并不是不为，而是顺其自然，根据事情的规律让事情自然发展。而不是凭借外力去改变。老子一直坚持，所以的人为活动的改造都是“有为”的行为，这样做很大程度上会削弱事情的力度。为了能够让企业稳定发展下去，一个领导者就需要带头过简朴的生活，以一种上行下效的管理角度给下属树立榜样。另外，有些时候不该管理的时候就不要管理，相信自己的下属能够认真去处理工作，而不要一直紧盯，这样会适得其反，最终使得下属们丧失了工作的主观能动性。

老庄的管理思想是我们现代社会和企业应该汲取的营养宝库。

另外感谢王博、邢林鹏、黄颖、马艺文、张琦等人为本书的出版做出的贡献，在他们的帮助下，这本关于老庄管理学的书才能够完整呈现。

# 目录 CONTENTS

业管理中，招揽合适的人才对企业的发展至关重要。那么如何成为一个让千里马走出槽枥的伯乐，做一位知人智者？对地位平凡的人能一视同仁，对才华横溢的人不妒贤嫉能，是优秀管理者的必备素质。



## 第三章　白驹过隙：驾驭好时间这匹白龙马

庄子认为，人的一生，从呱呱坠地到入土为安，看似长路漫漫，实则只是恒久宇宙的短暂瞬间罢了。古人尚且了解时间的珍贵，今日的我们又何尝不视时间为生命呢？匆匆一世，如何活得精彩、活出价值，自然成了众人关注的课题。在企业中，时间管理的重要性，亦不亚于目标和人才管理。



## 第四章　荣辱之境：让员工抱着希望奔跑

所谓要让员工知荣辱之境、怀希望之心，指的就是企业管理当中的激励管理。激励管理所包含的内容，与目标、人才、时间管理等相比，要更为丰富。本章从庄

## 第八章　损有余补不足：把手中的资源最优化分配

资源，资源，还是资源——是不是总感觉手里的资源不够用？家大业大，作为管理者，一天还是只有24个小时，工作却需要48小时才能做完！而与此同时，员工却显得无所事事。是时候了,重新审视你的工作，发现以前忽略的人才。



## 第九章　后其身而身先：做事要当先邀功要居后

做事先做人，会做人的人无论在哪儿总是受到欢迎的。有容乃大，无欲则刚。对于经理来说，有下级要管，也要受到上级的管理。不可能所有人都喜欢你，但却可以做到让更多的人敬重你。要达到这个境界，谦逊不重利、言而有信是基础。

## 第十章　上善若水：要以怀柔胸怀博取众人爱戴

管理者有许多种风格：严厉的，温和的，淡漠的，热情的……但无论如何，要想服众并不是一件简单的事。想让员工认同，双方必然要能达成良好的关系。大家都有心，细节的关怀总是可以打动人心的。



## 第十一章　唇亡则齿寒：危机其实是机会的代名词

很多人惧怕危机，因为危机来临给自己和自己的企业带来不幸。可正如辩证法中所说的那样，危机也绝非都是坏事，危机给人们带来的警醒作用，带来的挑战都是在危机未来临之前所体会不到的。换句话说，危机有危也有机，风险中总是蕴含着最大的机会。

# 第一章　得鱼可以忘筌：以结果为导向做好目标管理

庄子曰："得鱼而忘荃。"从某种程度上来说，结果比过程要重要得多。只要目的达到了，其具体过程是怎样的，反倒不必追究了。在企业管理当中也是这样，确立目标是首要任务。只有以结果为导向，才能开辟出成功的道路。

## 【经典今解】

荃者所以在鱼，得鱼而忘荃；蹄者所以在兔，得兔而忘蹄；言者所以在意，得意而忘言。（《庄子·外物》）

竹笱是捕鱼的工具，鱼捕到了，为捕鱼而存在的渔具也就被忘记了；兔网是捉兔子的东西，兔子捉到了，为捉兔子而编制的兔网也就没有用了；语言是传达思想的方式，只要想表达的意思被人领悟到了，至于那些话是怎么说的，也就不重要了。

仲尼适楚，出于林中，见痀偻者承蜩，犹掇之也。

仲尼曰："子巧乎！有道邪？"曰："我有道也。五六月累丸二而不坠，则失者锱铢；累三而不坠，则失者十一；累五而不坠，犹掇之也。吾处身也，若厥株拘；吾执臂也，若槁木之枝；虽天地之大，万物之多，而唯蜩翼之知。吾不反不侧，不以万物易蜩之翼，何为而不得！"

孔子顾谓弟子曰："用志不分，乃凝于神，其痀偻丈人之谓乎！"（《庄子·达生》篇）

孔子和他的学生们去楚国采集风俗民情，从树林中走出的时候，看见一位驼背的老爷爷正在捉知了。只见他拿着竹竿在树上捉知了，就像在地上捡东西一样轻松自如。

"老先生，您捕蝉的技术可真好，"孔子恭敬地称赞道，"想必是有什么妙招吧？"

"肯定是有方法的啊，我捉了五六个月的知了以后，在竹竿上能垒着放两颗粘丸不让它掉下来，这样去捉就很少有知了能逃脱得掉了。再接着练手就能垒着放三颗粘丸不掉，这样抓十只知了的话，八九只都没跑。如果能做到在竹竿上放五颗粘丸都保证不掉，这捉知了就像你们现在看到的一样，跟从地上捡东西似的，简单得很了。"捕蝉的老汉说到这便来了劲，捋了捋胡须，又继续向孔子的学生们传授起了经验。他说："要捉知了先得练站功和臂力。粘知了的时候，身子要定在那里，像个木头桩子似的一动不动；把竹竿伸出去的时候，要像固定的树枝一样不能来回晃悠。更重要的是，既然想捉知了，就得目标明确、一心一意，不管天上地下有多少好看的东西，我心里面想的就只有捉知了，就必须坚持不懈地做好这一件事。如果我说的这些都能做到，那捉起知了来，还会感到难吗？”

大家听完这位驼背老爷爷讲的捕蝉经验，都十分感慨。孔子也深受感触地说：“目标坚定、专心致志，才能出神入化、得心应手。这位捕蝉老汉讲的可都是为人处世的大道理啊！”

【古为今用】

## 策略1　有目标，才有前进动力

从某种意义上讲，设定了目标，就等于成功了一半。

目标清晰以后，就可以确定，你迈出的每一步，方向都是正确的。只有从开始就在心中明确那个看似高不可攀的目标，才能够不断地提示自己要走的路，和现在的位置。

所以当你准备落实一个阶段的工作时，首先，请明确设定你的目标。想必很多人小时候都读过刘易斯·卡罗尔的《爱丽丝漫游奇境记》，童话看似天真，却蕴藏着普世的大道理。

在故事里，爱丽丝问她遇到的一只猫："请你告诉我，我该走哪条路？"猫说："那要看你想去哪里。"迷茫的爱丽丝答道："去哪儿都无所谓。"于是她从猫那里得到的答案是："你既然不知道想去哪里，那么走哪条路也都无所谓了。"所以爱丽丝继续漫无目的地梦游着。

如果自己都没有设定清晰的目标，别人又怎么可能帮到你？没有目标的工作和人生，无论做哪件事，走哪条路，都将是错误的。杰克·韦尔奇是通用电气历史上最年轻的董事长兼CEO。他惯有的工作作风是在推行一项变革之前，首先设定一个目标，并以他出色的表演天赋和演讲能力，在公司的每个角落，向每一位通用员工，将他规划的变革和设定的目标加以宣讲。正因为对清晰目标的坚持不懈，韦尔奇在任期间的每一项变革都得到了成功的实施。

回头看看国内的成功企业，也不乏相似之处。海尔大型家用电器 2011 年品牌零售量占全球市场的 7.8%，名列第一。然而若干年前，它却是由一个亏损 147 万元的集体小厂起家的。到底是什么让海尔能够成为世界白色家电第一品牌呢？答案就是，在海尔人的心中，目标第一。凡是阻碍目标实现的都不做，凡是有利于目标实现的都尝试。那么，海尔的目标是什么？

创业初期，海尔人就提出“有缺陷的产品就是废品”。意思就是，海尔的目标，就是产品质量无缺陷。全员上下都有了这样的共同愿景，那么海尔的发展方向也就非常明朗了。在那个家用电器尚属供不应求的时代，海尔就把质量保证作为生产的首要目标，也正是因为如此，1988 年海尔就获得了中国冰箱史上的第一块金牌。海尔的目标战略总是走在时代的前沿。当冰箱市场日趋成熟，开始达到供求平衡的时候，许多企业也顿时醒悟，将质量保证提上了日程。而此时的海尔，却已将目标转移到了服务提升上，他们这时候要给老百姓带来的是，把产品质量从生产线上延伸到用户家中去。海尔是全国第一家提出星级服务目标的企业。起因只是青岛一位老太太买了台海尔空调，在她用出租车拉回家、准备喊人下来搬的时候，空调却被出租车司机偷偷拉走了。

海尔得知这件事后无条件赔偿给老太太一台同样的空调，并首先意识到了服务的重要性，于是在全国建立了几十个电话服务中心，开始朝星级服务的目标努力。同行的其他企业由于一直以来目标涣散，发展不明，于是纷纷开始效仿海尔，也重视起服务来。然而海尔在实现了一个又一个目标后，依旧坚持不懈，继而提出了“只有淡季的思想，没有淡季的市场”的新目标。这就是要为用户创造需求，要发现用户的潜在需求，并永远为满足用户需求而努力改善。海尔在实现这一目标时，有个很好的实例，那就是“小小神童”洗衣机的诞生。这款产品结束了海尔洗衣机夏天淡季的现象，也印证了“为满足用户潜在需求而努力创造”的战略目标的正确性。“小小神童”洗衣机经过十几代的改进，不仅在国内十分畅销，甚至在日本欧美国家也广受好评。

在今天看来，海尔到目前为止的最终愿景，就是它当下的核心理念，“真诚到永远”，真诚满足用户的需求，与用户零距离。海尔向成功迈进的每一步，就是它每一个目标的良好实现。

只要你能梦想，就能成功。只要你有目标，就会前进。先设定正确的目标，再把事情做正确。一个通往成功的目标，带来一条为你量身定做的成功之路。明确目标的意义，不光在于企业经营，也体现在我们生活的方方面面。

费罗伦丝·查德威克，一个43岁的女人，她在1952年7月4日的清晨，准备从太平洋游向加州海岸。不巧的是，这一天加利福尼亚海岸下起了浓雾，这对从海岸以西21英里的卡塔林纳岛出发的费罗伦丝来说，是个糟糕的状况。

15个小时之后，海水冻得费罗伦丝浑身发麻。浓雾让她看不到护送的船只、靠近的鲨鱼、围观的人群和要到达的海岸。尽管母亲和教练都告诉她，海岸很近了，不要放弃，但她朝目标的海岸望去，除了一片浓雾，什么也没有。最终她失败了。人们发现，拉费罗伦丝上船的地方，其实离目标海岸只差半英里了，这点距离对于她来说并不算什么。查德威克小姐一生中就只有这一次没有坚持到底，到底是什么原因呢？事后她说，令她半途而废的不是疲劳，也不是寒冷，而是因为在浓雾中看不到目标。

费罗伦丝·查德威克用她的失败告诉我们，只有明确一个看得见、够得着的目标，使之清晰、有效，才会形成动力，帮助自己获得成功。某抽样统计结果显示，对自己的人生怀有明确而具体目标的人只有3%，10%的人对于设立目标有着一定的概念，占比一半的人曾经想过应当设定目标，而剩下的那些人，则是想都没想过什么是目标。管理大师彼得·德鲁克在他的著作《管理实践》中最早提出了“目标管理”的管理方法，他认为，只有设立了目标，才能确定每个人的工作。

在一个担负使命和任务的团队中，如果没有确定方向一致的目标，每个人的工作就得不到正确的指示，冲突和浪费继而扩大。只有明确了每一个目标，才能推进任务的实施和使命的完成。那么目标管理应当怎样去实现呢？或许我们能够从下面的故事中找到答案。

部门经理石某常常为完不成任务而苦恼。尽管他很注重设定目标并传达给部下，但在执行过程中却问题百出，收效甚微。甚至在他对目标反复强调时，下属总表现出不耐烦。

后来，石某偶然发现，自己的下属们在用过午餐以后，都喜欢坐在公司院子里的石头上聊天。于是他突发奇想地把设定的目标刻在了石头上。

这些石头上的字被注意到后，最初只得到了员工们的嘲笑。然而不久以后，这些茶余饭后的笑料，却散发出它本身的魅力。员工们开始时不时地反思，讨论，相互提醒。

“这个事情我这么做，是不是和目标不太一致啊？”

“哥们儿，你这好像有点跑偏了吧？咱目标可不是那个。”

就这样不知不觉的，石经理的目标终于住进了员工的心里。他用这样看似无意、实则巧妙的方式告诉下属：目标不是空谈，一旦设定，就不能轻易抹去；一切工作的开展，都是为了坚持不懈地实现既定的目标。

因此，管理者需要的不仅仅是制定目标，而更要让目标在管理范围内充分明确，使执行者有效理解，并且能够有办法衡量目标的实现程度。

当然，听过一个成功案例就原样效仿是不现实的，因为每个管理者不可能都面对同样的下属、同样的院子、同样的石头。但是，多数管理者却可以拥有同样的管理思维，运用同样的管理方法——目标管理。

## 策略2　高挑战，高效率

在团队建设中，领导最重要的作用，就是为大家指引方向、明确目标，而成员最希望的，也是能够在领导的带领下，朝着同一目标奋进。没有人喜欢漫无目的的漂泊、永无休止的争论和敷衍搪塞的决定。

同时，美国行为学家J.吉格勒认为，设定一个高目标，是目标达成的第一步。

明确一个高目标等于接受一份高挑战，这样的团队会比漫无目的、缺乏斗志的群体，效率高得多。通常情况下，团队成员往往会因为高目标、高挑战的激励而感到自豪，而为了最终获得更具诱惑力的成就感，他们会将能量最大化，更加积极地工作，从而使团队实现高效率运作。

因此，设定一个坚定明确、充满挑战又不乏可行性的高目标，是领导者在团队建设中的首要任务。

摩托罗拉公司是全球芯片制造、通讯行业的佼佼者。其创始人高尔文就是高目标、高挑战的爱好家。

在20世纪40年代末的摩托罗拉刚进入电视机市场时，高尔文就制定了一个看似不可能实现的高目标——面对第一个销售年，在保证利润的基础上，以179.95美元的价格卖出10万台电视机。

员工们显然被老板的这个高目标给吓了一跳，有人抱怨那是绝对不可能实现的，因为卖出那个数量的电视机意味着全球排名要达到三至四位，而摩托罗拉最好的成绩也不过是七八名而已。更何况，售价定的比眼前的成本都低，还怎么可能保证利润呢。

然而高尔文却更加坚定了挑战的决心。“我们一定要努力做到，”他说，“拿不出价格、卖不出数量、做不出利润，就不要再给我看任何的成本报表。”

作为老板，高尔文对于公司的发展空间自然是心中有数。他设定的这个高目标虽然充满了挑战，但却并非不可行。在实施过程中，他加强了与员工的沟通，通过反馈信息的整合，制定了一套严格的奖惩制度，并重新审查了销售流程，促使员工们为实现高目标而刻苦钻研、勇于创新，想方设法地降低成本，并在销售业务上投入了更多的精力。最终完成这样一个高挑战的目标，摩托罗拉公司只用了不到一年的时间，排名迅速升至第四位。员工们也因此更加充满团队荣誉感和昂扬的斗志，也正因为如此，摩托罗拉才能够不断壮大。

团队的热情与潜能，往往是以挑战性目标激发的。团队的成就感与凝聚力，往往也是从高目标的完成中获得的。高目标等于高效，明确了这一点，你还会惧怕挑战、惧怕压力、惧怕高目标吗？

## 策略3　做好计划才能充分利用时间

猎豹在每次捕猎前，总是先锁定一个清晰的追捕对象。这是自然界中的目标管理。在企业的日常运营中，管理者设定目标之后，怎样促成目标的有效达成亦是关键性问题。于是我们发现，目标与计划是分不开的。“磨刀不误砍柴工”的俗语，千百年来都提示着我们，时间计划的重要性。

时间就是生命，计划提升效率。要让员工能够充分有效地利用好期限内的时间和资源，就要在工作开始之前，就认真地分析目标任务，分阶段、分难易地制订好详细的时间计划，使每阶段的工作都能够环环相扣、步步紧逼，时刻做到心中有数。

作为一家广告公司的设计部经理，李优的手下有着许多的优秀人才，符合市场需求的创意源源不断。加上公司信誉良好，推出的广告反响强烈，李优手上的订单也越来越多了。由于广告业务的时效性，很多订单都要求在短时间内完成，这让李优感到又喜又忧。欢喜的是部门业务节节攀升，忧愁的是时间人手日日紧缺。有时候恨不得把一个人当三个人用，把 8 小时变成 24 小时。也正是业内的红火，导致人事部门反馈的信息是，合适的人才招聘难，部门内的紧张状况，还是得从眼下资源着手解决。

一边顶着上司和客户的压力，一边听着同事和下属的抱怨，李优觉得肩上的担子已经压得自己喘不过气了。于是他抽出空来，去做了一次专业的管理咨询。交谈过后，咨询师建议李优在工作中接到任务、明确目标的时候，首先制订一个详细的时间计划，把事务按照轻重缓急进行排序分配，并在完成过程中不断地对照计划、严格执行，保证每一项目标任务都在规定的时间内、由规定的人完成。

于是李优开始尝试目标管理与时间计划。不出所料，依照详细的时间计划表，李优给自己和每位下属分配的目标任务都有条不紊地按时完成了，有的员工甚至反映，上班时间更加高效，加班少了反倒成就多了。李优也就此结束了以前那种东帮一下忙、西探一下班，四处着急、八方催促的感觉。整个部门的业务量节节提升，下属员工们的精气神也好了起来。

目标当头，时间有限。没有很好的时间计划，就难以达成预期的目标管理。所以我们说，时间计划是目标管理的好帮手。

或许有人会有这样的疑问：时间既然这么紧急，我还要挤出一部分来做计划，那不就是浪费时间吗？事实上，“慌乱中出错”就是这样发生的。在有紧急重要任务的时候，不要急着去“救火”，否则慌乱中用水泼向了燃油的火源，后果将不堪设想。我们要的，不是时时刻刻都在忙碌的这样一个过程，而是要让每时每刻的忙碌都变得高效而不偏离目的地。这正是目标管理和时间计划的意义所在。

## 策略4　抓关键，抓重点

俗话说，家大业大头也大。对于一个企业来讲，规模越大，业务越多，管理者面临的机遇与挑战也就随之增多。这时候要设定目标可能就很难做到统一管理、面面俱到、无所不包。在这个时候，学会“抓主要矛盾”，明确工作重心，就显得至关重要了。

面对繁重的工作，往往千头万绪，而成功的管理者却懂得，把那些关乎企业赢利、改善企业形象、维护企业信誉、扭转企业局面的关键问题和重点项目抓出来，定作目标，从而选择一个准确、有效的突破口，集中全力地向这个目标奋进。这样才能够避免分散有限的资源和精力，以达到最优配置，解决最关键、最迫切的问题。同时，在错综复杂的工作层中，管理者若能够果断地明确关键性的目标，会使员工产生一种有方向、有组织的紧迫感和危机感，从而被激发出齐心协力、共同奋进的团队热情。航空制造业是个一般人难以涉足的复杂高端行业。而以制造军用飞机起家的波音公司，看似轻松的摇身一变，就成为了生产商用民航客机的航空制造业巨子。波音公司的管理者在谈到这一转变时称：“我们企图建立一个以顾客为导向的公司。绝不能让航空公司说‘你只有在向我们推销新型飞机时，才会对我们的问题产生兴趣’。我们着实花了相当的工夫，才使整个公司上下对‘以服务顾客为经营目标’这个观念，逐渐开始有了共同的体会和认识。”值得注意的是，波音公司的转变，正是目标管理抓关键、抓重点的成功例证。

《华尔街日报》的一位分析评论家在谈到波音公司时说，临危受命为顾客解决难题似乎是他们最关键的使命。在波音公司，几乎每一位技术人员都可以告诉你一个不同的故事。

不管是在加拿大，还是阿拉斯加，或是全世界的任何地方，不管是急需特殊降落装置，还是排气管因结冰阻塞，波音公司的工作人员都会毫不迟疑、不分昼夜地赶过去妥善处理。每个波音人的心中都牢记着他们最重要的目标，那就是“服务顾客”。

波音公司把服务顾客作为重点目标，这样的经营战略使他们很快便得到了丰厚的回报。1978 年 12 月，由于一架 DC9 型客机在地中海坠毁，意大利航空公司急需一架替代客机。虽然意航总裁立刻就向波音董事长威尔逊订购了一架波音 727 客机，但按常规，至少也得等上两年。意外的是，波音公司竟然为这位紧急的顾客想尽了办法，使意航迅速拿到了这架替代客机。半年后，意航取消了购买道格拉斯公司 CD10 飞机的原定计划，转而向波音公司订购了 9 架波音 747 超大型客机，其价值高达 5.7 亿美元。

波音公司目标战略的成功，只是行业的一角。但纵使各行各业各有不同，每家企业都终究存在着自身的目标关键点。“牵一发而动全身”，说的正是这个道理。

一位擅长寓教于乐的老师，组织商学院的同学们到野外登山。他预先将一面红旗插在了山上一个隐蔽的地方，然后给学生们分配了寻找红旗的任务，并规定最先找到红旗的同学，就可以得到它。于是同学们兴高采烈地出发了，可漫无目的的搜山让大家筋疲力尽，最终失去了兴致，纷纷在山石上坐下休息。老师又吹哨把大家集合起来，重新布置了任务：“现在我把红旗重新插在了下一座山头的山顶上，从这里到那儿有四五条路径。同学们可以分成三组，每组各选一条路，率先到达的那组将赢取胜利，获得这面红旗。”同学们一听，顿时感到目标明确，任务轻松了许多，于是兴致又起，迅速分成了三组，并分别推选出了一名组长，各自选了一条道路便出发了。结果在大家先后接近山顶时，在各自的路上都发现了一面红旗，于是每个队都得到了奖励。老师告诉大家，第一次失败而第二次成功的原因，仅仅是因为成功需要抓住任务的关键，需要有明确的目标来指引。寻找不是任务的关键，路径也不是目标的重点。我们最需要的，只是了解红旗的位置。抓住了关键，明确了目标，努力也就变得简单，一切困难都将迎刃而解。

在企业管理中，不管是最高层的管理人员，还是最基层的一线员工，用目标指引自己的行动计划都是必要的。管理者需要依据目标拟定时间计划，商讨具体措施，制定考核标准。员工需要依据目标规范时间管理，实施具体办法，完成考核任务。只有抓住了问题的重点、任务的关键，才能使目标明确；而明确的目标决定了计划时的最终目的、执行时的行为导向、考核时的具体标准。

企业的管理活动，只有抓住了问题的关键、了解了项目的重点、把握了明确的目标，才是有效的、高效的。

当目标管理无从下手的时候，抓关键、抓重点，就是突破口。

## 策略 5 分解目标，实事求是做事

强调目标重要性的名言，来自各行各业，数不胜数。古希腊哲学家亚里士多德也曾说过：“要想成功，首先要有一个明确的、现实的目标——一个奋斗的目标。”

人的一生是漫长的，可以有许多阶段性的目标，还可以有一个终极一生的宏伟目标。企业管理也是一样。宏大的终极目标需要分解成一个个现实可行的具体目标，可能是分阶段，也可能是分步骤，还可能是依据形势不断调整、不断前进的目标。

日本著名的马拉松运动员山田本，曾在1984年和1987年的国际马拉松比赛中，两次夺得世界冠军。他在接受记者采访时，总是自称“凭智慧战胜对手”，被许多人认为是心高气傲、故弄玄虚。原因在于，马拉松比赛并不是一项智慧型、技巧型的运动，它主要较量的是运动员的体力与耐力。那么山田本为什么每次都要那样回答呢？难道真是故弄玄虚吗？10年之后，山田本在他的自传中揭开了谜底。原来，在每次比赛之前，山田本都会乘车把长跑的路线仔细地观察一遍，并把沿途比较醒目的标志画到本子上，比如第一个标志是某家熟悉的银行；第二个标志是一棵古怪的大树；第三个标志是一座气派的高楼……就这样把路线当中醒目的标志全部画下来，一直画到赛程的终点。比赛开始后，山田本心中的目标已经不只是赛程的终点线了，而是他脑海里记住的每一处醒目的标志。四十多公里的赛程，被山田本分解成许多个小目标后，跑起来就轻松、有趣多了。他还坦诚地讲道：“原先我把自己的目标定在终点线的旗帜上，结果当我跑到十几公里的时候就已经疲惫不堪了，因为我被前面那段遥远的路途给吓倒了。”

清晰地分解目标，对目标的实现有着极大的激励作用。每当我们实现了一个分解目标，就及时得到了一次正面的激励，于是便坚定了我们挑战更高目标的决心，成功在现实中也就显得亲近了许多。前面我们还说过要制定高目标、迎接高挑战，于是难免会有人误解成，目标越高越好。有的管理者甚至认为，目标定得高了，即使员工只完成了80%，也是超出现实预期的好结果。实际上，这是过分依赖“目标拔高式激励”的畸形目标管理，长久下去，有害无利。

现实中的目标管理，不只是需要管理者设定一个高目标而已。是否在充满挑战的同时，又切实可行，可以说是判定目标好坏的简化标准。

况且，目标并不是唯一的激励手段。目标式激励只有与健全的激励机制相匹配，才会形成有效的动力体系。

所谓目标的现实可行，指的就是员工“跳一跳能够得着”。努力后能够达成的，才具备真实的吸引力。否则，长期下去，员工很难再愿意费大力气去做永远不可能完成的事情，这对于工作积极性和满足成就感是致命的绝杀。

企业的经营，就如同一场马拉松比赛。如果没有把赛程分解成醒目的小目标，谁都会对遥不可及的终点望而却步的。企业的发展壮大，又如同人生的成长，需要经历幼年、童年、青年、壮年等若干个时期，我们年轻时学习尚且分为小学、初中、高中、大学若干个阶段和若干个目标，更不用说企业的经营也应当将目标逐步分解，避免可望而不可即的空想了。

目标的分解不仅是时间上的，还存在其空间性。

企业的目标层层分解，配置到各个部门，并最终落实到每个人身上。这也是企业组织结构细分化的原因。把一个庞大的企业组织细致而恰当地划分成若干个部门，若干个团队，才能够保持其良好的流动性。因为小单位会比大集体更好更迅速地做出反应、采取行动，往往也正是这些化整为零的小团体，充满了独特的活力和旺盛的生命力。

在目标管理中，小团体是不可忽视的行动力量，它使涣散的个人得以有效地集中，又使庞大的群体变得精简干练。当分解后的小目标下达到小团体的内部，小团体中的每个人在了解了各自的目标后，便可以在单独的职务领域里自主地、迅速地行动，而不必等到主管人员下达统一的、概念式的命令。

小团体的管理者也必定是充满实战经验的人物。他们能够清楚地把握公司大目标的利益，识别分解后小目标的意图，理解下属每一位员工的独特工作方式。

因为小团体目标性强又高度灵活，因而更具实效性。实际上，这种化整为零、以小团体为基本单位的目标分解式管理方法，已经成为了许多公司管理文化的重要组成部分。美国著名的3M公司，就是由几百个冒险团队组成的，每个团队大概只有四至十人。澳大利亚的ICI公司，正是由于采用了小团体形式实行目标管理，才一直保持着极其出色的生产纪录。

因此，有效的目标分解，要下达到每一个部门，每一个团体，每一个人。

## 策略6 对于目标，要跟踪、要反省

有的企业，既有明确而具体的目标，又有充足的人员资源配备，却依旧苦于目标的难以实现。究其原因，大多是因为目标管理环节的不完整。

管理者的任务不只是设定目标、制订计划，更重要的是要跟踪目标的贯彻执行，在每个周期做好多方面的考评和反省。问题一旦被发现，就需要找出原因并寻求解决。

管理者在设立了目标之后，应当再制订一份详细的执行计划，分解到各个团队和个人，并将计划捆绑到日程上，期待其转化成具体的行动和时间表上的细节。往往在这个时候，人们不自主地就形成这样一个假定：只要完成了表格上列出的每项活动，就一定能完成最终的目标。然而，在目标开始执行后的工作过程中，事情往往变得更加复杂。运营中的各种不确定因素，都会影响按计划执行的效果。如果不对目标的执行过程加以跟踪、不断反省，就很难保证其顺利达成。有关这一类问题的案例，也可谓不计其数。

一家生产微型印刷电路板的电子产品制造公司，对产品质量的要求非常高。在新的一年里，公司明确了更高的目标，那就是狠抓产品质量，提高合格率，以减少退货，增加顾客满意度。

奇怪的是，在全员上下按计划执行生产的时候，产品质量在某一天忽然急剧下降，不合格率大幅增长，次品异常增多了。

公司管理者杰克很快得到了紧急反馈，随后便进入车间，与技术人员一同查找原因。他们认为，可能是溶解槽内的温度过高导致的，于是降低了温度。

不料一星期后，次品率却更高了。于是员工们依据之前的判断，将溶解槽的温度反复调整，却仍不见改善。如此下去，目标的实现必定大受影响，而温度问题显然已经不是原因所在。接着又有技术人员认为是厂内清洁没有达到应有的标准，抑或是酸度引起了不良反应。经过对这两个疑点的检修，问题却仍旧存在。技术人员甚至还仔细检查了作业人员手指的污染情况，并在周三、周四和周五三天连续检查了水质纯度，但结果表明关键的问题并不在此。

后来，杰克直接找到了检测产品合格率的领班，询问次品有哪些异常特点。检测员工们纷纷反映，印刷电路板的酸洗步骤并不均匀，似乎酸洗溶液中有某种水溶性杂质。杰克又要求领班清查了检测记录，发现次品数在周一早上最高，而到了周一午后就降低了，到了周二中午便不再有次品了。

于是大家一下都将注意力集中在了周一早晨的异常问题上。实际上，每个人都能意识到，周一的早晨是周末之后的第一个工作时段，那时候唯一不同的地方就在于生产用水是在水管内停留了一个周末的。然而生产开始后，一旦打开水龙头，这些储存了一个周末的水便会直接流进印刷电路溶解槽内。而其他时段的生产用水，都是经过高度净化过程，并且不曾在水管中储存的。

从这个疑点出发，公司还很快查出，某些水龙头的开关，是几个月前刚刚换过的。这批新开关使用的是一种硅质材料，这种材料在周末期间会溶解到停留于管线内的高纯度净水中，从而使水质恶化。这就是次品在周一早晨最多，到了下午便得以减少，而至周二下午却能完全消失的原因。果然，在更换了那批不合适的水龙头后，产品质量迅速提升，次品率显著降低了。

在杰克对目标执行的跟踪过程中，及时发现了问题，并根据员工的反馈，不断查找异常疑点，反省工作漏洞，才使问题尽快得到了解决。这些都是在设立目标、制订计划时难以预料到的。

在目标管理的执行过程中，跟踪与反省的重要性，在下面的案例里，也有显著的体现。

某种家畜饲料的重要成分之一是黄豆。黄豆中含有一种酵素，叫作 Urease。这种酵素会与尿素发生反应，从而形成氨。在饲料中添加尿素能够帮助家畜将饲料转化成蛋白质，但尿素如果与黄豆中的 Urease 发生反应并产生氨的话，就会导致家畜腹胀，甚至死亡。因此对于生产这种家畜饲料的制造商来说，严格控制 Urease 的含量是至关重要的。

由于公司生产流程非常标准，执行计划又较为严密，所以其产品中的 Urease 的含量一直都控制良好，没有出现过问题。但有一天，化验室在例行检查时发现，Urease 的含量严重超标，于是立刻将这一问题反馈给了公司的 CEO 汉斯。汉斯自然是意识到了问题的严重性，首先发令指示停止生产，并且将过去 48 小时以内生产的所有饲料收回，禁止运出公司。

汉斯依次赶到生产线询问操作工人，到工程部询问设备变化，到化验室询问检测方法，都没有发现异常变化。最终他在保养部例行询问的时候，发现一位新员工换装了蒸汽管线上的一个活塞焊封盖。原来这名新来的修理工人，因为遇到了技术困难而关掉了烘热机之一的蒸汽机。然而温度的降低，却意味着 Urease 将失去控制，从而使生产出的饲料无法用来喂养家畜。

接下来，化验室又对产品进行了详细的检查，发现受影响的饲料一共有 11 车之多。汉斯经过行业交流与商讨，最终把这些饲料卖给了 Urease 含量不会产生危害的市场，既没有造成产品浪费，又没有伤害的顾客利益。

在此基础上，汉斯向有关部门负责人下达了一项新的任务，那就是对每一位员工都加强培训，尤其是新人上岗，需要完善知识、加强技术、严格考核，避免此类事故再次发生。由此可见，在对目标执行的跟踪过程中，管理者不仅需要及时发现问题，尽快查找原因，妥善解决问题，使工作按照计划重回正轨，同时还要周到地处理善后事宜，不断反省，找出具体、切实的办法，避免同类问题再次发生。这便是目标管理的终结点——要跟踪，要反省。

# 第二章 知人者智：做个让千里马走出槽枥的伯乐

独脚的夔（音［kuí］古代传说中的一种龙形异兽）羡慕多脚的蚿（音［xiān］千足虫），多脚的蚿羡慕无脚的蛇，无脚的蛇羡慕无形的风，无形的风羡慕明察外物的眼睛，明察外物的眼睛羡慕内在的心灵。每个微小的存在，都有过人之处。在企业管理中，招揽合适的人才对企业的发展至关重要。那么如何成为一个让千里马走出槽枥的伯乐，做一位知人智者？对地位平凡的人能一视同仁，对才华横溢的人不妒贤嫉能，是优秀管理者的必备素质。

## 【经典今解】

夔谓蚿曰：“吾以一足趻踔而行，予无如矣。今子之使万足，独奈何？”

蚿曰：“不然。子不见夫唾者乎？喷则大者如珠，小者如雾，杂而下者不可胜数也。今予动吾天机，而不知其所以然。”

蚿谓蛇曰：“吾以众足行，而不及子之无足，何也？”

蛇曰：“夫天机之所动，何可易邪？吾安用足哉！”

蛇谓风曰：“予动吾脊胁而行，则有似也。今子蓬蓬然起于北海，蓬蓬然入于南海，而似无有，何也?”

风曰：“然。予蓬蓬然起于北海而入于南海也，然而指我则胜我，鰌我亦胜我。虽然，夫折大木，蜚大屋者，唯我能也。”故以众小不胜为大胜也。为大胜者，唯圣人能之。（《庄子·秋水》）

夔对蚿说：“我依靠一只脚跳跃而行，没有谁再比我简便的了。现在你使用上万只脚行走，竟是怎么样的呢?”蚿说：“不对哩。你没有看见那吐唾沫的情形吗？喷出唾沫大的像珠子，小的像雾滴，混杂着吐落而下的不可以数计。如今我启动我天生的机能而行走，不过我也并不知道自己为什么能够这样。”

蚿对蛇说：“我用众多的脚行走反倒不如你没有脚，这是为什么呢?”蛇说：“仰赖天生的机能而行动，怎么可以改变呢？我哪里用得着脚呢!”

蛇对风说：“我启动我的脊柱和腰胁而行走，还是像有足而行的样子。如今你呼呼地从北海掀起，又呼呼地驾临南海，却没有留下有足而行的形迹，这是为什么呢?”风说：“是的，我呼呼地从北海来到南海。可是人们用手来阻挡我而我并不能吹断手指，人们用腿脚来踢踏我而我也不能吹断腿脚。即使这样，折断大树、掀翻高大的房屋，却又只有我能够做到。”这就是细小的方面不求胜利而求获得大的胜利。获取大的胜利，只有圣人才能做到。

惠子相梁，庄子往见之。或谓惠子曰：“庄子来，欲代子相。”于是惠子恐，搜于国中三日三夜。庄子往见之，曰：“南方有鸟，其名为鹓雏，子知之乎？夫鹓雏发于南海而飞于北海，非梧桐不止，非练实不食，非醴泉不饮。于是鸱得腐鼠，鹓雏过之，仰而视之曰：‘吓!’今子欲以子之梁国而吓我邪?”（《庄子·秋水》）

惠子在梁国做宰相，庄子前去看望他。有人对惠子说：“庄子来梁国，是想取代你的位置，做宰相。”于是惠子恐慌起来，派人在都城内搜寻庄子，找了整整三天三夜，想阻止庄子前来取代他的官位。

后来庄子自行上门，他在看望惠子时说：“南方有一种鸟，它的名字叫鹓雏（yuān chú，凤凰的一种）你知道吗？鹓雏从南海出发飞到北海，不是梧桐树它不会停息，不是竹子的果实它不会进食，不是甘美的泉水它不会饮用。正在这时一只鸱（chī，指鹞鹰，一种凶猛的鸟）寻觅到一只腐烂了的老鼠，鹓雏刚巧从空中飞过，鹞鹰抬头看到鹓雏，十分恐慌，以为它要抢走自己的腐鼠，于是发出一声怒吼：‘吓！’如今你也想用你的梁国来吓我怒叱我吗？”

## 【古为今用】

### 策略 1 有敢于用人的胆量和学识

一位优秀的领导者，不是要懂得如何处心积虑地压制下属，而是要想方设法地招揽更多比自己还要优秀的人，并且让他们欣然效忠于你。

美国奥格尔维·马瑟公司的总裁戴维·奥格尔维有个特别的惯例：每当有新经理上任，戴维都要送他们一件寓意着隽永的贺礼。那是一整套木娃娃，在大娃娃的里面有个中娃娃，中娃娃里又有个小娃娃，最后在小娃娃里，戴维会放上一张字条，上面写着："如果我们每个管理者都雇用比自己矮小的人，咱们公司就会变成一个矮人国，侏儒成群。但如果我们每个管理者都雇用比自己高大的人，最终咱们公司就会成为一个巨人企业。"前一句话正与木娃娃从大到中再到小的次序吻合，后一句话又反过来与木娃娃从小到中再到大的次序吻合，依照戴维的经验，聪明的经理一看就会明白他的用意了。

菲亚特是意大利首屈一指的汽车公司，隶属于菲亚特集团。即使在世界排名上，菲亚特也在汽车业中具有举足轻重的地位。然而在 20 世纪 70 年代末，由于世界性经济危机的冲击，这家赫赫有名的汽车公司陷入了困境，连年亏损，还被迫出让了 13%的股份给对外银行。在这种危难情况下，菲亚特集团的所有者，艾格龙尼家族，竟然任命家族外人士维托雷·吉德拉为汽车公司总经理，授权其全权独立经营。这对于一个家族性企业来讲，是个大胆的尝试。这么做只是因为，艾格龙尼家族认为维托雷·吉德拉的能力强过他们。

果然，由于吉德拉才华出众、平易近人，做起事来又吃苦耐劳、脚踏实地，面对困难依旧不屈不挠，使他出手不凡、大刀阔斧的改革有了可观的成效。

吉德拉对公司各部门实施的全面改革，使菲亚特一改“老牛拉破车”的局面，重新焕发出了青春活力。但这只是为公司复兴提供了基本条件，最终强劲的市场竞争力还是来源于吉德拉带领菲亚特打造出的拳头产品——用先进技术全副武装起来的新型轿车“昂罗”。“昂罗”汽车的成功使整个公司很快摆脱了困境，劳动生产率大大提高。1984 年，该汽车的销售量达到了 100 多万，跃居欧洲第一。吉德拉也因经营有方而闻名。然而菲亚特成功复兴的背后，最值得一提的就是艾格龙尼家族任人唯贤的明智。

美国钢铁大王卡耐基曾说：“你可以把我的工厂、设备和资金全部夺走，只需要保留我的组织人员，几年之后我仍将是‘钢铁大王’。”他逝世后，人们在墓碑上刻着：“这里安葬着一个人，他最擅长的事情，就是把那些强过自己的人招揽过来，为他效忠。”善用贤人，是卡耐基的成功之道。

上海复星高科技（集团）有限公司创建于 1992 年 11 月，1994 年成为上海第一家民营高科技集团型企业。通过 10 年坚实的发展，复星科技在现代生物与医药、房地产、商贸流通、金融、钢铁、信息等产业领域，取得了良好的业绩。令人想不到的是，复星的董事长郭广昌，并不是什么科研人才，他毕业于哲学专业。然而“身无长技”反而给了他最大的“特长”，那就是什么问题都会主动去请教专家。这就逼得郭广昌学会了善于用人，最终练就了一身“对人才具有强大磁力”的本领。他最大的体会就是，一定要学会招揽比自己强的人才。三人行必有我师，只要在某一个领域比自己强的人，就是行业的专家，就是自己的老师。企业投资成败的关键不在于一个项目的得失，而在于能不能找到更强的人才、有没有眼光找到最好的人才。

当今社会是知识经济的时代，是人才战略的天下。因此管理者更需要有敢于用人、善于用人的胆量和学识。用人强则企业强，用人弱则企业弱。妒贤嫉能的人，是不可能招揽到得力帮手的，这也是管理者用人之大忌。

## 策略2　人才不论出身

军事家拿破仑在铸造法兰西第一帝国时，选拔将领第一条就是彻底废除论出身论门第的传统用人观念，并公开宣扬“每个士兵的背囊里都有一根元帅的指挥棍”。拿破仑手下的名将，有饭馆老板的儿子，有普通士兵。虽然这些人曾经身份卑微，经历迥异，但他们共有的敏捷的判断力和顽强的意志，决定了他们成为拿破仑手下得力干将的命运。

要是提到啤酒，估计没有人不知道雪花。就是这样一家看似普通又在行业内占有重要地位的企业，却拥有着不拘一格的用人理念，那就是不论年龄、不论出身、不看重教育背景、不看重工作经历。似乎一般用人单位首先审查的几个条件全都被他们排除掉了。那么雪花究竟看重的是什么呢？仅仅是员工的工作能力、勤奋态度和面对困难从不放弃的决心和勇气。只要有这重要的几点，对于雪花来说，就是人才。

绝大多数的企业在招聘人才的时候，往往先审查的是出身、学历、年龄、性别、相貌等硬性外在条件。实际上这些并不是用人的核心，而具备某项能力或特质、能给企业创造效益的人，就是人才。其他硬性的外在条件，往往成了遮挡人才的障碍。

作为世界视听、通讯产品和信息技术等领域的先导者的索尼，成就令世人有目共睹。它的创始人盛田昭夫，曾写过一本总结自己管理经验的书，叫做《让学历见鬼去吧》。在这本书中，他讲道：“我想把索尼公司里所有的人事档案统统烧毁，以此彻底杜绝公司里可能存在的任何学历歧视和出身歧视。”不久后，他真的将这番话付诸实施，没想到果真使一大批潜在人才脱颖而出。

索尼公司的用人宗旨，便是“唯才是用”。不论工作种类、不论职位高低，都要对其实际才能和工作能力进行严格的考核。而学历等外在条件，却永远被排除在考核标准之外。正是这样，才使索尼公司人才济济、长久不衰。

至于为什么看似企业家的许多管理者，要把学历、出身、年龄、性别等外在条件放到第一位，只能说他们并不像看上去的那样高明。因为只有不具备鉴别人才的能力的人，才会借助这些外在硬性条件，来判定人才的取舍。在真正的伯乐面前，他们是可悲的。那么作为管理者的你，请努力去做一名伯乐，擦亮眼睛，让每一匹千里马都能够被发掘，并找到合适的跑道吧！

## 策略3　人不可貌相，不以貌取人

爱美之心，人皆有之。但作为管理者，如果以貌取人，则往往会使人才埋没、得不偿失。相貌与才能并无关联，无所谓成正比抑或成反比之说。因其貌不扬就被埋没的人，恐怕不在少数。这对管理者来说，必定是种损失。

三国时期与诸葛亮齐名、号称“凤雏”的庞统，正是这样其貌不扬、险遭埋没的人才。

话说周瑜死后，孙权手下人才紧缺，于是鲁肃便向他力荐庞统。孙权听后甚是欢喜，但见面后却一改容颜，心生不悦。为什么呢？就为这庞统生的是浓眉掀鼻、黑面短髯、面容古怪。再加上他并不推崇孙权一向器重的周瑜，所以孙权便给庞统贴上了“一介狂士”的标签。虽然鲁肃在旁边不断提醒劝说，庞统曾在赤壁大战之时献上连环计立下奇功，但孙权依旧固执己见，逼走了庞统。

事已至此，鲁肃只得把庞统推荐给了刘备。殊不知爱才心切的刘备竟也犯下了同样的错误。见到庞统相貌丑陋，刘备很不高兴，最终是勉为其难地给了他个小县令的官职。就这样，旷世之才庞统，只因其貌不扬便屡遭冷落、报国无门。后来还是张飞了解了庞统的真才实学后极力推荐，才使得刘备将其委任以副军师的职务。好在另有伯乐，发掘了这匹千里马。

有的人可能认为，相貌好总归是能够加分的，特别是在服务行业，对员工外表的要求，更是十分讲究。如果你认同这样的想法，那么就大错特错了。不了解的人可能会难以置信，在全世界拥有三万间分店的大型连锁快餐集团麦当劳，就不用“美女”。在麦当劳的招聘启事中，没有“有工作经验，五官端正、身材苗条”这样的条件，却十分强调“心理素质良好，勇于面对困难，渴望个人成长”等。与一般注重表象东西的企业不同，麦当劳注重的是实质的东西，比如，员工的精神状态。

如果你稍稍留意，就会发现在麦当劳，员工们大多相貌平平、高矮不一，看上去似乎并不和谐。但他们塑造出来的企业风貌却是绝对的和谐，统一着装、亲和微笑，吃苦耐劳、勤奋上进，这些后天培养出来的优质项，远比天生的漂亮脸蛋要重要。麦当劳不用美女，并不是排斥美丽，实际上只是不刻意拒绝所谓的丑人罢了。向上的朝气和真诚的服务，才是“美在心灵”的体现。

作为管理者，在用人方面，应当注重内在品质、真才实学，鼓励吃苦耐劳、勇于创新。切忌以貌取人，停留在事务的表面。做一名伯乐，要学会观其言，察其行，才能够寻找到真正能够为你所用的那匹千里马。

## 策略4　善于使用人才，不叶公好龙

叶公好龙的故事无人不晓，讲的是叶公爱龙成癖，被天上的真龙知道后，便从天上下降到叶公家里。叶公一看是真龙，赶紧转身跑开，魂飞魄散，一脸惊慌。这句成语现在用来比喻表面上爱好某事物，实际上并不是真的爱好，大多含有贬义。而在企业里，像叶公这样的管理者，也并不鲜见。

每当提起人才战略的重要性，几乎每一位管理者都能够侃侃而谈。但事实情况是，喊得响未必做得好。许多管理者不知不觉地都犯了同一个弊病，那就是一边高呼人才紧缺，求贤若渴；一边又对引进的人才敬而远之，不予重任。他们对已经引进的人才，或是不加信任、处处限制，或是不予珍惜、缺乏扶持。还有的管理者自身的管理理念和管理方法就存在问题，其惯性思维自然成了新兴人才创新工作开展的最大障碍。综合以上种种原因，最终必然导致人才的浪费和流失。这就犹如叶公好龙，徒有爱才之名，而无爱才之实。“要叫马儿跑得好，就得马儿吃得饱。”要做一名伯乐式的管理者，就要懂得尊重人才，珍惜人才，为人才提供良好的发展空间和生存条件，为人才工作的开展提供优质的环境，并加以大力的扶持，真正做到物尽所能，人尽其才。

## 策略5　要提防管理中的“害群之马”

“害群之马”这个成语出自于《庄子·徐无鬼》，“夫为天下者，亦奚以异乎牧马者哉？亦去其害马者而已矣。”意思是：“治理天下和牧马又有什么区别呢？不过是去除危害群体的劣马、保护品种优良的好马罢了。”可谓一句话道出管理的大道理。对于求发展、谋利益的企业组织，市场竞争的结果是必然的，劣马阻碍了企业的发展就应当被果断淘汰，而只有这样，那些推动企业发展的好马，也就是我们所谓的人才，才能够得到更有效的保护和激励。

日本伊藤洋货行是一家以衣料买卖起家，后又进入食品行业的企业。在转行初期，伊藤洋货行亟须食品管理方面的人才，于是其创始人伊藤雅俊十分艰难地从东食公司挖来了岸信一雄，并委以重任。果真没让众人失望，岸信一雄不仅重整了公司的食品部门，还使公司的业绩十年间连翻数十倍。于是公司上下都将岸信一雄尊奉为功勋之臣。

可好景不长，令伊藤雅俊想不到的是，岸信一雄却是个容易居功自傲的人。随着公司业绩不断提升，岸信一雄开始不遵守公司规章制度，对别人提出的改革制度也全部敌对，战略决策一执行到他那里就会止步不前。他不仅开始怠慢自己的工作，还对勤奋敬业的下属冷眼嘲笑，长此以往，许多员工都开始消极工作，整个部门的效率直线下降。

对于董事长伊藤雅俊来说，这是个难题。一方面岸信一雄是公司第一人才，曾为企业立下汗马功劳，他显然不能就这么放弃他。另一方面岸信一雄又十分固执，对于伊藤雅俊的劝告不加接受且变本加厉，最终伊藤雅俊果断将其辞退了。

这一决定在日本商界引起了不小的震动。外界人士难免非议，觉得伊藤雅俊的绝情做法对岸信一雄不公。面对尖锐的舆论，伊藤雅俊的心中仍以企业利益为重，他认为秩序和纪律是企业的生命，不能因为一个人的变故而影响整个企业的战斗力，这也正是公平的体现。

像这样的例子，在国内企业中也实属常见。

深圳某电子企业本有一批得力技工，老板对于这批生产骨干是宠爱有加、加薪频繁。原本劳资双方的关系是甜如蜜月的，却正因为如此，使技工头目心生贪念。几年下来，他满脑子只剩下美酒钞票，甚至认为老板没他不行，于是从借机暗示到公开要挟，带领那帮技工是私欲大开，得寸进尺，不仅带头怠工，还集体威胁，最后竟然在外商验货时暗做手脚，使企业损失惨重。到这时，老板终于醒悟，炒掉了这批当年的得力技工，另谋人才，才挽救了企业。

“一颗老鼠屎，坏掉一锅汤。”许多这样的习语，话虽俗，理不糙。一个真正的人才，或许可以带动整个企业；而一个世俗的庸才，也完全可以毁掉一家公司。人才管理不是一日之工，但谨记本章所讲的五不可，至少能够让你在管理的过程中事半功倍。

# 第三章 白驹过隙：驾驭好时间这匹白龙马

庄子认为，人的一生，从呱呱坠地到入土为安，看似长路漫漫，实则只是恒久宇宙的短暂瞬间罢了。古人尚且了解时间的珍贵，今日的我们又何尝不视时间为生命呢？匆匆一世，如何活得精彩、活出价值，自然成了众人关注的课题。在企业中，时间管理的重要性，亦不亚于目标和人才管理。

## 【经典今解】

人生天地之间，若白驹之过郤，忽然而已。（《庄子·知北游》）

人生在世，犹如白驹过隙，只是一瞬间而已。

【古为今用】

## 策略1　有效管理时间

要学会时间管理，首先要明确的是，什么是时间管理。

时间管理并不是要你做完所有的事情，而是教你更有效地利用时间。时间管理的目的是帮你决定什么事情是该做的、什么事情是不该做的。但这并不代表要你完全掌控时间，而是让你降低一定时间内事务的变动性。因此，时间管理最重要的功能便是，通过事先的规划，为管理者做一种提醒与指引。

“每个人，每天，都平等地拥有 24 个小时。”如何在平等的条件下，创造不平等的价值？这就是时间管理的基本课题。

我们时常感到某件事情的无聊或者无意义，比如毫无目的地看电视或读杂志，但同时又自然而然地继续看下去，甚至连广告都看完了，直到深夜都一无所获，最后身心疲劳地睡去。可到了第二天，却又自然重复着同样的事情，尽管事后回想总是感到无比空虚、略带悔意。 这就是时间的死亡。

时间是有生命的。在人的一生中，会有许多让时间流失、死亡的状况发生。因为时间是人们无法用眼睛察觉到的东西，而唯有在想到自己曾杀掉了许多时间的时候，才深感恐惧。犹如生命的离去，丧失的时间也是无法挽回的。

在做好时间管理前，管理者必须首先认清这个过程中可能出现的陷阱。

## 陷阱之一：不分主次

要说时间管理的陷阱，首当其冲的便是：不分主次。这里要讲的案例，是美国第二大钢铁公司伯利恒半世纪前的一个故事。

当时担任伯利恒总裁的查尔斯·史瓦，他向管理顾问李艾菲提起了一个不寻常的挑战——如何在办公时间内做更多的事情。李艾菲递给查尔斯一张纸条，让他在上面写下明天必须做的工作，并按重要性排序。从明早开始，查尔斯必须从最重要的工作做起，持续地做这一件事直到全部完成，再开始做下一项工作。每做完一件事，就重新检查列表中的任务和重要性排序。即使某项工作的持续进行花掉了一整天的时间也不要紧，只要手中的工作在未完成列表中是最重要的，就坚持做下去。李艾菲让查尔斯先把如上所述的工作程序变成他的个人习惯，生效后再向下属推行如此建议。查尔斯可以自行决定此项建议试验时间的长短。获得成功后，他须向李艾菲寄出支票作为此次咨询的报酬，至于金额，则也由查尔斯根据成果自行决定。

数星期后，李艾菲收到了查尔斯寄来的一张面额为2.5万美元的支票和一并附上的感谢之词。

在这个故事里，李艾菲告诉管理者的是，即使日理万机，也有轻重缓急。

## 陷阱之二：不懂拒绝

作为管理者，应当懂得理性拒绝不合理的请求或无聊的应酬。

譬如，一名女职员在公司业务极度繁忙的某个下午，忽然要求告假。原因是家具店送货到家，需要她回家签收。面对这种情况，一般无经验的管理者采取的对策，要么是断然拒绝，要么是勉强同意。前者虽然拒绝了员工这种不合时宜的要求，但忽略了员工的感受，可能会引起上下级摩擦、降低员工士气；后者却又因为滥充好人，过于迁就下属，从而妨碍了工作的进度。

从理性角度权衡，管理者显然是不应准假的。但如何拒绝才能将不良影响减至最小呢？不妨采用这类的说辞："嗯，你说的情况我了解，有贵重物品送上门又无人签收，的确让人担心。从个人角度讲，我肯定是愿意为你准假的。但问题是，公司必须在明天前交货，你看今天下午大家都忙得不可开交，如果完不成任务，公司必定损失很大。何况你又是我的得力助手、公司的骨干员工，今天恐怕是离不了你啊。要不这样，打个电话给家具店，请他们明天下午再送出家具怎么样？到那时候公司已经按时交货，你也可以有足够的时间回家处理私事了。"

当然，再好的拒绝可能也难比肯定回答给下属带来的满意度高，但至少这已经是理性处理又不乏人情的最好方式。首先，管理者郑重其事地考虑了下属的要求，而并非不假思索、一笔抹杀；其次，管理者站在下属角度，表示了理解和体谅，充满了关怀；再次，管理者耐心解释的原因，是站在公司利益角度上的客观分析，而个人方面实属无奈；然后，管理者又对下属采取了激励式谈话，令员工明白其自身对于公司的价值和重要性，鼓舞了士气；最后，管理者还为下属提出了其他解决建议，至真至诚。

**陷阱之三：惯性拖延**

惯性拖延是很多人的通病。相信看了下面的故事，许多人会从李蔓的身上看到自己的影子。

说的是李蔓寻常的一天，或许也是很多人寻常的一天。这天清晨，李蔓在上班途中就下定决心，一到办公室就要赶紧着手草拟下半年的部门预算。9点钟，她很准时地到达了办公室，但却并没有立刻从事预算的草拟工作，因为她突然发现办公桌很是凌乱，就想在做重要工作前，干脆先把办公室整理一下，为自己提供一个干净舒适的环境。为此李蔓花去了30分钟的时间。看到整洁的办公室，她面露得意，随手点了一支香烟，稍作休息。无意中李蔓看到今天报纸上的彩色图片十分吸引，于是情不自禁地读起来。等她把报纸放回报架，已经10点钟了。这时的李蔓才感到有点不自在，因为转眼一小时已经过去了。不过报纸好歹也是精神食粮、沟通媒介，身为企业的部门主管怎能不略作了解，何况这会儿不看，下午或晚上也要补看的。这样一想，李蔓便稍觉心安。正当她准备埋头工作的时候，电话响了，是一位顾客打来的投诉电话。她连解释带赔罪地讲了20分钟才说服对方平息怨气。挂了电话，她去了趟洗手间。在回办公室的途中，李蔓闻到了咖啡的香味，原来隔壁部门的同事正在享受“上午茶”，他们邀她加入。李蔓心想，预算的草拟颇费心思，没有清醒的头脑可不行，于是她毫不犹豫地应邀加入，边喝咖啡，边和同事们言不由衷地聊了一阵。上午茶结束，回到办公室的李蔓果然神采奕奕，可一看表，距离11点的部门联席会议竟然只有10分钟了。这么短的时间，不得不让李蔓觉得是办不了什么事的，于是她干脆把草拟预算的工作留待明天了。

惯性拖延的恶习，往往使管理者荒废掉许多时间，于是效益降低就难免了。

**陷阱之四：事必躬亲**

事必躬亲，势必是管理者时间管理中的陷阱。

管理的实质是懂得通过他人将事情办妥。毕竟每个人的时间都是有限的。管理者应当集中精力处理重要事务，而将具体的、琐碎的工作分配给下属处理。事无巨细、事必躬亲，不但占用了管理者的大量时间，还剥夺了下属发挥才能的机会，反而更可能导致工作不能很好地完成。

因此，要跨越事必躬亲这一时间陷阱，唯一的途径便是“授权”。

## 策略 2　明确时间压力

如何合理安排时间以达到工作中的高效，是管理者面对的棘手问题之一。人们工作的常态，往往是制订了计划而不实施，做好了决策却不执行。这种情况，我们可以称之为“不完全执行”。在它面前，任何科学的、适度的工作计划都会变得混乱、毫无条理。管理者因此不得不对一些计划条目进行反复修改，甚至废除旧计划、制订新计划，以推动工作的顺利完成。更不可思议的是，有的计划还没来得及开始实施，就出现了问题而草草结束。久而久之，纸上谈兵也成了管理工作的常态。如此恶性循环下去，团队和企业的发展势必会受到严重的影响。

时间管理的要义，并非想方设法地节省时间，而是要抓住工作要领，合理利用时间。成功的管理者往往会从制订真正适合自己工作风格的计划入手。

第一，解决机构臃肿、人事关系冗杂的问题。

先看一道小学算术题：植树节到了，一位同学每天可以种 3 棵树，那么 4 位同学种 24 棵树需要多久？标准答案是：2 天。但当我们把这个问题延伸到管理学中时，答案很可能就大相径庭了。一项工作让一个人做是一周完成，让四个人做很可能也要一周才能完成。通常情况是，当某项工作由三人以上共同承担时，就难免会出现浪费时间的现象。如果再加上工作职责的不明确，就很有可能进一步导致员工间相互推诿、工作中进度混乱的情况发生。

调查表明，一项工作由四人以上团队负责的时候，不仅会出现相互推诿的情况，还有可能因为需要协调人际关系而转移了大家对工作的注意力。正因为如此，部门经理级别以上的管理者，每天上班前都需要花费一定时间把人际关系捋顺。如果到了这个地步的话，该企业即使表面看似风光，内部也实在是岌岌可危了。工作重心被复杂人际替代，显然是本末倒置的。一旦人事关系凌驾于工作之上，企业的一切辉煌将很可能成为历史。

为了避免类似状况，管理者需要未雨绸缪。三个和尚没水喝，永远不止是一个简单到令人哭笑不得的故事。一人能完成的工作无须安排两人，而两人能完成的工作就完全没必要再安排第三个人。生于忧患，死于安乐。管理者要学会营造恰如其分的危机感，将自己在时间管理上的压力，合理地、足够地分配给每一位员工。只有这样，才能督促员工积极地工作。

第二，快速有效地做出人事决策。

对于任何企业而言，人才的重要性都是不言而喻的。因此，许多管理者为了拿出最佳的人事决策方案，而消耗了太多精力来权衡利弊。与此同时，如果拥有决定权的管理者数量超过实际需求，大家还会因为意见不一而举棋不定，往往导致费时费力还达不到预期效果。

其实最简单的办法是，依据企业实际情况，组织一定人数的相关决策者一同研究决定。一旦出现两个或以上的候选人，就果断采取民意表决的方式来决策。这样不仅节省时间，也更容易被员工接受。

国梁毕业于一所国内顶尖高校的生物工程系，现担任一家研究所的所长。最近他遇到了一个棘手的问题。所里有一位堪称国宝级人物的老教授，担任着某科研组的带头人，但该组现行研究的课题已经大大超出了这位老教授的学术范围，所以他已经不再适合担任该小组的负责人。但是碍于老教授曾为国家某科研项目立下汗马功劳，再加上他是国梁的师祖，于是如何开口便让国梁犯了难。况且经过仔细研究，国梁发现，即使他能够成功说服老教授，也不知道让谁来担任带头人是最合适的。

眼看课题到期日迫在眉睫，国梁连续数天召集三位副所长下班后到自己家中商量多次，却仍旧没有结果。哪知这棘手的问题却在国梁与其中一位副所长在工作之余喝酒闲聊时给解决了。最终的决定是，把老教授调到他所擅长的科研项目组里做负责人，然后再外聘一位专攻此领域的专家。可见，比起四个人一同争执，两个人更容易达成有效的共识。国梁也由此认识到，做人事决策的人过多，不仅没有多大帮助，反而大大影响了工作效率。于是，他在所内进行了人事改革，重新调配了决策者人数。

人事决策的质量，并不是由决策人数的多寡或决策时间的长短来评断的。当人事决策者过多的时候，有关任命的讨论很可能就不再是单纯从公司利益出发的了，还会夹杂着一些私人交情、权利制衡等复杂因素，从而使决断变得更加艰难，且脱离初衷。

第三，减少一些不必要的会议。

一般管理者在发现工作问题的时候，首先想到的便是开会讨论。但这时候其实并不适合立即召开全体会议。就算大家都认识到了该问题的严重性，也很难在短时间内发表有效观点。把众多茫然无措的人召集到一起，只会令问题更加混乱。

当然，将问题公之于众、集思广益总是没错的。但在急于开会前，不妨先进行一些基本调查，开展小范围的沟通。在形成了几个相对完整的解决方案后，再将其拿到高层会议上进行讨论，寻求当中最中肯、最有效的解决办法。在高层管理者达成共识后，再将决策整理成文，以学习材料的形式派发到中层、基层领导手中，由他们负责方案具体的实施和监督。

企业的高效运营离不开精良的管理，而精良的管理必定源自于深谙时间管理之道的领导者。管理者只有懂得了时间管理之道，才能够带领企业在市场竞争的大浪潮中立于不败之地。

## 策略 3　控制时间管理中的沉没成本

20 世纪最伟大的心灵导师和成功学大师戴尔·卡耐基，在其成人教育事业刚刚起步之时，也曾因缺乏管理经验，使培训班的开展费时费力，还入不敷出。同所有为事业奋力拼搏却难免挫折的年轻人一样，卡耐基也因此而闷闷不乐，陷入了迷茫和困苦之中。无奈的他找到了自己的老师约翰逊指点迷津。约翰逊听后，只是顺手推翻了手边的牛奶，然后对卡耐基说道："不要为打翻的牛奶哭泣。"就是这样简单的一句话，使卡耐基如梦初醒。与其呆呆地望着打翻的牛奶哭泣，不如省下时间去做点更有用的事情。这才是对待失误与挫折的正确心态。

实际上，"打翻的牛奶"在经济学中被称为"沉没成本"。所谓"沉没成本"，是指按照过去的决策已经发生了的，并且不能因现在或将来的任何决策而改变或补救的成本。"沉没成本"是已经发生的、不可收回的支出，是无法改变和挽回的现实。管理者对待"沉没成本"的态度，往往会影响下属的工作积极性，甚至会影响企业的发展走向。

在瞬息万变的现代化社会，投资决策也受到多方面的影响，失误的产生在所难免。正所谓"智者千虑，必有一失"。有调查表明，大部分人在做决策的时候，往往处于一种亚理性的状态。因此，如何避免决策失误，对于管理者来说，是个真正的考验。

第一，认识到“沉没成本”的危害，及时收手。

俗话说：“计划赶不上变化。”沉没成本往往就是这么产生的。如果管理者能够及时发现，找出解决方案，避免损失，甚至化被动为主动，化险境为机遇，那是再好不过的了。但事实往往不会尽如人意。即使是在生活中，我们也常常会碰到类似的状况。比如你费了很大的劲才买到一张热门电影的首映票，但天公不作美，当晚下起了瓢泼大雨。如果你不去看的话，买票花去的50元就打水漂了，成了所谓的“沉没成本”。如果你决意要去，就要花费更多的时间和金钱，用于下雨路上的消耗。也就是说，挽救“沉没成本”，将花费你更多有形和无形的新成本。

在企业中，正有部分管理者，是偏好“不断追加错误投资，最终陷入沉没成本”怪圈的。这多半是人们“不服输、不愿面对现实”的心理特点作祟。然而，从理性角度考虑，与其在“沉没成本”上投入更多的新成本，还不如及早放弃，避免更大的损失。正所谓“拿得起，放得下”。

某专业芯片生产公司，在详细考察了PC市场后，决意针对低端PC市场，设计一款整合型芯片。谁知该项目上马后不久，芯片市场就发生了重大变化。原本他们断定的是，行业内会通过高度合成来降低PC成本，但其他公司却设计出了新系统，更好地达到了压缩成本的目的。这样一来，按照原定计划生产的芯片，根本不具市场竞争力。对此，公司高层讨论后，决定放弃沉没成本，下马该项目。最终，该公司在避免更多损失的同时，也为寻找新机遇、研发新技术节省了时间和资本。

第二，如何避免遭遇“沉没成本”。

“凡事预则立，不预则废。”这句话说的是，不论做什么事，只有事先准备，才能获得成功，不然就会失败。对于企业而言，在做任何重大决策的时候，预先进行市场调查都是必要的。

1. 避免“沉锚”陷阱。

人们在做决定的时候，脑海中往往会很快浮现出一个方案，而大脑的潜意识也非常重视这第一反应，从而使人产生思维定式。需要提醒管理者的是，应当避免类似的“沉锚”陷阱。决策前，切忌独断专权、一意孤行，而要集思广益、耐心倾听，尽可能地得出客观有效的分析，避免掺杂过多的私人感情。最后，综合大家观点，得出最优决策。

2. 避免“现状”的陷阱。

安于现状也是企业的祸端之一。作为管理者，你的每一项决策都很有可能成为企业前进的风向标。但人们在利益面前，往往都会自然形成一种心态，那就是保护既得利益，却停止了对新利益点的挖掘。如何拨开现状营造的重重迷雾，带领企业创造新的辉煌，才是管理者应当重视和深思的问题。一旦掉进“现状”的陷阱，就会止步不前。而原地踏步就等于退步，早晚会被竞争现实的残酷所湮没。那些年跟不上潮流的产品和服务，那些年落伍的管理理念和经营模式，那些年残缺不全的市场意识和应变姿态，若不及时更新，将会很快丧失竞争力，湮没于市场浪潮之中。于是，昨日的辉煌业绩，演变成今日的“沉没成本”。

3. 避免“所有人都赞同”的陷阱。

所有人都赞同，往往是对错误的姑息。当你发现自己做任何决定，迎来的都是拍手称赞时，不仅不能沾沾自喜，反而要意识到这是危险的陷阱。因为你的人才库中已经没有了真正与你一同打拼的下属。要么是他们对工作都不够了解，要么就是安于现状、不愿思考。你要做的就是寻找“忠言逆耳”，招聘新人才，为企业发展注入更新鲜更有干劲的血液和能量。

第三，从“沉没成本”中寻求教训。

“殷鉴未远，在夏后之世。” 意思是殷商子孙应以夏的灭亡为借鉴，前人的教训就在眼前。“沉没成本”的形成不是偶然，其中必定存有或多或少的问题。如果处置得当，反倒会转变为宝贵的经验，帮助管理者在将来的工作中降低错误率、避免走弯路。牛奶被打翻的原因，要么是放置的地点不合适，要么是当事人过于粗心。管理者要做的是，在不脱离实际情况和摒弃主观意识的前提下，找出原因，总结教训，寻求突破。

不要被“沉没成本”控制。在你叹息、懊悔的那一瞬间，崭新的光阴又从身边匆匆溜走了。从头再来、从零开始并不可怕，重要的是，要为当下情形做出最佳决策。过去的已是无法改变的既定事实，就让它成为供将来借鉴的历史。

因此，从一定意义上讲，“前事不忘，后事之师”就是管理者从“沉没成本”中获得的教训。

## 策略 4　改变时间管理中的不良习惯

管理大师彼得·德鲁克认为，有效的管理，应当坚持把重要的事情放在前面，并且每次只专注做好一件事情。这就是说，做事情要有主次、轻重、缓急之分。想要在短时间内就把所有事情处置妥当是十分困难的，反而容易产生时间永不够用的困惑。通常，在强大的时间压力下，一些不良的工作习惯就成为了阻碍效率提升的罪魁祸首。那么接下来，就让我们把这些不良习惯一一清理掉。

第一，办公室不够整洁。

繁忙的工作让很多人疏于对办公环境的整理，以至于杂乱的文件、报纸、备忘录、工作日志、烟灰缸等常常堆得到处都是。据心理专家分析，工作和生活在杂乱无章的环境中，容易引发人们焦虑、急躁、疲劳等一系列有害情绪。如果长期被负面情绪主导，则很可能患上抑郁症、焦躁症等严重心理疾病，甚至引发心脏病、高血压以及胃肠类疾病。

第二，一味埋头苦干，做事没有轻重缓急。

许多管理者看似身负千斤、日理万机，每天上班的第一件事就是拿着秘书拟好的工作计划表按图索骥。虽然整日里忙得焦头烂额，工作成果却并不显著。可见，一味地埋头苦干，并非最优工作方式。就像人与人的交往有亲疏远近之别一样，繁重的工作任务也必有轻重缓急之分。优秀的管理者总是先把工作分清主次、理清重点，再依照轻重缓急的原则依次完成。

第三，不会合理授权。

合理授权是一剂优质催化剂，用对了就能够更好地发挥每位员工的效能。毕竟团队的力量大于个人，光杆司令独当家是做不成大事的。凡事大包大揽，整天埋没在琐碎事务中的管理者，不仅为自己徒增烦恼，还对企业发展毫无裨益。优秀的管理者应该懂得掌控大局，通过合理授权，有效调动每位员工的工作积极性，发挥每位员工的专业特长，形成团队力量，完成工作任务。

第四，工作拖拉。

优秀的管理者绝不是遇事犹豫不决、缺乏主见之人，而是办事利索、决策果断，在关键时刻能够快刀斩乱麻的领导者。如果管理者在接到下属请示时，总是犹豫不决，令下属不敢轻举妄动，长久以来，整个团队都会养成拖拖拉拉的办事习惯。生活中也是一样，有些人遇事总是不急不躁，“慢工出细活”。慢性子的优点是相对稳重，不易出错，容易让人产生信赖感。而急性子的人，办事麻利，快言快语，工作效率较高，却也会因冲动而出错。若是将两者结合，就更稳妥了。

人们通常把良好的习惯称为“成功的方法”，糟糕的习惯称为“职业病”。理论上讲，小习惯的养成只需三天，而大习惯的形成也只需三周。往大了说去，成功抑或失败，很可能就由这短短的二十一天决定。

如果能在工作与生活间找到合适的临界点，养成劳逸结合的优良习惯，使工作、休息两不误，便可称之为高明的管理者。

第一，制订合理高效的工作计划。

合理高效的工作计划，能够协助管理者更快捷地完成工作任务。因此，依据工作任务的轻重缓急，制订切实可行的具体计划，就是每日工作的第一项。做到了这一点，就能实时掌控工作进程，省时省力，提高效率。要避免忙中出错、被无关紧要的事情打断，就不再是难事了。

第二，合理、迅速地分配任务。

工作计划制订后，就要根据岗位分工和员工能力，合理、迅速地把任务分配下去。切忌分配时间拖得过长或分配不均衡，这样会影响工作时间，引起员工不满。

第三，合理规避外界干扰。

工作开始后，为了提高效率，就要懂得合理规避外界干扰。一边要避免工作思路被无聊或非紧急的邮件、电话、会议等打断，一边又要防止漏掉有价值的外来信息，这看上去是个头痛的问题。具体的操作很简单，将电话与邮箱按公用、私用分开，各准备两个。把公用的交给秘书处理，让他筛掉垃圾信息，记录重要信息，并分类排序；包括一些形式会议，如不需发言，也可请秘书代劳。而自己的私人电话和邮箱可调为静音，下班前一小时再查看。

第四，合理加班。

遇到当天工作实在无法完成的情况，如果没有特殊要求，就尽量把加班安排在第二天早上上班前。早晨加班的好处是，经过整晚休整，精神状态最佳，工作效率较高。而晚上拖着疲惫的身心加班熬夜，不仅效率低下，还会导致休息不好，影响次日的工作状态。

第五，把手表调快十分钟。

把手表调快十分钟，已经是个流传已久的优良习惯了。它会让你不自觉地将时间观念提早植入到大脑中，帮助你更好地把握时间，避免迟到误工现象的发生。

## 策略5　做事当机立断，节省时间

如果你在需要决策的时候拿不定主意，那么给自己两秒钟时间，毫不迟疑地做下决定，然后该干吗就干吗去。因为在这种情况下，无论你花再多的时间，做再多的研究，结果往往都是一样的。

时间管理并非在限定时间内完成所有事情，而是要管理者合理安排工作、巧妙利用时间，同时善于借助外界力量，将工作圆满完成。懂得时间管理的领导者，必定会清楚地知道，什么是必须做的事，什么是可以做的事，什么是能够让人协助完成的事。他们往往是从结果出发，事先对工作进行了合理的安排。

对于没有方向的船来说，遇到任何风向，它都是逆行。有了工作目标，管理者就能够以结果为导向来实施工作计划，做好时间安排。以结果为导向，要求管理者具备良好的前瞻性，使整个工作流程都尽可能地为结果做支持。

下面就让我们从心理特点、目标设定、结果安排等方面，学习如何以结果为导向合理安排时间，保证工作顺利实施。

第一，从心理上重视时间管理。

人的行为遵从于心理导向。只有心理上真正重视问题，才能行为上圆满解决问题。我们不妨从以下两个方面来寻求心理认同。

1. 进行完善的心理建设。真正从心理上重视以结果为导向的时间管理。主要包括：①欲望：培养强烈的管理时间欲望，参考成功案例，了解时间管理的益处；②决定：内心认可时间管理模式，果断决定付诸实践；③实践：只有把单纯的想象和生硬的理论，与实践中领悟的技能和总结的经验相结合，才能进行真正有效的时间管理；④决心：做出决定并非难事，但要持之以恒地按照既定规划付诸实施，却并不简单。

2. 享受时间管理带来的成就感。初步接触以结果为导向进行时间管理的人，往往不容易在短时间内看到成果，因而容易误解其为一个空洞概念。为此，管理者可以将某件小事作为契机，将该模式循序渐进地应用到日常工作中，让员工在不知不觉中逐渐品味到时间管理带来的成就感。

第二，设立策略性的目标。

要把时间管理运用到极致，就要以结果为导向设立策略性的目标。

1. 设定明确目标。

首先瞄准靶心，才能成功打中靶心。明确的目标，能够督促管理者不会轻易被周围环境影响或改变，这也是企业发展壮大的先决条件之一。

2. 公布工作目标。

管理者可以将工作目标打印成文，张贴在公司显眼、合适的位置，将工作目标公之于众。一方面能够让企业员工了解管理者对工作目标的筹划；另一方面也能够将执行计划清晰明确地告知每一位员工，督促该目标的全员执行。

3. 设立目标的原则。

设立目标既要胆大细心，又要切合实际。自己心中有数，且员工了解后亦不会退缩、不找借口的目标，就是好目标。

设立目标要尽可能地做到具体化。至少要有阶段性目标的辅助，才会使高远的目标不会显得遥不可及。在实现一个目标后，就给出适当的鼓励，进而明确下一步的执行。详尽的工作计划，既是实现目标的前提要求，又是衡量效率的重要标准。

好莱坞有一位传奇人物，叫做阿诺德·施瓦辛格。他没有受过专门的表演训练，却跻身好莱坞主流影星之列。更令人惊讶的是，他不仅是演员，健身运动员，还是生于奥地利的美国政治家。施瓦辛格 2003 年 11 月任美国加州州长，直至 2011 年 1 月 3 日才卸任，任期达 7 年。他一生的奋斗历程，本身就是一部好莱坞大片。

虽然最初的身份只是一名奥地利移民，但施瓦辛格儿时的梦想就是成为美国总统。身边的每个人都觉得这难以实现，甚至还有人笑话他痴人说梦，而施瓦辛格却从未想过要放弃。他明白，在美国，要想成为总统，要么是家财万贯，要么是出身名门望族。显然，这两个条件，他暂时都不具备。经过仔细分析，施瓦辛格觉得，要在美国成为有钱人，最快捷的方式便是做电影明星；而要成为名门望族的一员，就要娶一个颇有背景的老婆。经过再三权衡，他选择了先做电影明星。

确立目标后，施瓦辛格就开始了风雨无阻的训练。和朋友一同做俯卧撑，朋友做 100 个，他就一定会做上 105 个。对于每项运动，他都会在接近体能极限的时候，强迫自己多坚持两分钟，因此常常练到头昏、呕吐。功夫不负有心人，很快施瓦辛格就几乎包揽了所有世界级的健美冠军，其中包括一次“世界先生”，五次“宇宙先生”，七次“奥林匹亚先生”……他成为了当之无愧的“王中之王”。紧接着，凭借雄健魁梧的身躯和钢铁般坚硬的肌肉，施瓦辛格被好莱坞认定是拍惊险动作片的不二人选。果不其然，跻身好莱坞后，他便以电影巨星的身份扬名世界。再后来，施瓦辛格娶到了肯尼迪的侄女，又获得了大财团的支持，最终凭借自己强大的影响力，以一个奥地利移民的身份跻身美国政界，连任加州州长七年，圆了儿时的政界梦。

第三，避免做事情时虎头蛇尾。

从项目的启动到结束，往往是这样的：任务刚下达时，几乎所有的员工都有挽起袖子大干一场的心气，可越往后，大家的士气却越低落，尤其是到了快交工的时候，能够获得的或许只是一个勉强的结果，甚至可能与当初的计划相比有着天壤之别。那么，管理者应当怎样做，才能使结果更为圆满呢？

1. 工作一定要有结果。

在工作中，结果永远是第一位的。没有结果，工作就失去了意义，付出的努力也就白费了。因此，管理者要坚持结果导向，合理规划时间，督促员工对工作计划的执行。

2. 对结果的质量负责。

一般员工的心理，都只想早日完成任务，而容易忽略质量。这时，管理者就要不断跟进员工的工作进程，要他们明白对结果负责的重要性。对结果负责，就是对工作过程负责，也是对劳动价值负责。事实上，完成了任务，并不等于实现了价值。

3. 要把“以结果为导向”安排的工作落到实处。

管理者在对工作进程的监督中，要制定真实有效的衡量标准，结合绩效管理和目标管理，将工作落到实处。只有这样，工作结果才会在你的真实掌控中。

# 第四章 荣辱之境：让员工抱着希望奔跑

所谓要让员工知荣辱之境、怀希望之心，指的就是企业管理当中的激励管理。激励管理所包含的内容，与目标、人才、时间管理等相比，要更为丰富。本章从庄子所称道的荣辱之境与宽容之心出发，一一讲解企业管理中有关分配制、宽容心、责任心、自由化、能动性、批评式、抱怨式的激励管理。

## 【经典今解】

且举世而誉之而不加劝，举世而非之而不加沮，定乎内外之分，辨乎荣辱之境，斯已矣。（《庄子·逍遥游》）

这是庄子在《逍遥游》中称赞宋荣子的话。意思是：当社会上所有人都称赞宋荣子时，他却并不因此而更加奋勉；当社会上所有人都责难宋荣子时，他也并不因此而感到沮丧。宋荣子能够认清自我与外物的分际，能够辨明荣誉与耻辱的界限，仅此而已。

臧与谷，二人相与牧羊而俱亡其羊。问臧奚事，则挟策读书；问谷奚事，则博塞以游。二人者，事业不同，其于亡羊均也。（《庄子·骈拇》）

臧和谷两个人一起去放羊，结果把羊全丢了。问臧干什么去了，说是拿着竹简在读书；问谷干什么去了，说是在和别人玩骰子游戏。尽管他们两个人做的事情大不相同，但在丢了羊这一点上却是一样的。

与物穷者，物入焉；与物且者，其身之不能容，焉能容人！不能容人者无亲，无亲者尽人。（《庄子·庚桑楚》）

胸怀宽阔，顺应外物，就能够容纳万物；心胸狭窄，阻遏外物，就会与万物格格不入，连自身都不能相容，又怎么能容他人！不能够宽容待人的人，就没有亲近的朋友；没有亲近的朋友，就会被大家所厌弃。

## 【古为今用】

### 策略1　实行分配制激励

朝三暮四的故事源自于《庄子·齐物论》："狙公赋芧，曰：'朝三而暮四。'众狙皆怒。曰：'然则朝四而暮三。'众狙皆悦。名实未亏而喜怒为用，亦因是也。"

故事讲的是战国时期的一位老人，在家中养了十几只猴子。这些猴子十分讨喜，整天围着老人前后转悠。时间久了，老人便能够揣摩猴子的心理，猴子也听得懂老人说的话，他们快乐和睦地生活在一起。渐渐地，左邻右舍都习惯把老人称作"狙（古书里指猴子）公"。

随着猴子们一天天长大，他们的胃口也越来越大。这让狙公的生活变得困窘起来。为此他犯了愁，想要减少猴子的口粮，却又担心它们不乐意，只得好言好语地哄着说："给你们发橡栗吃，早上三颗，晚上四颗。够吃了吧？"

猴子们一听，早上只有三颗，就气得吱呀乱叫、上蹿下跳的，又是抓狙公的手，又是挠狙公的痒，又是拽狙公的胡子，还偷偷地把狙公的鞋给藏了起来捉弄他，搞得狙公哭笑不得。

于是狙公又琢磨了一会儿，便有了新主意。他和颜悦色地对猴子们说："好了，大家不要吵了，我认错改正还不行吗？早上给你们吃四颗，晚上三颗，这样好了吧！"

猴子们一听早上多了一颗，很是高兴，摇头摆尾的满意极了。狙公这才舒了口气，捋着胡子笑了。

从“朝三暮四”到“朝四暮三”，就能让猴子们从怒气冲冲变为喜气洋洋。看似只是弱智的数字游戏，结果却大相径庭，达到了目的，这便是养猴人的智慧。

回到管理学上来，我们从财富分配的角度看，狙公并没有增加橡栗的总数，只是转变了分配的方案，却获得了理想的效果。简单的故事往往蕴含着深刻的哲理，在企业管理中，以此为鉴来进行工资、奖金的分配，亦当收获不小。

对于员工来讲，固然是希望工资奖金多多益善。但企业不论大小，能用于发放的金额总是有限的。如果采取吃大锅饭、平均主义的分配方案，那么很可能养出来的就是一群懒汉，从而导致企业工作效率低下，缺乏活力和创造力。而“朝四暮三”可以让我们借鉴的是，通过工资、奖金配比的变化来激励员工。比如设定工资和奖金的总数为7000元，那么把其中3000元作为基本工资，其余4000元作为奖金的效果，是要优于4000基本工资加3000奖金的。因为奖金的发放须依据员工绩效来确定，采取优劳优酬、奖勤罚懒的办法。更显著的是，此类办法不论配比优劣都是要优于平均分配的。

## 策略2　以宽容心激励员工

春秋时期，一次楚王宴请众大臣，席间美酒佳肴、歌舞妙曼、烛光摇曳。兴致颇高的楚王还令他最宠爱的两位美人许姬和麦姬为各位臣子敬酒。

不料一阵狂风忽然袭来，蜡烛吹灭，四下漆黑。谁知席上一位官员竟趁机揩油，抓住了许姬的玉手。许姬用力甩手的同时，故意扯断了这大臣的帽带，然后急忙回到座位上并对楚王耳语：“刚刚有人乘乱调戏我，你赶紧喊人把蜡烛点亮，看是谁的帽带被我扯断了，就知道是哪个大臣举止不恭。”

楚王听后，不但没有急于照办，反而令手下先不要点燃蜡烛。他大声说道：“今天晚上，各位爱臣一定要与我一醉方休！大家都把帽子脱了，痛饮一场！”

点亮蜡烛后，众大臣都已脱去了帽子，于是便看不出是谁非礼了许姬。后来，在楚王攻打郑国的战场上，出现了一位勇猛过人的将军，他独自率百人开路，过关斩将，直通郑都，而此人正是当年被扯断帽带的那位。他自知楚王施恩于他，便发誓毕生效忠。

人非圣贤，孰能无过？宽容不仅是为别人留有余地，也是为自己创造机会。作为管理者，当发现下属过错的时候，正确批评、令其改过是必要的，但绝不可揪住不放。适当宽容，加以鼓励，反倒更可能促成员工今后的进步。

人称“经营之神”的松下幸之助，不仅是日本著名跨国公司“松下电器”的创始人，还首创了“事业部”、“终身雇佣制”、“年功序列”等日本企业的管理制度。

原为三洋公司副董事长的后腾清一，慕名投奔到松下公司，担任厂长。本想大有作为的他，却因一次管理失误而引发了火灾。工厂瞬间被烧成了废墟，这无疑给公司带来了巨大的损失。

事后，后腾清一感到既焦虑又惶恐，他以为厂长的职位必定是保不住了，更严重的是，他很可能被追究刑事责任，这辈子就完了。但出乎意料的是，松下在接到报告后，连问都没问，就只对他说了四个字：好好干吧!

松下的这一做法深深地打动了后腾，他感到既欣慰又愧疚，于是更加忠心，加倍努力，而后他的工作成就所创造的价值，远远超出了被烧毁的工厂。

松下无意姑息下属的错误，而是有意用自己的宽容换取下属的弥补，使备受激励的员工在今后为公司创造更大的价值。

宽容是激励，豁达是善行。拥有宽容、豁达的胸怀，不仅是一种生活境界，更是一种领导艺术。

## 策略3 树立员工的责任心

员工的责任心构成了企业的防火墙。员工的责任心匮乏终究会导致企业的最终解体。而员工的责任心缺失，归根到底又是看企业是否良好地经营了员工的责任心。

员工的责任心缺失主要有这样几个根源：首先，管理者缺乏经验，不知道应该如何进行员工教育，从而增强其责任心。换言之，就是企业管理层经验少，智慧不够，思维能力有限。其次，管理者管理不善，疏于监督，整个企业氛围偏于懒惰，员工自然会懈怠。再次，属于被剥削阶级的员工具有天然的惰性。企业原本规章制度执行得即使再好，也经不住时间的延伸，一旦监管不力，思想上一放松，责任心就会减弱，行为上自然就松懈。这些根源体现在日常的工作中就是执行力下降，由此就会引发各种问题甚至造成巨大损失。

微软总裁比尔·盖茨曾对他的员工说：“人可以不伟大，但不可以没有责任心。”

比尔·盖茨的这句话简单而耐用。的确，一个人站在员工的层面上，只有具有高度的企业责任感，才能在任务中担起重任，按质按量地完成既定任务并努力追求实现完美。微软之所以成功，也是在于其企业标准与企业对培养员工责任感的重视，微软甚至把责任感当做招聘员工的重要标准之一。正是这种做法，成就了微软一流的执行力，打造出了声名显赫、富可敌国的微软商业帝国。

一些企业的管理者经常感慨："我们不需要有多么高学历，多专业的技能的员工，我们只是需要他对任务认真负责并具有高度责任感。"殊不知，其实这正是管理学中最难的课题之一——责任心从何而来？

其实责任心的定义很简单，就是对客户负责、对组织利益负责、对个人业绩负责。不存在绝对的责任心，同样也不存在天生的责任心匮乏，说到底，员工的责任心靠的是企业管理层的激发和培养。那么，如何激发和培养员工的责任心呢？

首先，根据不同阶层的需求制定相应的激励政策，这也就是提高员工积极性的意思。无论是薪金还是地位的需求使其产生了动机，而行为是动机的表现。换句话说，判断一个管理政策是否有效，只需要看政策是否能满足员工的需要。如果可以，那么提高员工的责任心是不在话下的。只有提高员工对利益的满足度，才能提高员工对工作的负责度。

其次，组建追求成功的团队。组织的个体之间有着微妙的联系，每个人会与团队中其他人沟通并随之调整自己的行为，所以团队的工作氛围会对团队成员责任心造成很大的影响。

再次，建立自律的企业领导层。榜样的作用是无穷的，在企业管理方面也不例外。级别不分大小，企业的中高级管理人员也是员工，如果他们能够恪于值守，遵守规章制度，有着鲜明的责任感，那么下层员工自然会同样富有责任心，不会推脱敷衍组织的要求。

最后，建立机制，营造良好的责任心氛围。营造主动承担责任、勇于承担责任的企业文化，激发和培养员工的责任心，同时，要建立鲜明的赏罚机制，对责任心强的员工及时给予奖励与鼓舞，对推卸责任的员工及时予以惩罚与劝诫，从而强化和提高员工的责任心。

对员工责任心的培养和激发是管理者不容忽视的任务。当然，仅仅靠企业培养也是不够的，员工自身也必须有能够明确工作目标与工作职责的职业道德和综合素质。只有企业和员工双方协调、共同努力，才能最大限度地激发员工的工作责任心和企业的社会责任心，确保企业利益的实现和社会安定的维护。

## 策略 4 给员工充分自由

自由是人的天性，每个人都希望不受约束，充分发挥个人的想象力和创造力。企业的员工也不例外，他们需要公司为自己提供一个充满自由活力的、富有想象力和创造力的工作氛围。

作家刘燕敏于 2007 年 2 月在《青年文摘》上发表了一篇文章，文中讲了这样一个故事：2005 年 8 月，中国一批国有企业的高层主管来到哈佛大学商学院，接受为期三个月的培训。其中有一门课程叫《管理与企业未来》，课上他们读到这样一份具有测试性质的案例。

公司一：8 点上班，考勤打卡，迟到或早退一分钟罚款 50 元；正装出勤，佩戴胸卡；公司每年组织若干次旅游、聚会、联欢等活动；每位员工每年要为公司提四项建设性意见或合理化建议。

公司二：9 点钟上班，不考勤；每位员工拥有一个可随意布置的独立办公室，即使四处画满个性涂鸦也没关系；饮料和水果免费供应；上班时间自由支配，甚至理发、游泳等事情也是可以加入安排的。

公司三：不限制上班时间；不限制着装；甚至可以把自家的狗和孩子一同带到办公室来；上班时间去度假也依旧下发全薪。

教授发完答题卡后说，请根据各自的管理经验判断这三家公司的发展前景。

最后，96%的人认为第一家公司会有更好的前景。

测试完毕，教授宣布了三家公司的真实身份。

公司一：广东金正电子有限公司。于1997年成立，是一家集科研、制造、营销为一体的高科技企业。2005年7月，公司因管理不善，申请破产，生存期9年。

公司二：微软公司。1975年创立，现为全球最大的软件公司与美国最有价值的企业，股票市值2883亿美元。

公司三：Google公司。1998年由斯坦福大学的两名学生创立，目前雄霸全球搜索业；市值每股402美元，超越全球媒体巨人时代华纳，营业额直逼百年老牌可口可乐，同时也是唯一一家能挖微软墙角的巨头。

教授宣布完结果之后，开始讲课。后来，主管们回忆说，那堂课上只记得那个案例了，其他什么也没听进去。翻了讲义才看到，教授讲的是《管理与企业未来》的第一章：自由是智慧之源。

Google拥有每天浏览量的10亿，每年赢利增长大于100%，而员工流失几乎为零，这些就是Google能够称霸全球搜索引擎老大地位的数据基础。

美国的Google总部经常有这样的景象：舒适宜人的木质地板上，有员工光着脚丫走来走去；健身房内经常有员工在健身；咖啡屋内也经常有三三两两的员工在喝咖啡、聊天。工作时间没有硬性规定，迟到或早退一些都无人干涉；员工上班时间也可以做一些私事，如听音乐，打电话，上网聊天等，Google到处洋溢着自由的音符。

“和一般企业有很大不同，Google的整体氛围，就是反对官僚主义和强制命令。”Google公司的前员工对此记忆犹新。我们可以看出，Google赖以制胜的法宝，正是这种自由的氛围。

身为大三学生的小雯曾到一家著名广告公司参观学习，在该公司总裁的办公桌上，她看到了这样一句话："管理的根本，是为员工创造一个自由的氛围，从而使他们施展才华、呈现智慧。"小雯似乎一下子就明白了这家公司能够包揽全市七成业务量的来由。如果企业能给员工创造一个宽松、自由而开放的工作环境，使每一位员工在公司上班就像在家中做喜爱的事情一样自由快乐、全情投入，那么人才的创新潜能将会得到无限激发，企业的发展自然也是蒸蒸日上。

## 策略5 以赞赏激励代替惩罚

心理学研究表明，每个人都偏好得到他人肯定的评价，因为那可以使人增强信心、得到鼓励，从而更加积极努力地投身于工作当中。

作为管理者，你是否遇到过一些消极怠工的员工？他们的工作信条往往是"不干不错，多干多错"，或是"平平安安，混到下班"。碰到这样的员工，恐怕不只是简单的惩罚或者严厉的鞭策就能使其彻底转变的。

对此，管理学家们认为，对待积极性欠缺的员工，采取惩罚鞭策的措施反倒不如赞赏鼓励的做法更为有效。

美国心理学家罗森塔尔（Rosenthal）曾做过这样一个实验：罗森塔尔在一个学校中选出一些学生，将名单提供给校方。并且，他明确告诉校方，他通过测试发现这几名学生天赋很高，只不过崭露头角。然后，在期末考试中，这些学生的学习成绩的确名列前茅。事情的真相是，这几名学生是从名单中随意抽取出来的几个人。

罗森塔尔认为，这就是教师期望的影响。教师给这些学生灌输了"你们是天才"这个想法，寄予他们更大的期望，于是在上课时会更加照顾他们，并且潜移默化地向他们传达“你很优秀”的信息，学生就会感受到教师的关注，因而产生一种激励作用，会更加努力地学习，成绩也自然提高了不少。我们不难看出，积极的信号对人的影响很大，而消极的信号则对人的影响也不容忽视。罗森塔尔就把这种现象称为“皮格马利翁效应”，也称“罗森塔尔效应”。

“罗森塔尔效应”告诉我们，管理者要善于运用适当的激励手段来调动员工的积极性。管理者要坚信自己的每一位员工都是人才，都有能力完成任务，为公司做积极的贡献，并在与员工的接触中，时常灌输这种信息，终将大大提高员工的绩效，进而提高公司效益。

有诸多因素会导致员工工作不积极，如薪水不如意、升迁希望渺茫、意见不被重视等。作为一名管理者，必须妥善处理好各方关系，还要根据不同的情况，采用不同的激励策略，做到具体情况具体分析，真正地发掘激励员工的方法，利用员工的内在欲望，让其对自己充满信心并不断提高自身工作能力，促使他们实现更大的绩效。

通用电气的前 CEO 杰克·韦尔奇就是完美地实践了皮格马利翁效应。他认为，一个良好的团队管理，并不是通过上纲上线来实现的，而是努力确保每个人都知道最重要的事情是什么，并鼓励他们完成各种奇思妙想。韦尔奇在自传中也描述了他心中的理想团队状态，如“无边界”理论、4E 素质（精力、激发活力、锐气、执行力）等，以此来暗示团队成员“只要你想，你就能做到”。韦尔奇说：“给人以自信是到目前为止我所能做的最重要的事情。”“我认为一个领导人面临的最大挑战是如何激励员工。这些年来，如果有人评价我的成功，那一定是我会激励员工使其自我实现。没有比实现自己的设想更让人动心的了，而你所做的就是要激励他们去找更好的设想。”

有“经营之神”之称的松下幸之助也很擅长利用皮格马利翁效应。他别出心裁地创造了电话管理的方法，通过给下属打电话来给他们鼓舞。每次电话内容都很简单，只是问一下员工的近况如何。如果下属回答说还算顺利时，松下就会鼓励他让他好好干。久而久之，接到电话的下属们都感到总裁对自己很看重，工作起来就更有劲了。事实上，有许多人在皮格马利翁效应的作用下，勤奋工作，逐渐实现了自己的梦想。

有很多部门经理，经常让员工上交周报、月报、季度计划、季度总结，他们想通过这种方式检验员工的进度和绩效。但是，日志、总结终归容易写，关键是员工实际上做了什么。

在南京理工大学的陈春花教授的一项研究中，统计了200家企业，有两成的员工不为企业谋利，两成的员工为次品和库存干，两成的员工瞎干不管结果，两成的员工根据薪水干，只有最后两成的员工产生了效益。该如何解决员工效率低下的问题？那就是激励他们。这个问题没有一个通用的方法，要针对不同人和事采用不同的方法去激励和鼓舞。因此，我们可以构建一个激励体系。

**第一，目标激励。**

所谓目标激励，就是把各阶段的目标相结合，通过设置、实施和检查目标三个步骤，让员工紧紧围绕目标工作。制定目标要切合实际，要根据团队的实际情况制定具有可行性的目标。一个切实可行并有价值的目标，可以很好地激发员工的积极性与创造力。相反，那些过于高调、空泛或可望而不可即的目标则会适得其反。管理层应对团队或个人制定切合实际的周期性目标任务，并做定期的验收评定，让员工目标明确，富有斗志。

**第二，物质激励。**

所谓物质激励，就是满足员工的物质需求，对利益关系进行调节，从而激发员工的工作动机。物质激励的形式基本上是加薪、减薪、奖金、罚款等。在目前社会经济条件下，物质激励是一种极为有效的激励手段，通过强化按劳取酬的分配原则来调动员工的工作积极性，具有很高的实用性。

**第三，情感激励。**

情感激励不同于物质方面的刺激，而是指通过领导者与被领导者之间的情感交流从而达到激励的方式。情感激励主要是为了培养员工的工作热情，主要以沟通思想、排忧解难、慰问家访、交往娱乐等方式实现。这里要求领导者设身处地去关心、尊重、爱护激励对象，通过“人情味”让员工体会到领导对其的重视，他就会把你对他的真情实感付诸实际工作中。

**第四，差别激励。**

由于个体之间存在差异，奖励措施要因人而异。比如，有的员工可能更希望得到更高的薪水，而另一些员工则希望有更多的假期。对于一些工资较高的员工，可能他们更需要的是一些荣誉和地位，对工资的需求相对来讲会小一些。另外，每个人的性格不同。不同的员工适合的工种也不一样，管理层要适当安排，尽量满足每一个个体，这样才能让员工感到满意、舒适。

**第五，支持激励。**

管理层要善于采纳员工的建议，支持员工的想法，挖掘员工的智慧，让大家都为这个团队做贡献。所谓支持激励就是尊重员工的人格、尊严、观点，爱护员工的积极性和创造性；信任员工，必要的工作要下放。当员工遇到困难时，要设身处地地为其着想，增加员工的安全感和信任感；当工作中出现差错时，要承担自己的责任，不要一味地责怪员工。如果员工真切地感受到了上级的支持，那么员工是会充满感激的，即满足了员工渴望被肯定的心理。支持激励既是用人的高招，也是激励员工的办法之一。

上述提到的多种激励方法需要结合使用。奖励时，不搞“金钱万能”，也不搞

“精神万能”，而是要把物质奖励和精神激励结合起来。如果管理者的激励方法得当，那么员工继而志气昂扬，公司的业绩自然也就节节攀升了。

## 策略6 采取刚柔并济激励法

刚柔并济是企业管理的最佳方式，完全抛弃硬性管理方式可能会让团队变成一盘散沙。所以，惩罚并非完全不可取，只是如何让惩罚达到最佳效果，是值得管理者深思的。

事实上，当员工遭受的批评源源不断时，他往往只会记住开头的一些，往后就不听了，因为他正忙于思索试图反驳开头批评的论据。

所以说，恰当的批评可不是一件轻松容易的事。如果不批评，那就起不到鞭策和警示的作用，而如果批评过重，又很可能打击到下属的自尊心和积极性。分寸上的拿捏常常让人感到无所适从。

“经营之神”松下幸之助说过：“任何人难免犯错，不论职务高低。对公司管理层的过错，我更不会加以姑息，而要提出书面批评，提示他们改正错误。”尽管松下幸之助在训导下属时口气严厉、脾气暴躁，但从来都是以理服人、恩威并施的，所以也赢得了员工们的敬重和钦佩。

一次，松下幸之助下属的一位管理人员犯了错，松下对他说：“我不得不对你的做法提出书面批评。当然，如果你毫不在乎，那么我们的谈话到此为止；如果你因此不满，我也可以就此作罢；如果你口服心服，真心实意地感到我的批评道理实在，那么，尽管接受它会使你付出一定代价，但却是值得的。相信你通过深刻的反省，会逐步成长为一名出类拔萃的干部。请你考虑一下吧。”

听了这番话，那位管理人员回答道："我都明白了。"

松下再次确认地问道："是真的明白了吗？那就是从心底里欢迎受到批评吗?"

那位管理人员更肯定地回答道："的确这样想。"

接着松下说："这太好了。我十分高兴能够向你提出真诚的批评。"

正当他要将批评书交给那位干部时，其他同事和管理人员也来到了办公室。松下于是对他们说："你们来得正好，我写了这位干部的批评书，现在让他读给你们听听。"

事后，松下幸之助对他们说道："你们是很幸运的。如果有人能够这样向我提出批评，我会感到由衷的欣慰。但事实上当我做错了事，恐怕你们也只会在背地里议论，而绝不会当面批评我。这样下去，我势必会在不知不觉中重犯类似的错误。职位越高，接受批评的机会就越少，这并不是件好事。而你们的幸运就在于，有我和其他领导监督着、批评着你们，帮助你们改正和进步。这样的机会对我来说，真是求之不得的。"

松下幸之助总是采用委婉含蓄、合乎情理的方式批评犯了错的员工，使他们感受到真诚和关怀，从而愿意愉快地接受并改正。相反，很多管理者一遇到下属犯错，便不论缘由地凭借权威训斥一番，甚至不给员工任何解释的机会。这样就很容易将双方关系对立，不但达不到批评改正的效果，反而恶化了上下级关系，损伤了管理者形象，拉低了公司管理质量。

要知道，首先晓之以理，而后动之以情。下属犯错，仅仅是不分青红皂白地训斥，是很难让员工心服口服的。认真倾听，明确事实，了解原因，实事求是，这样才能保证批评的准确性和有效性。

批评的方式应当细化，具体问题具体分析，不同人员不同对待。对于性情开朗、自我感觉良好的员工，应当直白地告诉他错误所在；而对于性格内向、较为敏感的员工，交流批评时就要注意委婉，留有情面。对于鸡毛蒜皮类的小错误，私下里批评一下就足够了；而当严重错误发生时，就应当采取公开公正批评方式，引起大家注意，促使员工重视。

批评与表扬虽是正负两面，却同属一种激励方式，目的都是为了规范员工行为，调动员工积极性。要努力钻研批评的艺术，使之卓有成效地发挥作用，就要懂得如何把握批评的尺度和分寸。

**第一，批评的目的是使人知错就改、弃旧图新。**

因此，把批评和教育结合起来，教育—批评—教育，才会更好地达到目的。教育在先，可以使员工预先认识到可能发生的错误，从而减小错误概率。即使员工还是大意犯下错误，也会因为有言在先而感到愧疚，并且急于、乐于改正。等到批评后再进行二次教育，就更能够以理服人、化解怨气，进一步增强员工的错误防范意识。

**第二，批评必须实事求是。**

明确事实是正确批评的基础，绝不能毫无缘故地斥责下属，更不能把己之不悦转嫁他人。

**第三，批评要对事不对人。**

批评下属的基本态度应当是对事不对人。即使那个错误让你感到忍无可忍，也要避免大发雷霆。否则后果很可能使你在下属面前丧失威信，平添成见。在愤怒的同时，也要顾忌员工的心理感受，口气生硬的批评效果往往不佳。如若态度诚恳、循循善诱地一同讨论，为员工留有自尊与自信，那么团队的进步也就指日可待了。

**第四，一般不要当众批评。**

批评与指责最好的场所，是在你能够与对方独处的办公室、会议室或休息室。劈头盖脸当众斥责，永远是批评艺术的下下策。

**第五，批评要适可而止。**

批评的语言要尽可能地简洁、精准，并非说得越多越好。少说一句能解决的，就不要多说半句；一次批评能奏效的，就不要再提第二次。只要下属认识到了自己的错误，管理者就应当立即结束批评。反复唠叨、喋喋不休，必定会让人感到厌烦，久而久之，下属会认为你是个小题大做的管理者，无论发生什么事，都好像员工犯了十恶不赦的大罪。于是往后批评员工、督促改正的效果便会大打折扣了。

**第六，批评要正派公正。**

提出批评要做到公正客观，轻重有度。不能因出身、职位、声誉和亲疏缘故而区别对待，造成前后矛盾，甚至轻错重处、重错轻处。其结果只会使人心涣散，斗志松懈，毫无激励价值。“惩不畏强”、“罚不避亲”，才能赢得众人的拥护，激发全员工作热情。

**第七，批评后还要进行必要的沟通。**

许多批评者都存在一个诟病，那就是容易把重点放在纠错上，却忽略了对改正方法的传授。这就像给病人看了病，却没开药治疗。因此，比揪着错误不断批评更为重要的是，告诉下属如何改正，指导员工正确行事，这样才能够使你的批评充满说服力，让下属心悦诚服地接受并主动改正错误，吸取教训。

**第八，自我反省。**

一日三省吾身。在管理中容易发现下属的错误，却更容易忽视自己的错误。有些不良状况并非主观一方引起，很可能是多种因素综合作用的结果。因此，管理者在批评下属前，要先认真地反省自己，是否也应当共担责任。懂得自省的管理者往往更为称职。

综上所述，企业管理中的批评手法，是门博大精深的艺术课程，需要管理者在实践中慢慢参透。不管怎样，事实说话，以人为本，真心诚意，总是没错的。

## 策略7 让员工适当发泄牢骚和不满

一般而言，一个企业无论环境氛围如何良好、发展条件如何优越，都不可能百分之百地消除员工在工作中的负面情绪。因此，在工作中偶尔发发牢骚的员工，不应该受到管理者的指责。

每个人或多或少都会有发牢骚的时候，你的员工也不例外。当然，一般管理者都会认为，发牢骚、扩散负面情绪，是降低员工士气、破坏团队气氛的行为，必须予以制止，甚至有些格外严厉的领导还会因此而批评惩罚。但这样做真的对企业有帮助吗?

霍桑工厂是美国西部电器公司的一家分厂，专业制造电话交换机。尽管该工厂具有较完善的医疗制度和养老金制度，还配备了较好的娱乐设施，但工人们仍不十分满意，生产状况也并不够理想。为探求其中原因，1924年11月，以哈佛大学心理专家梅奥为首的研究小组进驻了霍桑工厂，开展了一系列的试验研究。他们的初衷是试图通过改善工作条件与环境等外在因素，找到提高劳动生产率的途径。可遗憾的是，不管照明、工资、休息时间、午餐、环境等外在因素怎么改变，试验组的生产效率一直没有上升。最终历时九年，学者们才终于意识到，人们不仅会受到外在因素的影响，更重要的是主观上的激励，就这样管理行为学理论诞生了。在这一系列试验研究中，有一项是“访谈实验”，即在 1928 年 9 月到 1930 年 5 月近两年的时间里，研究人员与工厂中约两万名职工进行了访谈，耐心倾听了工人们对厂方的各种不满情绪和意见建议，且绝不反驳和训斥，还做了详细笔录。

访谈实验带来了意想不到的结果，那就是工厂的产量竟然大幅提高。工人们借此机会发泄出了长期堆积的各种心理压力和不满情绪，从而感到心情舒畅、干劲倍增。值得注意的是，这些牢骚也并非完全来自于对霍桑工厂的意见，相反却更多源自工人关心的个人问题。

“霍桑效应”给管理者的启示是，切莫一味地压制员工情绪，适当地宣泄不满，在有益于员工身心健康的同时，也能够促进工作效率的提升。值得进一步注意的是对基层管理人员的训练，培养他们成为倾听并理解工人的访谈者，多一些热情去关怀员工的不满情绪和个人问题，从而达到改善人际关系、提高员工士气的目的。

过去盛行的家长制传统和家族式管理已经过时，民主化、人性化的管理理念已被强烈需要且逐渐深入人心。员工不再只是生产资料似的劳动力提供者。武断压制、开除异端、置之不理，都不再是对付牢骚的好办法。

美国密歇根大学社会研究院提出，有员工对工作发牢骚的公司，比没有员工发牢骚或员工都把牢骚闷在心里的公司，要成功得多。他们认为，牢骚是改变不合理现状的催化剂。虽然牢骚并不总是正确，但认真对待牢骚却总是正确的。从某种程度上讲，员工发牢骚，说明他们正怀有信心地期盼着现状能够得到改善，企业能够获取进步。这是一个企业充满人性和活力的体现。

实际上，“发泄日”制度的确存在于美国一些企业当中。在每月专门划出的发泄日内，员工对公司当中的任何人都可以直抒胸臆，甚至拿同事开玩笑和顶撞上级都是被允许的，且不许管理者因此而迁怒于员工。

在日本松下电器公司的吸烟室内，摆放着一个松下幸之助的人体模型，任何一位工人都可以用竹竿随意抽打“他”，以发泄心中的不满。有趣的是，等员工打够停手后，喇叭里还会自动响起松下幸之助的声音：“厂长自己也得努力工作，他能够体谅到每一位员工的辛苦，我们理应帮助他!”

企业的管理者不妨尝试为员工的牢骚提供出口，将无伤大雅的抱怨变成愉快的例行公事。这种特殊的沟通方式，不仅能帮助下属把平时积郁的不满情绪宣泄出去，有效缓解他们的工作压力，还能增强员工间的沟通，让彼此不再心存芥蒂，获得感情上的慰藉感、安全感与归属感，从而激发士气、提高效率。

抱怨的客户才是真正的客户，牢骚的员工才是真正的员工。曾经就有调查发现了一个在真实职场中的有趣现象，那就是牢骚多的员工反而长期留在了公司，而较少意见的人却多半提早离开。因为有牢骚的员工通常是在不自觉中，就已经把公司当做了自己的事业舞台和价值载体，从而对公司的发展更加关注，对自我价值在公司里的实现也就更加充满了期望。相比普通员工，他们往往先知先觉，怀有更多的责任感和事业心。比起那些明哲保身的人，有牢骚的员工反倒更具人才价值。

有时候，一位员工发起牢骚，却并没有散播负面影响，这很可能是他发现了公司管理的某方面问题，却又找不到解决方法，才通过发牢骚的途径向上级寻求答案。有时候，员工的抱怨甚至只是为了得到管理者的注意。下属是员工，更是伙伴，他们有时并不自信。通过牢骚或抱怨来吸引上司的关注，是一种微妙的职场心理。作为管理者，应当从多角度倾听员工的“话外音”。

通过提供正式的、公开化的发泄手段和抱怨方式让员工们的牢骚得以消除，已经纳入了现代企业人力资源管理之道，也成为了公司可持续发展的重要步骤。

# 第五章 无用之用：换个角度废材也可以有大用

当下社会，各行各业都提倡创新，可创新却非易事。很多人认为自己缺乏创新才能，实际上他们忽略了原本所拥有的价值。其实那些曾经被自己视为无用的事物不过需要换个角度再去审视就会有大用途。有用无用只在乎怎么看，却与事物本身无关，而这就是创新的第一步。

## 【经典今解】

庄子行于山中，见大木枝叶盛茂，伐木者止其旁而不取也。问其故，曰："无所可用。"庄子曰："此木以不材得终其天年。"夫子出于山，舍于故人之家。故人喜，命竖子杀雁而烹之。竖子请曰："其一能鸣，其一不能鸣，请奚杀？"主人曰："杀不能鸣者。"明日，弟子问于庄子曰："昨日山中之木，以不材得终其天年，今主人之雁，以不材死；先生将何处？"庄子笑曰："周将处乎材与不材之间。材与不材之间，似之而非也，故未免乎累。若夫乘道德而浮游则不然，无誉无訾，一龙一蛇，与时俱化，而无肯专为；一上一下，以和为量，浮游乎万物之祖，物物而不物于物，则胡可得而累邪！此神农、黄帝之法则也。若夫万物之情，人伦之传，则不然。合则离，成则毁；廉则挫，尊则议，有为则亏，贤则谋，不肖则欺，胡可得而必乎哉！悲夫！弟子志之，其唯道德之乡乎！”（《庄子·山木》）

一天，庄子在山中行走，见到前面有一棵大树，枝繁叶茂，可身边的伐木者却始终不动手去砍它。庄子疑惑，就上前问伐木者为何，伐木者回答说：“因为他没什么用处。”庄子感叹道：“原来这棵树是因为不成器才能得以颐养天年啊！”庄子遂出了山借宿在朋友家中。朋友见到庄子很是欣喜，于是命童仆杀鹅款待他。童仆就问主人：“家里两只鹅，一只会叫，一只不会叫，主人要杀哪一只呢？”主人说：“就杀那只不会叫的。”第二日，庄子归家，弟子问庄子：“昨天您在山中看到的参天大树只因不成材才得以存活终享天年，而那只朋友家的鹅，却因为不会叫惨遭杀戮。先生自己将如何处之？”庄子笑道：“我会处于成材与不成材之间。介于二者之间，就好比是合乎大道，又并非真正地合乎大道一样，这样的状态才最不至于受限和受累。若是能在大道当中顺应自然且自由自在地游乐，不就是这样的状态吗？没有赞誉也没有诋毁，可以时而像龙一般腾飞，时而像蛇一般蛰伏，时间推移带来无限的变化，不总是偏滞于某一方面；上下进退自如，一切都以顺和作为衡量的标准，自由自在地生活乃是世间万物最原始的状态，役使外物，自己却不被外物所役使，那又怎么会为外物所累呢？神农和皇帝的处世法则就是如此。至于万物之情还有人类的传习规则就不同于此。有合必有分，有成功必有失败；棱角分明者必遭挫，尊贵者必遭非议；有为者必遭亏损，贤能者必遭暗算，即便是无能者也免不了遭到欺侮，又为何总要偏滞于某一方面呢！天哪，你们都务必要记住，就让一切都归乎自然，回归道德吧。”

惠子谓庄子曰：“魏王贻我大瓠之种，我树之成而实五石。以盛水浆，其坚不能自举也。剖之以为瓢，则瓠落无所容。非不呺然大也，吾为其无用而掊之。”

庄子曰：“夫子固拙于用大矣！宋人有善为不龟手之药者，世世以洴澼絖为事。客闻之，请买其方百金。聚族而谋曰：‘我世世为洴澼絖，不过数金；今一朝而鬻技百金，请与之。’客得之，以说吴王。越有难，吴王使之将。冬，与越人水战，大败越人，裂地而封之。能不龟手一也；或以封，或不免于洴澼絖，则所用之异也。今子有五石之瓠，何不虑以为大樽而浮于江湖，而忧其瓠落无所容？则夫子犹有蓬之心也夫!”（《庄子·逍遥游》）

惠子对庄子说：“魏王赐给我一粒大葫芦的种子，我把它种下后不久居然结了一个大葫芦，这个葫芦大得都能装下五石粮食。我想过用它来装水，可是这葫芦皮的厚度还不足以支撑水的重量。于是我想到要把它剖开当瓢用，可惜它太大，所有水缸都容不下它。这葫芦就因为过大才一点用处都没有，既然这样，我只好一气之下把他给砸了。”

庄子笑笑说：“依我看来，葫芦是大，却非夫子说的大而无用，而是夫子不懂得如何善用它。宋国有一个人，善于调制各种避免手冻裂的药，可是这家人世世代代却以漂洗纱絮维持生计。后来有一位南方的客人得知了这家人的秘方，提出愿意出百方金子来购买秘方。这一大家子人听说了这个消息之后就聚在一起开始商量。家族里的老老少少都说道：‘我们家世代都以从事漂洗纱絮为生，一年下来也不过挣了几方金子。如今只要把这个秘方卖出去就能换到百方的金子，既然有这么好的事情就把秘方卖给他吧。’于是很快客人就从这家人手上买到了这个秘方，并以此来游说吴王。被说服了的吴王便以越国大军压境，吴国告急，而委任此人统率大军。此时正值寒冬，吴越两军水战，由于吴军将士涂抹了护手药，很少有人因为冬天寒冷而出现双手龟裂的现象，于是战斗力大增大败越军。

吴王见吴军凯旋，便割地对大将进行封赏。秘方是同一种秘方，可是有的人得到它只能用来漂洗纱絮，有的人却可以用它来建功立业，这就是使用的方式不同所造成的。如今，夫子有一个能盛五石粮食的葫芦，为何不考虑将它剖开作为小舟，泛舟于江湖之上呢？夫子不但不这么做，反倒在发愁此葫芦的用途，可见夫子心中仍有不通事理之处啊。”

## 【古为今用】

### 策略 1　“无中生有”的价值

有用之用世人皆知，可如何看到无用之用却很少有人知道。现实世界中人们总是沉迷于有用之用当中，忽略或是直接无视了无用之用。庄子曾就“有用”与“无用”的辩证关系做了十分精准的阐述，这个理论对当下企业经营有很深刻的参考价值。

在庄子看来，同一个事物只要使用的方法不同，就会产生不同的结果。现代社会，几乎每天都在发生日新月异的变化，创新成为了发展的口号，庄子所说的“无用之用”理论也说明了面对生活的态度必须是颇具创意的，但凡曾经为众人所知的传统的、固有的或是约定俗成的东西，都需用创造性的眼光去重新审视。换一个角度看待问题，能激发人的创新意识，也能够另辟蹊径，不拘一格，创意在今天来说能够很大程度上决定事业的成功与否。不夸张地说，创意有时就意味着成功。

有个叫罗伯特的美国人，几年时间来收集了七万多件“失败产品”，还因此办了一个“失败产品陈列室”，把自己所收集的失败产品都一一陈列于陈列室里还配上了简短的解说词。之所以做这样的陈列，为的是向人们提供真实且深切的警示。陈列室开展后，天天都有潮水般的参观者前来参观，罗伯特也因此收入颇丰。

“失败”居然带来了“成功”，这让很多人没有料到。西方有句很有名的话：“所谓垃圾，就是放错了地点的好东西。”所谓的“无用”或是“失败”的东西都只是因为放错了地方，那就给他重新找个地点放吧，放对了地方的“垃圾”也会重新大放异彩的，就好比上面提到的罗伯特。

大多数时候，有价值的东西之所以被浪费了，就因为被放错了地方，而非真正的没有价值存在。

“无用之用”的原则也同样适用于人才的挖掘和使用。考量人才必须从多个角度去考虑，不同舞台能够给予人才不同的发挥空间，所以对人才的评价切勿只是从一个方面下定论。有些在某些层面上看起来“无用”的人，那不过是缺少用人慧眼，或是用人之人尚无良方。千里马都要有伯乐，人才也必须是在最合适的位置上才能最大限度地发挥作用。“无用之用”，对事对人均适用，要发现“无用之用”需要懂得因时因势找到最合适的角度和方式。

作为世界 500 强之一的电脑公司 IBM，在日常的招聘中，不但招聘技术人员，还会招聘很多文科生来从事科技工作。这么做 IBM 是有自己的经验的，在 IBM 公司中这些文科生的总体表现永远不比数学和工科毕业生差，尤其是在开发能让使用者易于理解机器指令的设计上，文科生的优势更为明显。可以说文科生所学的那些被工科学生视为“无用”，却在 IBM 公司里找到了“有用”之用。

美国柯达公司在研发感光材料时，需要招募在暗室工作的人员。一般来说，视力正常的人进入暗室的话就会像驾驶着失控的车辆的司机一般不知所措。提及这一问题时，有位经理突然想到，向柯达公司的上层建议：“习惯黑暗环境的只有盲人，如果换他们来做这项工作的话，效果一定要比正常人好得多。”柯达公司的高层接受了这个建议，于是下令把自己公司中在暗室里的工作人员都换成盲人。

应该说，在暗室的环境中工作，盲人的优势是显而易见的。柯达之所以采纳了这样的建议，可见在用人方面的技巧和策略，他们巧妙地化短处为长处，不但可以提高工作效率，促进了公司业务的发展，另外还对外树立了不拘一格重用人才的良好形象。这也使得在某一段时间内，柯达成为了众多高素质的大学生、研究生和专业人才趋之若鹜的大型企业。

柯达的做法可以说是在人才使用上化无用为有用。事实上，在现实生活中，无用之用还不仅仅局限于此，在宏观问题上也必须以此角度来衡量，总的来说就是要多角度、长远地观察。

“无用”能变成“有用”，就说明所谓“无用”中其实都藏着“有用”。庄子曰：“人皆知有用之用，而莫知无用之用也。”庄子的意思就是世间无用的东西不过是人们没有正确地认识和使用它们罢了，并非本身无用，实际工作和生活中“无中生有”的事情实在太多了。

有用是相对的，无用也是相对的，没有绝对的无用。对自己无用的事物并不是对所有人都有用，现在对自己无用的事物也未必就对未来无用，所以不要轻易对某个事物下结论，认为它是“无用的”。善于在“无用”中发掘“有用”的价值是十分必要的。

## 策略 2　保持思考的独立性

凡是人必有思考能力，这是人类在进化过程中获得的一种非常重要的本能。在思考本能的发展进程中，因为需求和背景的不同，不同人的思考能力特点是不一样的，有些人的思考能力发展成为抽象思维能力，还有些人的思考能力发展成为专业思维能力等等。只不过不论哪种类型的思考能力，都必须注重培养独立性，换言之，人人都能思考，却不一定人人都能独立思考。

曾经有人做过这样的一个实验。教室里坐满了九岁的学生，老师要求他们思考如何解决这样的问题——他们在上学途中，当他们穿过马路的时候会引发的一系列的安全问题。

老师布置完任务后，孩子们就展开了热烈的讨论。有些孩子说最好可以给他们建造一座天桥，这样就可以缓解交通；有孩子说最好给他们每个人发一件荧光色的夹克；还有些孩子提议在路上设置减速带，限制行车的速度。老师觉得这些观点都很不错。只不过这时有个学生突然站起来说，建议董事会把学校卖掉迁址。

老师听到这个建议非常不满意，因为不现实，缺乏可操作性，也不太常见，甚至听起来有点错误。这孩子说出这个建议以后，其他孩子都纷纷嘲笑他。其实，若是换一个角度去想的话，这孩子的建议确实是经过独立思考后才提出来的，就未经雕琢的原始思考能力而言的话，孩子思考的独立性也是无价的。

现实生活中，思考的独立性太过稀缺。换句话说，在日常生活中，人们所能接收到的信息大多数都被雕琢过，以至于人们在思考时很难避免信息对他们的干扰，独立性自然而然会受到影响。缺乏独立性的思考结果不过是一些习惯性知识的反刍。所以说，世界上的很多观点都和独立思考没太多关系，也正因为如此，说明保持思考的独立性有多重要。

进步和创新必须倚靠独立思考所带来的巨大能量。缺乏思考独立性对现代社会来说实在是个悲剧，墨守成规，因循守旧的思考习惯只会让自己不进则退，要获得实质上的跃进，坚持思考的独立性是最基本的要求。

别认为要保持思考的独立性有多难，谁都有可能，它和头脑是否聪明以及是否接受高等教育没多大关系。举个例子来说，在人们的传统思维中，鞋子是穿的，苹果是吃的。可是年幼的孩子没有类似成年人的思维定式，他们的思考是最独立的，也许在他们看来鞋子是可以吃的，而苹果是可以穿的。独立思考的他们完全不在乎别人的观点，而且他们不断实验自己的观点。观点无论对与错，关键在于他们有思考的独立性，因此在不少事情上他们也会有令人惊叹的正确结果。

要建立自己的知识体系，首先要求的就是要有思考的独立性。一个学会独立思考的人才能成就一番事业。一般来说培养独立思考的能力要注意以下几点。

**第一，远离思维定式。**

习惯性传统思维会很容易影响到自己的独立思考。尽可能地要让自己远离提供信息的媒体和环境，争取独立思考的机会。独立思考的人绝不是异类，只不过因为他们不愿意因循守旧，他们喜欢用自己的眼光去衡量这个世界，而不是一切大众媒体中的信息标准。

**第二，时常让自己与现实对立。**

对立并不一定都是坏事。时不时让自己同固有的观点对立，也是一种主动发现和固有观念不同的方式。譬如：一些外文书籍可以帮助自己接触来自不同文化的事物，一些自己并不十分赞同的观点也能帮助自己理解他人的思想和观点。如果要把惯性思维视为铁路的话，那独立就是把旧铁路拆掉，重新搭建自己的思维铁轨。

**第三，旁观者的心态。**

俗话说得好："当局者迷，旁观者清。"学会从生活中走出来，用旁观者的眼光去看待周围熟悉的世界的话就会得到一种别样的自由。第三者的眼光实际上就是换一个角度去思考、去观察自己为主角的熟悉世界，把自己带入一个思考自我的陌生状态中去。这种状态久了，就会有最新的发现。

**第四，跳出习惯。**

持续吃相同的事物，或是吃一样的事物，去同一个地方，说同样的话，人难免会感觉到厌倦，只有积极地去追寻新的体验和新的经历才会有新的发现。只不过在现实当中很多人习惯了，就一味地沿用从前的做法，因为这样可以不用费脑子，会给他们带来更多的安全感。可是，如果换一种思维方式，跳出惯性的圈子会不会有惊喜在等待着自己呢?

**第五，质疑自己。**

自己也是可以质疑的，一些传统的想法和观点，别总认为那是正确的，或是不证自明的，怎么也要等自己找到确切的事实来支持这些观点或是想法后，再停止这种怀疑吧。

思考的独立性对不少人来说都遥不可及，只不过是因为他们尚未认识到独立思考能给自己带来多大的变化和创新，一旦认识到的话，他们就会由衷地感到内心的欢喜。其实，哪怕是迈向独立思考的微微一小步，都会欣喜地发现对这个世界的认识会有多大的变化，都会感觉到别开生面的精彩，也会让自己接触到别人可能终生都无法达到的境界。

## 策略3 创新是保持活力的根本

人类的进程中，机械代替人力体现了人类文明的进步和发达。人类的进步就需要摆脱旧有的观念，靠创新来大力推动。然而，社会的进步和变革却常常遭到那些思想保守，喜欢按老规矩办事的人的反对，在他们看来，任何一种变革都和他们固守的观念有很多的不同。

新事物的产生必然伴随着对旧事物的否定。随着生产技术的进步和生产力的提高，人们的思想观念也应该有很深刻的变化，与时俱进就必然不至于墨守成规，也就不会阻碍经济事业的发展和社会事业的进步。

就当下企业发展而言，一个企业要在激烈竞争的市场上，保持长盛不衰的原因是很复杂的，但总体而言最重要的一点还是企业的生机和活力。提到企业的生机和活力说白了就是要随着市场的变化而变化，要坚持与时俱进，哪怕是个创立多年的老企业也要有一颗年轻的心。

一些老企业最容易落入守旧的窠臼里，并因此由盛而衰。人人都知道，时代变了，如果自己不跟着变，那必然是不进则退。

举个例子来说，美国的胜家缝纫机公司曾经就是兴盛的企业，但却在时代的变化中因缺少变化而最终失败。

在缝纫机界，胜家公司曾是美国首家国际性公司。这家公司所生产的“胜家”缝纫机曾经受到消费者的广泛喜爱，胜家缝纫机操作简单，一度风靡全世界。1940 年，世界上每卖出 3 部缝纫机当中就有 2 部是“胜家”牌的。可是时间到了 1986 年，胜家公司的董事长就对外沉痛地宣布：“胜家”再也不生产缝纫机了，它将告别人们最熟悉它的缝纫机市场。

胜家公司之所以失败的根本原因就是当它获得成功之后，就始终故步自封，过分依赖胜家传统产品，片面地依赖“质量是企业的生命”、“品质是无声的推销员”等传统的观念，却没观察到市场上的变化。到了 1985 年，胜家的产品仍旧是 19 世纪的设计理念的缝纫机，这又如何能在 100 年以后的市场上维持长时间的成功呢？

那个时期的缝纫机行业，除了胜家以外的其他厂商都在顺应时代变化的潮流，在产品开发时总在关注不断变化的消费者的需求，譬如日本生产的“会说话”的缝纫机，只要是操作失误的话，就会发出声音提醒改正；英国生产的“音乐缝纫机”，缝纫机不但可以进行缝纫操作，还可以在操作者疲劳时，自动播放一段轻松愉快的音乐；瑞典也生产了一种自动控制缝纫机，根据布料质地的不同，自动调整缝法、针脚长度和缝线紧度。此外还有不少缝纫机厂商通过加强管理，推进技术进步，把发展的重点放在资源优化组合上，力图通过降低生产成本采取“廉价竞争策略”赢得市场。1950 年日本出口一台缝纫机的售价为 40 美元，到了 1960 年却跌到 12 美元。如此低价的缝纫机显然很受消费者的欢迎，同样在市场上也极具吸引力和竞争力，战胜“胜家大厦”也是在情理之中。因此在第二次世界大战前，日本缝纫机市场中的 90%都是胜家的产品，但 10 年以后，日产缝纫机就占据了全部的市场。到了这个时期，胜家从此一蹶不振，完全失去了昔日的雄风。再苦苦挣扎，也终究颓废。

创新是发展的根本动力，缺乏创意的企业注定是灭亡。一成不变只会被日新月异的时代所淘汰。创新对于企业来说是一种最健康的生命状态，活力和生命力都来自于企业的创新能力。只有不断创新的企业，才能在竞争中发展壮大，永立不败之地。

## 策略 4 管理也要追求创新

充满种种变化的时代，要企业长青，管理者就必须明白创新的重要性，从创新的本质出发不断超越自我。

当今时代发展迅猛，对创新的要求也很高，可以说创新已经是企业管理中的一个重要的关键词。市场的更新换代速度如此之快，企业管理也应当跟上时代潮流，这样的企业才会时时充满生机与活力。21 世纪的企业发展如果缺少积极创新，止步不前，那必然会走入经营的死胡同，最终被市场所淘汰。只不过人的行动往往都以思想为先导，而且企业管理者的思维模式又决定了企业的经营管理模式。因此管理者的思维能否跟上时代的步伐，从根本上决定了一个企业的管理方式能否跟得上时代的发展。一个具有创新思维能力的管理者应当具备哪些具体特征呢？

**第一，通过多种途径把握各类新信息。**

这是个信息爆炸的时代，也是经济全球化的时代。企业和企业的交流越来越频繁，他们可以通过各种途径迅速了解彼此的信息和发展动态，而且彼此之间的关系非常密切。在这样的时代背景下，企业的每一步发展都算得上是瞬息万变。一旦管理者一时消息闭塞或是忽视外界变化，都可能导致错误的决策，从而因此断送自己企业的前途。作为管理者必须明白，自己要对时代变化有时刻的警觉性，这其中信息的重要性是最应该受到重视的。管理者要积极通过图书、报刊、电视、网络以及市场调查等多种途径捕捉各种新鲜的信息，这些新信息在管理者看来是了解社会最新状态的最佳方式。分析、统计和总结这些来自于各方面的信息一定是管理者洞察世界发展的趋势最经常使用的方式。另外，开阔眼界也是管理者必须要注意的。很多新鲜事物和新鲜观念都是从每次自己的见闻中了解到的，见得多了，自然也就能够接受了。一个掌握了足够多市场信息的管理者，还能够接受新鲜事物，通常都是成熟的管理者的表现。成熟的管理者会利用自己丰富的管理经验，再通过观察市场的变化，掌握管理的新理念让自己的企业走上充满希望的创新管理之路。

某致力于手机程序研发、生产和推广的通讯公司始终很是关心消费者的需求。为此，公司专设市场调查部，以便能够最快、最全地收集消费者的意见。随后再把客户关于手机程序和服务的意见进行汇总、整理，再把汇总后的材料提交管理层，管理者就此做出策略再传给研发部，开始进行程序研发。只不过市场调查范围有限，与此同时消费者并不对该政策感兴趣，不予配合，结果这个公司真正能投入研发的程序并不算多。尽管公司的研发人员创新精神很足，但限于有限的人数很难研发出足够能引起消费者兴趣的研发项目。

公司的高层管理者对此很头疼，突然有一天公司的一位管理者提出一个建议——到大学中去借灵感。公司的高层很快就接纳了这个建议。于是，公司就从市场部和研发部中均抽调了一部分员工组成一支“灵感征集队”，派遣这支队伍到大学当中开始了为期两个月的“借灵感”活动。两个月以后，这次活动不但收集了很多消费者的服务建议，还为公司挖掘到了众多有创意的灵感，公司也借此机会在大学里发现了一批能创新、有技术的人才。这次活动中所收集到的建议公司很是重视，高层开始对其进行分析、讨论，决策后加以研发，果真让手机程序的功能和服务种类变得比从前丰富得多。后来投入市场后，也广泛受到了消费者的欢迎，公司的效益也远比从前要好得多。

这个公司业绩的上升还是要归功于管理者管理思路的大胆创新，管理不但遵循以往的管理模式，还注意把收集到的消费者意见注入创造研发灵感当中。在这个公司当中，高层把收集灵感的任务不是仅仅交给公司内部的市场调查部和研发部，而是把更广阔的目光投向了外部，发现了大学生这个特殊的消费群体。大学生通常在通讯消费倾向上有很多特殊性，他们可以为公司提供大量的研发灵感，这无疑是管理者利用创新思维而成功的一个成功案例。

**第二，学习知识型员工身上的创新意识。**

21 世纪不但是个信息爆炸的时代，更是一个依靠知识发展经济的时代。可以说，知识对经济发展的作用越来越大，对于现代企业来说，对知识型员工的需求也就越来越大。所谓知识型的员工，通常都具有丰富的知识和较强的专业技术，一般来说对企业发展规律有着比一般人更深的理解和把握。所以在企业当中，他们的创新精神是非常惊人的。企业的管理者必须尊重知识、崇尚创新，坦诚地向知识型员工学习，只因为这些人身上有创新思想。管理者可以通过学习来转变传统思路，理解并接受他们的新思想，决策时也能够多多参考他们的意见，这样才能拿出更有创意有成效的最佳决策方案。

管理者要树立“以人为本”的思想，就是为了向知识型员工学习创新思想。在企业中实行人性化管理是“以人为本”的基本要求，管理者可以以此来转变传统专制型的管理风格。保证公司管理秩序的前提下，管理者要让员工感受到自由，平等、自由是员工最欢迎的管理姿态。管理者去尊重和信任每一个员工，要学会包容他们的小错误，并且给予员工表达自己意见的权利，充分鼓励他们提出发展的建议和意见。能向知识型员工学习的管理者有一种很特殊的魅力，他们会让员工感觉在这样的管理者手下工作非常愉快，才能积极地为公司的发展效力。

**第三，培养自己的创造力。**

创造力当中最重要的是创造性思维，在思维模式里创造性思维算是其中最高级的模式，处在人类智力的最核心部分。创造性思维一般能在遇到复杂问题时提供多角度、多层次的全方位思考，甚至还可以提供逆向思维找到解决问题的方案。通常对管理者来说，这一点比什么都要重要。所谓“创造性思维”，贵在“创造”二字，说得通俗点就是要求管理者的思维方式要有新颖之处，必须是在已有知识和经验的基础上，不落入俗套或是传统经验的圈子，见解独到，这样才能促使事情取得突破性进展。

作为一种高级的思维形式，创造性思维也绝非是天生的，也是要靠后天的培养才能获得的一种心理机制。卓别林曾说过：“和拉提琴或弹钢琴相似，思考也是需要每天练习的。”创造性思维和卓别林所说的拉提琴或是弹钢琴一样，需要以科学的方法来培养，锻炼是必需的，只有经常性的锻炼才能不断提高创造性思维的水平。对于培养创造性思维，很多人提出过很多种方法，简单来说有以下几种，这几种都比较常用且便于操作：第一种是重视想象的作用，只有天马行空的想象才更利于培养创造性思维；第二种是学习发散性思维，凡事不能总局限在考虑一面，或是沿着一条思路走，要对问题发起“全面进攻”；第三种是重视生活中的知识积累，细心观察身边的事物，培养直觉型的创造性思维；第四种是逆向思维，凡事都尝试着从常规思维的反面进行思考；第五种是经常利用心理换位，从对立面来思考问题，催生创造性思维。

不管怎么说，只有管理者具备创新思维，才能保证不被时代所抛弃。跟上了时代发展的管理者，才能保证自己所管理的企业不会被市场所淘汰，才能基业长青。

## 策略5 创新机制是创新能力的源泉

创新不仅仅是个人行为，而且是一个公司的行为。创新不是灵光一现，而是需要一定正规化和常规化的操作程序来保证的，这指的就是企业的创新机制。成功的企业，创新力的诞生必须来自于整个制度的保证。

无论是什么样的企业，创新机制都是保证企业创新的根本，创新机制的优劣甚至在一定程度上对企业的命运有着决定性的作用。上文提到过，这是个信息爆炸且知识至上的年代，新生事物层出不穷，企业的运营环境也在不断发生变化，这也就客观上要求企业要随着外部的变化不断革新内部的经营机制，以便跟上飞速发展的市场步伐。一个锐意改革的企业，就不会让自己的管理者总不明白企业改革的动力是什么，企业要求管理者要顺藤摸瓜，找到创新能力的源泉，发现一条最适合企业发展的创新之路，以谋得长久的发展。企业的管理者必须重视创新机制对企业的重要性，这往往需要他们具备保持破除常规、推陈出新的魄力。

针对企业家的创新动力分析，张维迎教授曾提出过这样的建议："企业家作为商品经济社会的组织者，正是在商品经济特有的内在机制的推动下履行其创新职能的。这种内在的创新机制就是利润、竞争和需求。"

企业在管理制度上必须首先保证支持和鼓励创新，这其中包括产品的设计、研发、生产、推广等过程的循环创新，追求这种循环创新的企业就能生存和持续发展。有蓬勃生命力的企业在创新机制上通常都予以足够的忠实，只不过要做到这一点却不是很容易，而是一个复杂的系统工程。一个有创新意识的企业管理者最想要做的事情就是充分调动员工的积极性和创造性，并以此来推动企业的持续创新，而这一切的工作都要有一定的动力机制来保证，否则企业的创新意识就是一句空谈，在此基础上的发展目标也就无法想象。作为企业的创新能力的创新机制，一般情况下都来自于三方面的作用力，即市场的拉动、制度的鼓励和科技的促进。

**第一，市场的拉动。**

市场供求关系的变化和企业间的竞争对企业的机制建设有着很强烈的刺激作用，这就是传统意义上所说的市场拉动作用。譬如供求关系对物价的调节作用，当一种原材料数量稀缺的时候，价格就会因为供不应求而上升，只不过对于生产者来说成本自然越低越好，于是他们就会积极寻求那些价格低廉的新原料作为替代品。如果生产的程序过于庞杂或是成本过高时，生产者也会尽量想办法去改进生产工艺，提高效率，降低成本，以便降低成本增加利润。以上所说的都是市场刺激企业创新的例子。市场激烈的竞争让每个企业都纷纷重视技术创新，产品创新，市场创新以及经营理念创新，企业总在追求新材料、新技术、新产品，这也使得创新能力常常被作为衡量企业实力的一个重要标准。创新能力的高低很多时候是由企业的市场地位来证明和决定的。

**第二，制度的激励。**

制度的激励作用指的是企业通过制度激发员工认真思考、力求创新的积极性的做法。制度激励作用能使企业走上持续创新的道路，并实现其长期的发展目标。企业在制度的激励上最经常使用的方式是现金奖励、提升职位等等，管理者通过这样的方式来激励员工锐意创新，再贡献自己的智慧和能力。而员工在激励下也能够积极创新，企业也会因此转变为一个富有活力的创新型企业。

曾有一家生产日化产品的公司，它的主要产品是牙膏。这家公司所生产出的牙膏物美价廉，深受消费者欢迎，可是销售额却久久未提升。总经理为此很是不解，于是召集全体员工共同商议如何解决这个问题。在大会上，员工们议论纷纷，却没有人能提出有建设性的建议。总经理此刻只能感到无奈，准备散会。这时候突然有一位手上拿着一张纸的员工站了起来，他告诉总经理："我把我的解决方法写在了这张纸上，要是我能够让公司的牙膏销量大增，您就给我 10 万元奖金；假如我的办法一点用都没有，那我绝不要您一分钱。"总经理听了以后就很爽快地答应了，他接过了那张纸，展开一看，不禁喜上眉梢，当即就给那位员工奖励了 10 万元。究竟这纸上写了什么呢？原来那张纸上写的是"把牙膏瓶口直径扩大一毫米"，总经理接受了这个员工的建议，立即将这个方案用于改进自己的产品，很快该公司的牙膏在半年内销售额提高了 55%。

管理者不能忽视创新力量的存在，这就必须从内部的制度来保证员工的创新能力，尽可能发挥每个人员工的创造潜能。

**第三，科技的促进。**

科技的发展对企业创新而言往往提供了强有力的工具，企业的创新是离不开科技的促进作用的。科技进步的原动力来自于需求，在需要以科技进步来推进自身发展的企业，通常都非常关注市场需求，任何一种适销对路的产品首先就要重视先进科技水平。在企业创新当中先进的科技水平是必不可少的，只有科技创新才能保证企业的生存和发展。就举美国的吉列公司为例吧。

1901年，吉列公司由坎普·吉列在美国创立，吉列公司凭借着持续的创新能力闯入了国际市场，一片小小的剃须刀在此后的一百年当中都持续受到消费者的喜爱。2005年，吉列公司被宝洁收购，相继又推出了最早的安全刮胡刀套件，用全自动刀磨机生产的改进刮胡刀，镀金刮胡刀片，“得伯特”女用安全刀，单面安全刮胡刀，吉列无刷刮胡膏，吉列薄刀片，电动刮胡刀，超级兰吉列刀片，可调盒式刮胡刀，超级不锈钢刀片，增塑刀片，女用削发刀等数十种科技产品，可谓是硕果累累。

吉列公司的产品尽管只是小小的刮胡刀，但要进行不断科技创新，同样可以保持在市场上百年不衰，同时还能赢得国际市场和世界级的地位。企业如若无视科技创新的作用，势必会失去创造自我价值，占据市场的机会。

对于创新型企业来说，市场的拉动、制度的激励还有科技的进步，三者的作用缺一不可。但从根本上来说，根本的推动力还在于创新，它几乎可以成为决定企业兴衰成败的内在尺度。企业最关注的无非就是利润、竞争，而创新始终是创造利润，提高竞争能力的第一动力。张维迎教授就曾说过：“正是在利润目标的刺激下……企业家才从事创新活动，没有创新活动，企业就会缺乏生产经营的内动力，企业也会因此缺乏竞争力。在传统观念看来，为‘赚钱’而从事创新，也许是一种不合道义的行为，但对企业家而言，这是天经地义的事情。”

## 策略6 树立核心竞争力

企业创新既然如此重要，那么在经济全球化的背景下，更需要让企业参与到全球竞争当中去，要在全球市场中占据 一席之地，就不能不注意提升自身的核心竞争力，这一切都关乎创新的能力。

企业管理者的过人之处就在于他能够承受更重的责任，能更周全地考虑问题，包括企业的利益、员工的利益、管理模式、决策等等，这些都和企业的发展有关。著名经济学家郎咸平教授就曾指出："伟大的企业家总是常人难以想象的处心积虑。"郎教授所说的"处心积虑"，实际上说明了管理者必须有周密的考虑，从员工和企业的长远发展来考虑。

企业发展壮大根本上来说还是依靠核心价值，它决定了一个企业能否在经历市场浪潮的洗礼后仍旧立于不败之地。试想一下，一个拥有世界上最有价值的核心意义的企业，在缺少改变的情况下，最终也只能惨遭淘汰。

惠普的创始人比尔·休利特曾经说过："回首一生的工作，最值得骄傲的大概就是我创建了这样一家公司，它凭着自己的价值、实践和成功给全世界公司的运营方式带来了巨大的影响。"直至今日，"惠普方式"所代表的核心价值观念早被众多管理者所认同，作为一种很先进的管理模式，"惠普方式"告诉了所有管理者这样一个很简单的道理——企业本身要远比产品重要得多。企业的核心价值所涵盖的内容很是丰富，包含了社会责任感、对个人的尊重、技术贡献等等。这就是说，对企业而言利润固然重要，但毕竟像是人体内的血与水，即便对维持生命来说非常重要，终究取代不了生命本身。

美国默克公司曾针对“河盲症”研发过一种药品。“河盲症”是一种在拉丁美洲很多偏远地区常见的疾病，不少患上这种疾病的人因贫穷而无法治愈。默克公司最初的打算是在产品通过检验后，政府部门出资购买来资助这些病人。只可惜在药品研发成功后，却始终没有一家政府机构出面打算购买该药品。最后，默克公司决定免费给那些病人赠送药品，公司还派专人进行分发，确保药品送到最需要的人手上。

默克公司是慈善机构吗？当然不是。事实上默克公司此举不过是在向市场宣传自己的企业核心价值观——挽救和改善生命。第二次世界大战后，默克公司又有了惊人之举，链霉素在默克公司的引入下进入了日本，彻底帮助日本国民消灭了肺结核病，而这一切都不以盈利为目的。如今，默克公司经过多年的发展已经成为了日本国内的最大美国制药公司，发展至此的默克公司绝非偶然。

技术随时代的发展而发展，依赖技术发展的企业自然也不能总是停滞不前。时代发展说明企业的生产目标、产品生产线、产品的标准以及企业的经营策略、管理制度、激励制度、授权方式等都要随着时代变化而变化，只不过变化中不包括核心价值观。核心价值观最重要的在于以不变应万变。如何在变幻莫测的市场竞争中，保持自己的核心价值观，从而刺激企业进步呢？

第一，企业在拥有核心价值观的基础上，坚持自己的核心价值观才更为重要。

第二，坚持核心价值观不等于止步不前，而是要在坚守的同时随市场变化不断转变商业策略和运营方式以适应市场发展。企业发展的目标要尽可能地和核心价值观保持一致，但同时坚持创新意识，努力去实现它。

迪斯尼公司在核心价值观上一向都表现出对创意的执着，对细节的迷恋、对嘲讽的憎恶以及对“迪斯尼神话”的维护，并在此基础上时时转变自己的经营策略。无论是卡通片还是大型的动画故事片，从大家熟知的米老鼠俱乐部到风靡一时的迪斯尼世界，从迪斯尼乐园到沃尔特·迪斯尼世界，还有EPCOT中心。每一次变化都说明了迪斯尼公司的一次让人惊喜的进步，迪斯尼的每一次进步都给世界上每个国家的孩子们带来了实现童年梦想的可能，每个孩子都和迪斯尼之间有着说不尽的快乐和回忆。

第三，变革和创新和恪守核心价值观之间并不冲突，二者可以同时进行。有变革，有坚持才是保证企业发展的最基本力量。企业的活动保证了在市场竞争中不被迅速淘汰。变革原本就是一把双刃剑，要学会把握其有利的一面，企业才能时时通过更新自己的产品和生产流程，促使公司站在市场的最前沿。

1976年，柯达公司因制造出全球的首部数码相机而闻名，后又在1991年研制出世界上第一台商业数码相机。柯达在那段时间里给自己的企业定下了“让照相变得像用铅笔写字那么简单”的愿景，却在不久以后由于传统胶卷市场高额利润不舍放弃传统相机，而忽略了数码相机的技术商业化。这也使得这一发明了数码相机的公司在发明后的30年里仍旧把推行传统胶卷作为自己企业的主营业务。

可当数码时代到来时，柯达的很多竞争对手都积极投入了数码相机技术的研发当中，只有柯达一家公司依旧沉迷在传统的胶卷相机业务中。新世纪到来，柯达才发现自己已经几乎被排挤出了相机市场，此刻的柯达想到了转型，但为时已晚，一路走来，转型十分不顺利。柯达这个曾经的行业巨头，在新技术面前却落得一个“什么时候能够重新实现盈利”的尴尬局面。

企业的壮大和衰落都不是没有理由，纵观国内外就会发现一切都是有迹可循的。例如一度强大的雷曼兄弟等大企业的“陨落”，从外在的原因分析的话，不乏有市场竞争的恶化、全球经济的衰退等因素的影响，究其深层原因的话，还在于他们无法在恪守核心价值观的同时与时俱进，保持持续的创新精神和变革活力，转变经营模式和发展思路，最终结果必定是如此凄惨。因此，创新模式之所以被人反复强调，最主要的一点是由于创新可以保证企业的核心竞争力，也能推动企业持续健康发展。

## 策略 7　从无用到有用

没有什么东西是一成不变的，因此总用一种标准去衡量事物似乎略显偏颇。在人才的评价上更是如此，一刀切的方式不适用于不同人才，即便是同一人才在不同阶段、不同地方也不能用相同的标准去衡量。有时候一个对自己很有用的人，却不一定对企业有用，而一个对企业很有贡献的人却不一定对自己有用。

美国曾有一家化学公司，花了 2.5 亿美元在印度尼西亚新建了一座工厂，工厂建成以后就交由一家远在巴西的工厂管理者负责。之所以如此，是因为公司考虑到这个管理者在巴西的业绩一直都非常好，且长期从事技术工作，有不错的业务经验，所以公司很信任他可以引领这个新建的企业做得红红火火。只可惜结果事与愿违，他虽然是个很懂技术的人，却不懂如何处理公关关系，也不懂市场经济的特点，哪怕是最起码的定价策略都难以定夺。

最后公司总部的“放心”带来的结果大家可想而知。新建的印尼工厂迟迟不能开工，开工了以后产品在市场上也销路很差，最后总部只好忍痛割爱，将这家工厂移到另一个国家去重新经营，但不论怎样前期的投资已经收不回来了。

还有一个这样的故事，一次工商界聚会当中，几个大老板坐在一起开始谈论自己的经营心得。其中一个说：“我正打算炒掉我手下三个很不成器的员工呢。”

“怎么了，他们怎么就不成器呢，你为什么要这样做呢?”另一位老板问道。

“一个成天只会吹毛求疵，另一个是杞人忧天，终日惶惶不安，还有最后一个混水摸鱼，整天在外面闲晃。”

第二个听完以后想了想说：“既然你想把他们炒掉，那就把他们三人让给我吧。”

不久，三个员工就到了新的公司去报到，新老板给他们分配了新的任务，喜欢吹毛求疵的人被安排去负责产品的品质，总是杞人忧天的人专门负责公司安全保卫及保安系统的管理；喜欢混水摸鱼的人，新老板给他的任务是负责商品宣传，成天在外跑业务。三个人听完，觉得自己都很能胜任新分配的工作，于是干劲十足，大为兴奋。

过了一段时间以后，两个老板又碰面了，第一个老板问第二个老板那三个人怎么样，第二个老板说：“他们在工作上表现都很突出，都是出类拔萃的人才，正因为他们来了我的公司，公司的赢利直线上升。”

这个故事很多人听完以后总是一笑了之，可对于高明的管理者来说，却可以从中悟出很大的道理。

《淮南子·说山训》中提到：“得鸟者，罗之一目。然张一目之罗，终不能得鸟矣。”意思是说，人用网捕鸟，捕到鸟的不过是其中的一个网眼，却每次都要张开一整张网去，若是只用那其中的一个，是怎么都捕不到的。这句话是说，其他那些看似无用的网眼也在起着十分重要的作用，并非一点用处都没有。无用不过是相对的，“材”与“非材”并非绝对，只要给足一定的条件，无用是会转化为有用的，甚至是大作用。无用转变为有用的关键在于如何开发、挖掘“非材”的潜能，变“非材”为“材”。所以对一个优秀的领导者来说，挖掘出优秀的人才，不过就是把那些曾经被人们视为无用的普通人身上的发光点挖掘出来，或是科学合理使用那些与自己有隔阂或者看似对自己有害的人。

# 第六章 柔弱胜刚强：成为四两拨千斤的高手

一个公司从无到有，从弱小到强大，发展的过程中难免遇到行业中的巨人。竞争是难以避免的，总是躲避也无益于公司的壮大。面对巨人的挑战，小公司如何应对才可以以弱博强，甚至赢得胜利？柔道战略就是很好的答案。

## 【经典今解】

天下莫柔弱于水，而攻坚强者莫之能胜，以其无以易之。弱之胜强，柔之胜刚，天下莫不知，莫能行。是以圣人云："受国之垢，是谓社稷主；受国不祥，是为天下王。"正言若反。（《老子》）

普天之下最柔弱的莫过于水，而水又是最天下能够攻坚克强的东西，没有什么可以胜过它。柔弱胜于刚强，这个道理所有人都懂，但却没人能够做到。所以有道的圣人说："能够承担一国屈辱的人，只有国家的君主，能够承担全国的灾祸，才可以成为天下的君王。"正话好像是反着说的一样。

汝不知夫螳螂乎？怒其臂以当车辙，不知其不胜任也。（《庄子·人间世》）

有一天，齐庄公带着几十名随从一同进山打猎。路上，齐庄公与随从们谈笑风生，兴致勃勃，驾车驭马，极为轻松。忽然，他们在车道上发现一个绿色的小东西。齐庄公近前一看，原来是一只草绿色的小昆虫。只见它奋力高举起它的两只前臂，挺直身子直逼马车轮子，怒气冲冲的样子，一副要与车轮搏斗的架势。

相比于昆虫的体型，车轮可以称得上是庞然大物了。面对庞大的车轮，小小一只虫子，竟然想要与之较量，那情景自然令人感到十分震撼。这个奇特的场面引起了齐庄公的好奇，他于是问左右随从："这虫子是什么？"

一个随从便回答说："大王，这是一只螳螂。"

齐庄公又问道："这只小虫子为什么要这样做？"

"大王，它不想让我们的车子通过，这是要和我们的车子搏斗呢。"

"真有趣！但是为什么会这样呢？"齐庄公很有兴趣，继续追问。

随从回答说："大王，螳螂这种昆虫十分特别，只知前进，不知后退，虽然体小却心大，实在是自不量力。"

听了随从的解说，庄公反而被面前这只小小的螳螂打动，他感慨道："这只小小虫儿，志气却是不小，它如果是人的话，一定会成为天下称颂的勇士啊！"随后，他吩咐车夫勒马回车，避开螳螂，绕道而行，没有伤害它。

## 【古为今用】

### 策略 1 灵活多变，学会借力打力

在争夺某一个产业或市场的领导权和控制地位的过程中，“柔道战略”是风险最低、成功率最高的战略。

在激烈的市场竞争中，许多企业都采用了一种通常被称为“柔道战略”的竞争方式。就好比在柔道功夫中，交手双方尽量避免与对手直接纠缠，防止僵持不下的较量，而是巧妙地利用对手的重量和实力，来形成自身的优势。类似地，优秀的企业家必须善于利用竞争对手自身的资源、优势和规模，反过来克制对手。

快速移动、灵活性和借力，这是柔道战略的三大基础要素。这三种基础要素中的每一种，都可以演化出相应的竞争原则。第一原则是，“柔道选手”必须能够快速发现并且进入新市场，尤其是目前尚未出现竞争、有待开发的领域（亦即蓝海），躲避现有成熟领域里针锋相对的直接抗争；第二原则是，“柔道选手”不仅要四面出击，更要随时保持状态，以备蓄势待发；最后，同时也是最重要的原则，任何情况下，“柔道选手”必须善于借力打力，借用对手的力道反过来打败对手。

柔道战略中，需要竭力回避的状态，是相扑式的较量。在相扑状态中，如同相扑运动一样，交战双方直接厮打纠缠，最终目的是迫使对手倒地或被扑出圈外。在这样的交战中，双方的意识和灵敏性固然重要，但交战各方的重量和实力，却对结果有更大的影响。在相扑比赛中，一个身材瘦小的挑战者如果遇到了

一位身材明显超过他的选手，那么在一般情况下，他必输无疑。

对于任何准备或正在与大公司进行竞争的小公司而言，柔道战略都是一种行之有效的手段，尤其适用于充满变数的互联网竞争。当然，无论公司大小、技术高低、成立年限，柔道战略是任何公司都可以利用的有效战略。下面是互联网早期的一个经典案例：网景与微软的浏览器之争。从这个案例可以看出，无论庞大的微软还是相对小型的网景，它们都是精于柔道战略的高手。而从故事的结局看来，微软说不定还更胜一筹。

最初，网景公司推出了针对互联网的产品，不久以后，网景公司推出新产品，通过把互联网协议作为商业应用基础，成为了当时互联网行业的先驱者。但是同一时间，有许多与它类似的公司，虽然是新兴市场，也有众多的竞争对手，互相之间竞争十分激烈。面对复杂激烈的竞争，网景公司施展了柔道战略。

网景使用了“免费，但又不免费”的收费模式。“导航者”软件的官方定价是 39 美元，但只对商业用户收取费用，对教育用户和非赢利用途的用户免费提供。任何人都可以下载导航者浏览器，并获得 90 天的免费试用期。截止到 1998 年 3 月，用户们从网景公司的网站上下载了 9400 万次“导航者”浏览器，网景公司也顺利成为当时浏览器领域的绝对霸主。

通过采取柔道战略，网景公司成功地避开了绝大多数公司竞争的领域，取得了浏览器市场竞争第一回合的胜利。但是，从 1995 年后期开始，微软公司也正式开始重视浏览器市场，竞争进入第二个回合。对于网景公司而言，微软是一个非常强悍的对手，微软有能力在每一个关键环节上与网景过招。1995 年 8 月，微软公司推出了“互联网探险者（Internet Explorer）”浏览器，这款产品与 Windows95 捆绑，进行免费销售。另外，用户也同样可以到微软的网站上免费下载和使用。由此可见，微软已经看破了网景的招数，通过免费向所有用户发放 Internet Explorer，将网易的优势转化为自身的筹码。

微软的这种策略使网景已经开始意识到的一个问题加速恶化——对非赢利及教育用户免费的策略，意味着网景在消费者阵地上只可能得到少量的收入。为了增加收入，网景只能依赖于公司用户市场，而它所采用的办法就是把竞争的主场地转移到自己擅长的领域，这样，竞争对手的优势就会相对弱一些。网景公司认为，微软公司真正的优势在于消费级市场和企业级磁盘操作系统，因此，微软公司的后方防守极其脆弱。所以网景公司可以借机开拓其公司用户的市场。于是，网景将它的目光转向局域网市场，随后又扩展到广域网和电子商务和互联网服务领域。此外，网景公司还曾经试图实施电子商务战略。

运用不断开拓新市场，快速转移业务重点的策略，网景试图回避直接与微软交锋。英特尔公司董事长，安迪·格罗夫把网景公司比作一支与占领军周旋的游击队："游击队的优势在于他们能够远离平原，跋涉丛林，行踪诡秘，做出与正规军完全不同的事情。运用游击策略，网景的确对微软的业务形成了非常强大的威胁……但他们现在已经无处藏身，弹尽粮绝。"正如安迪·格罗夫所指出的，即便采用快速移动的策略，充其量也只能抢先一步而已，而在最终，绝大多数的公司，都必须停下来，去占领一块自己具备绝对优势的领地。然而，连续三年不断向着新的、尚未展开竞争的市场转移，使网景缺少了参与激烈竞争的条件。

网景所秉持的原则是保持灵活，避开与竞争对手直接交锋。一个合格的柔道选手，必须做好准备随时应对突然袭击，但这仅仅是柔道竞技中，对选手灵活性要求的一个方面。对于柔道选手来说，真正的难题是学会如何判断致命进攻，并在它来到之前就迅速闪避。柔道选手必须了解什么时候应该进行战术撤退，而不是正面迎接，以避免遭到重击。除非有确定取胜的把握，否则柔道选手永远不要主动挑起战争。运用这样的手段，一家处于不利境况的公司尚可获得生存的机会。

1995 年 12 月，正处于业务鼎盛时期的网景遭受到微软的一记重拳。在这个月，盖茨宣布，微软将会“包容和扩大”互联网领域竞争者所取得的成功。但是当时的网景作为一个小规模的互联网公司，却没有预估到盖茨这一招数的厉害之处。最开始的时候，网景并没有退却，而是全力抗击来自微软的每一次进攻。网景与微软竞争的方式，不是寻找合适的机会，相反，在他们的高层主管带领下，网景公司倾力投入全部的公司资源，与微软在同一领域进行针锋相对的对抗（后期有网景的一位高级主管承认，网景一度“迷恋于打击微软”）。但随后在互联网供应商和在线服务市场的角逐中，网景却失去了普通分销渠道的大量生意。实际上，网景公司有许多机会，通过与其他合作者进行深度合作规避来自微软的竞争。美国在线公司（AOL）就曾有计划使用网景的“实心面条式代码”，定制一个为数百万计的 AOL 在线用户提供的“导航者”专用版本，可这一提议竟然遭到了网景的回绝。假如在与潜在盟友打交道时，采用更灵活一些的方式，可能网景已经构筑起了一道足以抗拒微软进攻的强大防线。但结果却是网景让自己陷入了难以自拔的激烈的正面竞争中，庞大的微软只需稍微发力，就足以在所有环节上彻底压倒网景而获胜。

仅仅在微软推出 Internet Explorer 的三年之后，1998 年 11 月 24 日，美国在线宣布斥资 42 亿美元收购曾经辉煌的网景公司，这次交易中，太阳微系统公司（Sun Microsystems）充当了 AOL 的收购伙伴，成为网景公司的第二个买家。

这次收购在互联网的历史上是一个重要里程碑事件。柔道战略曾经帮助网景公司推广了他们的产品和服务，使网景成为首屈一指的互联网服务提供商，甚至向微软发起了微软历史上所面临的最严峻的挑战。但后期网景却违背了柔道战略的核心原则，导致几年之后的网景遭受了灭顶之灾。

始终向着未被发掘的蓝海市场移动，这是柔道战略的第一个原则。网景的优势在于建立全能的网站，由于网景自身在互联网方面的技术优势，奠定了网景在互联网内容服务方面先天的竞争优势，但网景自身居然从来都没有能够认识和挖掘自身网站的价值。

在网景的CEO看来，网站是一种“娱乐”的东西。等到网景的管理层意识到网站所拥有的价值时，网景公司早已经从互联网行业的龙头老大降到了第三名，甚至还在持续丧失市场份额。

保持灵活，这是柔道战略的第二个原则。具有讽刺意味的是，在此次收购之前，美国在线曾两次与网景进行接触，希望双方能够结为伙伴关系，但两次都遭到了网景的拒绝。最后，美国在线的订单被微软获得，将浏览器市场的份额从网景浏览器手中抢去不少。在网景与AOL谈判的初期，网景的市值是美国在线的10倍。但在AOL收购网景前夜，美国在线的市值却达到了网景的10倍。

柔道战略中，第三个原则是借力。在1998年下半年，交互式平台还拥有着非常广阔的前景，是网景公司最大的优势之一，同时也是网景潜在的免费开源市场，但网景公司却没有抓住这一时机。早期的战术失误，又遭遇到使用相扑战术的微软，这使得网景沦落为一家名气很大，但几乎无利可图的公司。网景面临的两个选择是，要么忍受股价的长期低迷，同时尝试扩大规模；要么出售给美国在线，以保证网景能够在互联网中继续存在，卧薪尝胆，以求东山再起。

商场如战场，一般而言，小公司总是不愿意和大公司竞争。但是，即便不愿意，也可能会正面碰上。当小公司遭受到来自于产业巨头的竞争，是否真的意味着完全没有出路？当然不是。变化的环境中展开竞争时，即便两者相差悬殊，竞争的结果也未必是非赢即输。

在浏览器市场上，网景公司与微软公司的竞争，被认为是近年来互联网背景下同行业企业间竞争的经典案例。在这样的竞争中，代表了技术先锋的恰恰是小公司网景，而不是老牌大公司微软；同时在整个竞争的过程中，大部分时间处于上风的反而是网景公司。网景公司为什么能够长时间处于竞争中的优势地位，它又是如何在最辉煌的时刻被微软击败，对于企业管理者而言，非常具有启发性。

## 策略2 敌进我退，根据时机行动

阿里巴巴创始人马云曾经有句话非常出名："今天非常残酷，明天更残酷，后天很美好，但是绝大部分人死在明天晚上。"

当下激烈的竞争态势下，市场要求企业能够拥有可持续的竞争优势以及出众的赢利水平。这就要求企业领导者能够准确判断产品和定价差异化所能创造的价值。追求国际化的企业通常会通过转移业务，将业务转移到缺乏竞争力的市场上来创造更多价值，或是在本国开发差异化产品并异地销售来创造价值。因此，往往将研发职能留存在本国，在国外主要建立相应的制造和营销职能。本节中，以奇瑞汽车为例，剖析企业的国际化战略及如何提升核心竞争力。

一直以来，奇瑞汽车都是国内汽车行业自主品牌、自主研发的标志性企业，尽管2007年，奇瑞也开始尝试合资，与美国量子公司、菲亚特等企业进行合作并引发众多争议，但整体的舆论依然是积极的。

自从进入第二阶段以来，整车销量就不再是奇瑞最关心的目标。相比全球市场而言，国内市场只能算是一个小规模市场，因此奇瑞必须考虑如何开始国际化进程。

这个时候的奇瑞，决定主动进行战略调整，放慢增长速度。奇瑞将提升品牌形象和服务品质作为这个阶段的主要任务，以求突破。由于一系列重大动作，

2007 年 6~8 月连续三个月，奇瑞频频出现在重大新闻中，达成多项国际合作。由此，奇瑞脱离了第一阶段，正式开始打造自身品牌。

打造国际化品牌，实现全球化，一直是奇瑞的目标。从第一阶段的市场换技术，到第二阶段的技术换市场，奇瑞正在运用自己的技术优势，赢得全球化市场。

在这一刻，奇瑞已经成为了足以与众多同行平起平坐的合作者。以与克莱斯勒的合作为例，克莱斯勒需要借鉴奇瑞在中小型车方面多年积累的研发经验，而奇瑞也需要资金和市场。双方的需求可以互补，而对汽车和市场的理解也极为相似，因此达成了这次合作。

此外，与菲亚特的合作则是技术输出的另一范本。菲亚特曾与通用合作开发新型小型汽油发动机，而在合作破裂之后，菲亚特只得到了柴油机的相关技术，汽车发动机成为它的短板。复兴中的菲亚特，看中了奇瑞所开发的 AVL 发动机。通过合作，菲亚特不仅扩充了自身的技术实力，又重新回归中国市场，可谓双喜临门。

业内人士普遍认为，奇瑞本身的技术实力，和其作为中国企业的市场引导力，组成了奇瑞的强大竞争力。因此能够与多家国际公司的合作，可谓盛名之下无虚士。

依据奇瑞与克莱斯勒所签署的协议，双方将运用奇瑞在中小型汽车研发制造方面的优势，和克莱斯勒公司的品牌及营销优势，开拓国内和国际市场。自身强大的技术实力和品牌自主性，保证了奇瑞在谈判中的底气。双方协议中包含了多种中小型汽车，甚至包含了克莱斯勒新型小型车及概念车。这些车将由奇瑞负责研发制造，克莱斯勒负责销售。合作并非采用贴牌生产的模式，而是奇瑞对每一辆合作范围的车辆收取技术使用费。因此，这也是奇瑞全球化的一次尝试。

再看奇瑞与菲亚特的合作，则是完全的平等合资，双方各投资 50%，不但生产包含了阿尔法罗密欧、菲亚特品牌，以及奇瑞自身的产品。双方共享技术、渠道和市场，并保证各自品牌的自主性不会受到任何干预。

只有在合作中拥有完全自主的收益和运营权限，才称得上真正的强势。量子公司并非汽车行业的一家公司，本身并没有独立的产品和品牌。由于看中了奇瑞的成长性，因此承诺了海外市场销售、投资和风险分担。因此在这次合作中，奇瑞具有充分的自主权益。

在中国企业国际化进程中，奇瑞可以称得上是先锋部队。能够进行国际化的品牌，都是在国内拥有良好的基础。奇瑞通过差异化策略起家，向顾客提供多种差异化产品，因此在研发和国内市场都有着强大的优势。

此外，奇瑞采取了革新型研发战略，通过首创新技术和技术革新，保证可以占据市场的领导地位。而这种战略也要求企业能够提供充足的资金和投资。这也是奇瑞引入海外投资的原因之一。

## 策略3 杜绝犹豫，当机立断做决定

在复杂多变的市场环境中，果断、迅速、睿智，是企业家所必备的素质，也是企业做出正确战略决策的前提，这三种基础素质，也决定了一个企业是否能够做大、做强。

对于消费者而言，企业的LOGO、产品包装以及徽标图标这些视觉标志，组成了他们对企业的第一印象，因此这也是企业市场形象的重要代表元素。市场形象的形成，是一个长时间积累和打磨的过程，企业的市场形象需要能表现出企业的战略要点，也能引申出企业的文化内涵。因此在多数情况下，企业的市场形象在形成之后，是不会轻易改变的。如果改变，很大程度上意味着对过去的否定舍弃，是一种非常昂贵的战略动作，其中的风险和难度不下于涅槃重生。但也有不少企业选择了重塑市场形象，并取得了成功。

在这其中，联想更换LOGO是一个非常典型的案例。下面通过这个案例，揭示联想公司如何在多变的市场中保持优势，并通过一系列的创新战略，一步步实施国际化战略。

熟悉中国IT发展史的人都知道，在“Lenovo”之前，联想一直采用国内外市场标志差异化的策略。在国内，联想使用的品牌是“LEGEND”（传奇），而在国外市场，则长期使用其主板品牌QDI。当然，后者完全无法代表联想将要涉足的全线业务，而前者则被国外的公司广泛注册，行业涉及娱乐、汽车等，相关的注册公司更是多达100余家。起初联想曾经尝试与持有者接洽，但很快，他们就发现要谈下100多家公司近乎天方夜谭。因此，从2001年开始，联想开始联系多家咨询公司，并最终选定了Lenovo作为联想的新品牌标识。也是在这一年，联想正式发布三年战略规划，并提出了国际化目标——重视服务，提升技术，开拓市场。

截止到2002年年底，作为联想公司的新标志，“Lenovo”已经成功地在全球100多个国家注册相关专利和商标，联想的新网站域名也已经申请成功。随后，在2003年的4月28日，经过两年多的孕育和准备，期间排除了100多个备选名，又经过多角度、全方位的品牌诠释和打造，联想的新标识成功发布。在这一天之前，三个多月的时间里，联想进行了大量的准备工作，将新的产品Logo从制作模具开始推广到公司和渠道的每一个角落，大到渠道店面、公司大楼标牌；小到员工胸牌和名片，甚至连一次性纸杯都进行了更换，保证能够按时完成所有的替换工作。

为此，当时的联想CEO杨元庆甚至亲自披挂上阵，担任联想品牌换标工作小组的组长，他非常明确地意识到，更换新的品牌标识，可以说是一个凸透镜，能够聚焦新联想所需要的文化内涵。在他重新塑造联想的过程中，推出新标识，会成为一个非常好的切入点。如果仅仅是把这作为一次事件炒作，未免过于轻率。从过去许多公司的经历来看，更改公司名称或是改换品牌的标识，看上去只是一件极为轻巧和简单的事情，但这往往发生在公司发生重大转折的时候。以日本索尼公司为例，SONY 公司的前身，是日本的东通工收音机，只是日本一家并不算特别强盛的公司。1855 年，这家公司的产品进入美国，同时 SONY 的标志也正是在这一年产生，并出现在美国销售的产品上。以此为转折，三年之后，东京通信工业公司甚至放弃了自身的名号，放弃了经营十年、拥有良好声誉和众多荣誉的“东京通信工业”品牌，更名为“索尼株式会社”，同时产品的标识也正式改成 SONY。而后来的历史也证明了，这次更改确实对扩大市场和国际化过程有很大的帮助。

除此之外，还有许多其他的例子。如在 1995 年，韩国的电子产品公司乐喜金星为了推进全球化战略，将原名更改为 LG 电子。2001 年，宏基分裂出 BENQ 明基，以求在国际市场上更好地表现，寄托宏基的全球化之梦……那么，对于联想来说，更换品牌标识为 Lenovo，会不会是一次正确的抉择？

关键的一刻到来了，随着杨元庆宣布更换新标识，联想的新标识——蓝色的“Lenovo”缓缓上升，覆盖住了原来的“LEGEND”，同时在楼外，旧的 Legend 旗帜降下，新的 Lenovo 旗帜升起。像是旧的一天中，太阳落下；而转瞬间新的一天又到，新的太阳再次升起。现场的十多名摄影、摄像记者记录下了这一刻。随后，联想的三位领导者柳传志、杨元庆、马雪征带着联想高层走进了大厦内的 101 会议室。

经过了两年的筹备，其间经过了一再的妥协、变通，也有许多的坚持。无疑，这是一个漫长而且痛苦的过程，但最后联想终于如期更换了新标识。对于联想而言，启用这样一个风险巨大当然机会也很大的计划，最终的目标只有一个，就是保证业务的持续稳定增长。这就是坚定、坚持、坚决的联想。

更换标识，对企业而言是典型的战略组织问题，着眼于企业做大和做强。在市场中，企业的任何战略经营行为，都是企业对市场和政策环境变动，以及企业未来发展战略的反映。从企业环境来说，企业需要适应当地的政治、经济和社会环境，另外还要适应当时的技术环境（一般把这些环境因素概括为 PEST），并根据这些因素的变动实时调整企业的策略和目标；此外，出于企业未来定位和发展战略的考虑，企业有时候也需要主动改变自身的市场形象，不断修正企业的发展框架，通过方向性操作方式，用战略意图打造具有长期竞争优势的企业。其中，一种直观简洁而且有效的方式，就是改变企业的标识。

作为国内规模最大的电脑厂商，联想公司就是走了这样一条道路，而且走得尤为坚定。从换标前后的联想，就能够看出，更换企业的标识，不仅仅是表面上看到的企业 Logo 或名称的变更，这种改变更多地影响到了企业的核心，涉及到企业的战略和组织等诸多问题。尤其是，联想选择了国内“非典”肆虐的时候更换标识，实际上需要承担更多的压力，需要更大的决心。所以，在换标这件事上，联想首先需要做出决策，就是换标的内涵问题。从整个事件过程中不难看出，换标并非联想一时的冲动，而是经过战略计划，精心组织和筹备的结果。

## 策略4 不断创新，跑在别人前面

这个世界上，只有变化是永恒不变的。尤其在当下快节奏的世界里，今天的任何优势都是不足以倚仗的，通过模仿或创新，竞争对手很快就可以迎头赶上，今天的领先者如果不及时作出改变，很容易在激烈的竞争中品尝到挫败的滋味。因此，在激烈变化的环境中，只有不断提高效率和品质，保持良好的服务品质和不断创新，才能保持长期的竞争优势。

互联网的出现，与相关技术的广泛应用，代表的是突破传统的革命性的创新驱动力。此外，传统的销售格局也遭到了颠覆，更多的人在接受和习惯，甚至于依赖网上购物。因此，互联网成为了一种越来越重要的销售途径，即生产者直接面对消费者，而非传统的多级市场分销。通过缩短中间环节，实现生产者和消费者的共赢格局。同时，不依赖于批发商与零售商途径，也使得产品的覆盖范围更加扩大，公司可以极大地拓展业务范围，参与它们以前不会涉及的市场。此外，通过互联网，任何一家公司都可以很容易地寻找到最适合的供应商，也可以通过与供货商的密切合作提升效率、降低成本。20世纪90年代后期，走过萌芽阶段的互联网相关产业开始快速增长，这段时间的网络公司热潮中，出现了许多的互联网公司，但当热潮开始消退，其中的许多公司都被淘汰了——这也引发了不绝于耳的关于网络泡沫的议论。尽管如此，真正好的公司其实都有自己的生存之道，即便经历许多打击也都生存下来了。那么，在同样不顺利的环境下，他们是如何做到的？互联网产业的发展是大势所趋，在这里通过阿里巴巴的发展经历，看企业如何识别产业机会和威胁，并建立起自身的企业竞争力。

1998年年底，马云在杭州创立了阿里巴巴公司，并喊出了口号“让天下没有难做的生意”。本质上说，阿里巴巴是一个电子商务沟通和交易的平台，通过阿里巴巴，让采购商和供货商可以实现直接的交流。尤其对于中小企业而言，通过阿里巴巴的电子商务沟通与交易平台，他们可以克服流通渠道上面临的不利情况，低成本、高效率地获取信息，并快速达成交易。根据最近的Alexa排名，阿里巴巴依然保持着世界访问量第一的电子商务平台地位，是最大的国际和中国本土贸易的网络市场。经过这些年的发展，目前，阿里巴巴旗下的网站包含了阿里巴巴（中文站/国际站）、B2C平台淘宝网、网络支付工具支付宝和雅虎中国网站，截至2007年6月30日，阿里巴巴中文站和国际站已经拥有了超过2400万注册用户，分布在200多个国家和地区。阿里巴巴的B2B业务已经发展成了全球最大的网上贸易市场，拥有超过4000万种商品，连续7年当选福布斯全球最佳B2B网站。

在过去10年里，免费和娱乐，是互联网的关键词。而在未来的10年中，商务和收费服务将会大行其道，形成互联网的新一波浪潮。因此，在未来的10年里，电子商务将会得到广阔的增长空间。而电子商务平台发展的下一步，就是深度参与整个交易过程，以服务融合技术，通过网络完成整个贸易流程，而这也是阿里巴巴的未来发展战略。要做到这一点，现在的信息流平台是远远不够的，除了信息采集和交流要能及时完成，更是需要在信息流背后的资金和物流都能及时跟进。此外，阿里巴巴的业务拓展蓝图中，甚至已经包含了中小企业的配套服务，例如人力资源外包、财务管理外包甚至融资和借贷等金融业务。阿里巴巴的一位高管说，打造完整的中小企业生态链，就是阿里巴巴的发展方向，同时，这也将会为中小企业全面解决业务拓展和经营中遇到的问题，帮助中小企业发展。

马云敏锐的眼光，捕捉到了关键的市场机会。占据了先行者地位的阿里巴巴，通过持续创新，保持了自身的竞争优势。“阿里巴巴”网站融合了包括B2B、

C2C 和门户等多种交易模式，并提供了便捷的搜索功能，帮助来自国内外的客户以及合作伙伴更容易地达成合作，并且，阿里巴巴还创造了 B2C 这种全新的网络交易模式。下面，具体介绍一下在阿里巴巴的发展史中，几个重要阶段的战略动作和合作。

阿里巴巴的第一阶段，是通过铺开 B2B 业务，为注册企业提供免费的信息发布和获取平台，快速占领市场。在充分调研分析企业用户需求的基础上，阿里巴巴收集众多企业的注册信息，并进行分类整合，依照分类，根据不同行业和规模企业的特点，为企业用户提供高效快速而且经济的信息服务。阿里巴巴所采用的 B2B 经营模式，帮助小企业和国外采购商跨越了他们之间的信息鸿沟。通过互联网电商平台，阿里巴巴快速抢占了 B2B 网上交易市场。

第二阶段是推出“诚信通”，正式开展企业诚信认证服务，同时也为下一步的赢利打好基础。对于发展中的中国而言，国外用户在进行采购时难免会质疑国内企业的信用度和可靠程度，这是小企业所面临的一道非常大的障碍。尤其在电子商务这种虚拟的交流中，双方更难取得互信。阿里巴巴发现，平台上有高达 87%的企业用户会担忧对方的信用问题。针对这一障碍，在 2002 年，阿里巴巴联合多家国内外知名的调查机构，推出了国内第一家的网络征信服务“诚信通”，结合通过权威认证、交易参与方互相评价、注册和交易记录、检索、反馈等，为每一个会员企业建立诚信档案。

这种方式可以从多主体、多角度评定企业客户的诚信状况，相对于传统的方法更加真实客观，因此对阿里巴巴会员交易行为起到了有效的约束作用。对于会员企业而言，任何一次失信行为，都会降低其诚信指数，从而影响到未来的业务开展。通过“诚信通”，阿里巴巴把握住了电子商务市场的核心问题，同时这也是最初阿里巴巴的创收渠道之一。

在第三阶段，阿里巴巴的眼光转向 B2C 电子商务，即企业或商户通过网络直接面对终端消费者的电子商务活动，亦即网上零售业务。此时在中国，互联网已经推行开来，具有非常庞大的互联网用户群——中国多达数亿的网民。因此，网上购物平台可以连接买卖双方，将传统的线下零售搬到网络上进行，给参与买卖的双方提供极大价值，具有非常广阔的发展前景。在对互联网电子商务前景，和当时 C2C 业务的深度调研分析之后，2003 年的夏天，阿里巴巴公司正式推出了“淘宝网”，这个斥资一亿元人民币打造的新型网络零售平台，与当时正在逐渐进入中国的 ebay 成为对手。而在 2004 年，凭借运营一年的淘宝网为依托，推出了方便实用的网络支付工具“支付宝”，将自身作为第三方信用中介，保证交易双方在陌生的前提下也能放心交易。由此，网购渐渐成为网民们生活的一部分，越来越多的人通过淘宝网购买商品。

并购“雅虎中国”，这是阿里巴巴的第四个阶段。据此，阿里巴巴创新性地提出了一种可以延伸发展的电子商务搜索。它可以将商业交流中一系列的相关信息整合，成为电子商务的新标准。

第五阶段中，经过一系列准备的阿里巴巴，正式宣布推出了全新的 B2C 商业平台。在传统的 B2C 电子商业模式中，利润率被压缩得非常严重，即使在配送和物流系统十分发达的美国，亚马逊也只能保持 5%的利润。阿里巴巴认为，这样的 B2C 模式是有问题的，同时预测，在未来，将会有多种电子商务形态相融合，形成一个统一的超大平台。借助于电子商务的灵活性，阿里巴巴创新性地尝试打通 B2B 和 B2C 的界限，鼓励淘宝卖家成为阿里巴巴的买家，甚至双方合作，通过网络进行联络，阿里巴巴卖家直接发货到淘宝卖家的客户手中。这种新型的 B2C 模式，与传统 B2C 模式的利润来源不同，传统的 B2C 模式需要压低生产商的价格，提高售价，从而可以在采购价与销售价之间赚取较大差价。而阿里巴巴的新

B2C 模式，将帮助生产商扮演卖方角色，把他们直接推到前台，与消费者面对面，从而让生产商获得更多的利润，也可以腾出更多的资金进行产品和技术研发，达到双方共同获益的效果。

正如那句话所说的，世界上只有变化本身是不变的，对手随时都在创新，或是模仿领先者的优势，今天的竞争优势并不足以成为倚仗。在不断变化的环境中，只有通过持续创新，持续改进，不断提升服务和品质才能长期立于不败之地。而这一点，需要依赖于组织内部的学习。能够随时提升运营效率、创新和持续提升竞争力，才可以成为成功的企业。阿里巴巴对先行者优势给出了最好的诠释，那就是创新和创造需求。

## 策略 5　一杯咖啡换来的满意体验

对于企业的文化战略，一种理解是，赋予产品独特的内涵和文化品位，提升客户的感受，从而赢得客户的喜爱，运用产品的文化品位创造市场。文化品位并非一种实际存在的产品或配方，而是客户在使用过程中产生的感受和体验，是一种非常主观的情绪。

咖啡馆并不是什么新的东西，技术含量也不高。但对于曾经的东方人来讲，又是从未见过的东西，没有什么需求。但这种咖啡零售业务，在诞生的 30 年里，却不分国界地遍布了全世界的每个国家，并受到了持续的追捧。那么，它是如何做到这一点的？微软的软件产品，或是其他的一些电子信息产品，由于其独特的网络属性，几乎可以说没有边际成本，而且又赶上了网络普及的大潮，成为人们生活的必需品，也是理所当然的事情。由此，软件公司可以保持高额的利润、快速地发展产品也能得到广泛的使用。但作为餐饮业，运营成本和材料成本都比较高又难以下降，同时，信息产业的天然优势在这里也不适用，在这样的情况下，星巴克如何保持快速增长、高额利润呢？如果说同为餐饮行业的麦当劳、可口可乐是通过几乎不加限制的广告费用开拓市场，达到尽人皆知的程度，几乎从来不做什么广告的星巴克，又如何会受到各国消费者的普遍认同呢？

星巴克起源于20世纪70年代，它的三个创始人都来自美国，他们把星巴克变成了一家咖啡店的招牌。而星巴克的转折在1987年，一名叫做霍华德·舒尔茨的纽约人花费了400万美元，从三个创始人手里买下了星巴克咖啡店。在那之前，星巴克只是西雅图一家不起眼的经营咖啡豆的小公司，而在之后的20多年里，星巴克发展出了包括咖啡豆、罐装咖啡饮料、咖啡馆、CD和咖啡器具等多种咖啡相关生意，在全世界拥有5000多家门店、遍布全球的超大跨国企业。一杯咖啡，整个世界为之着迷。截止到2007年4月1日，星巴克在海外市场已经拥有3914家店面，仅在中国，已经超过500家门店。甚至在中国，星巴克已经成为了小资的精神堡垒，时尚的代名词。

为什么星巴克可以成为年收入达70亿美元的连锁巨人？是因为舒尔茨重新定义了一个行业。通过他的经历，舒尔茨认为人们应该拥有家和办公室之外的“第三空间”，可以作为与人联系，或是独处的地方。在这里，不仅可以跟朋友交流，更可以休息、阅读、思考、写作，甚至发呆。它的功能，除了与人建立联系，还是非常私人的空间。星巴克将自己称为顾客的“另一个家”。一位英国的历史学家西蒙·戴维斯，他正在通过星巴克研究现代生活，星巴克对人们的作用与其他咖啡馆并无二致，都是满足了人们交流的需求。但与传统的咖啡馆——包括50年代纽约的波西米亚咖啡屋和伦敦18世纪的咖啡馆不同的是，星巴克给人一种即便处于公共空间，仍然享受独立的感觉。

每个周，全世界有3000万人走进星巴克，很多人来到这里可能不只是为了喝点什么，而是更希望体会和享受到这里的独特氛围。顾客们最喜欢的是星巴克提供的“第三生活空间”，也就是在家庭和办公室之外，属于自己也属于朋友的另一个生活空间。在这里，可以听到现场的钢琴演奏，伴随着欧美经典背景音乐，阅读时尚报刊，欣赏精美的欧式饰品，一切的一切，都融合在一起，形成了如同咖啡一样浓郁的气氛和情调，让顾客拥有心灵的舒展和精神的愉悦，产生温馨、舒适、轻松、惬意的感觉——这也是国内标称“小资生活”所蕴含的重点。在星巴克，播放的背景音乐大多数是星巴克自己拥有知识产权的音乐。这样的音乐非常迎合那些时尚、新潮、追求前卫的白领阶层的口味，他们不仅迷上星巴克咖啡，也迷恋星巴克音乐。

星巴克坚持要求每一位员工都具有丰富的咖啡知识，并提供热情的服务。相对而言，他们并没有很大的广告预算。星巴克的创始人把员工称作合作伙伴，希望员工能够成为咖啡专家。“我们的合作伙伴都是咖啡专家，能够对顾客详细解说许多咖啡的知识，通过一对一的方式，赢得顾客信任；通过顾客传播口碑。这就是星巴克的秘诀!”

而这种对于顾客、员工的关照，也是在践行着舒尔茨的信条：咖啡的事业不是我们的目标，我们只是用咖啡达成人的事业。很大程度上，霍华德·舒尔茨认为公司的成功源于企业与员工之间达成的“伙伴关系”。他曾经说过：“我们的公司与员工建立的相互信任和合作，是我在星巴克最大的成就。”

事实上，除了经营业务之外，星巴克的管理人员还有一项重要的日常工作，就是跟员工通电话、写电子邮件、见面聊天，这也是星巴克自建立以来的一个传统。“在创办公司的时候，星巴克总共有10家店。但是霍华德却知道所有员工的名字。他希望了解每个人在做什么。换一种说法，出于维护同员工的情感联系，以及合作伙伴的文化，管理层需要与所有合作者保持联系。”

但是现在的星巴克已经发展成拥有近 1.5 万家门店，全世界共有约 13 万名员工，在这样的情况下，对于现任 CEO 唐纳德来说，要延续这样的传统并不是一件轻松的事情。这意味着，他每天需要打出上百个电话，写上百封的电子邮件，这些都是要发送到员工那里的。每天早上的 10 点之前，他就得发出十几封邮件。限于时间，这些邮件内容不可能多么复杂，但一定可以拉近双方的距离。例如，2010 年 4 月 22 日，正在深圳的唐纳德就发给纽约市负责人这样一封邮件：“深圳，一个人口 1500 万的城市，它让我想起了纽约，也让我想起了你，希望你一切都好。”一个事例可以很好地说明他发邮件的数量：仅仅在他刚就任 CEO 的几个月之后，他出席了一个近 6000 人参加的员工大会。会上他问道：“过去两周，你们中有谁收到我的邮件、与我通过电话或是见过面?”超过 1000 人举手。

星巴克先是塑造了自己独特的企业文化，在聘用员工时，寻找的都是认同公司文化的合作伙伴。几乎在每一次公开演讲中，舒尔茨都会提到：“如果一个人与某个公司有着一致的价值理念，那么他一定会忠于该公司的品牌。”

除了咖啡以外，星巴克在许多文化相关领域，如音乐、电影、书籍等方面也有所尝试。比如在 2006 年，当时 CD 市场销售并不乐观，但在星巴克店面中销售的 CD《真情伙伴》，竟依然能够卖出 80 万张专辑。而另一张专辑《凌晨几小时》，更是因为星巴克的介入，销量猛涨 20 倍。事实上，通过星巴克大幅拉动一些专辑的销量，是很容易被理解的，因为这符合星巴克一直以来的定位。随着 20 年来的发展，星巴克在美国已经形成了非常稳定的核心用户群，这个用户群的特点是“学历较高，现在平均有 40 岁左右，年均收入 9 万美元”。以上两张专辑为例，星巴克所选择的音乐，在气质方面非常符合他们的需求。观察星巴克选择的作品，可以发现它只会选择“感性、熟悉却不做作、泛滥”的作品出售。目前，星巴克甚至拥有了一个唱片厂牌“Hear Music”，签下了前甲壳虫乐队的保罗·麦卡特尼。另外，在书籍和电影方面，星巴克也采用了相同的策略，再次挖掘经典作品的价值，或是推出气质符合要求的新作。“社区与灵感”，这就是星巴克特质的具体化。

对于企业的文化战略，一种简单的理解是借助产品的文化内涵和品位去开拓和争夺市场。文化内涵既有产品本身特性包含的，也有后期通过各种手段赋予的；而品位，就是顾客在使用产品过程中所感受到的一种主观体验。“第三空间”就是星巴克的文化战略，为顾客提供良好的感受和服务。

星巴克的主流顾客不是普通的大众，而是对生活品质有一定要求、社会地位和收入较高的人群。这样明确的产品定位，保证了星巴克稳定的顾客群。对于顾客来说，星巴克是他们在办公室和家庭之外的另一个生活空间，也是他们喜爱的“第三生活空间”。在星巴克，经常有现场钢琴演奏、包括经典欧美背景音乐、最新的时尚报刊、精选的欧式饰品，这一切重叠在一起，为顾客提供了咖啡一样浓郁的气氛和情调，让顾客享受到心灵的放松和精神的愉悦，产生温馨、舒适、轻松、惬意的感觉。这样的星巴克，才拥有高雅、时尚、休闲的格调，能够成为高品质白领生活的元素。

星巴克的秘诀在于，不只限于满足需求，更是在创造需求。精致的体验式营销、店内温馨浪漫氛围、超卓的质量和服务，都超出了人们对咖啡店的通常理解，满足了人们在心里更深层次的潜在需求，使自身成为精品，让顾客愿意在星巴克消费，即便价格远超其他同类。

## 策略 6　以小胜大，以弱胜强

通常人们说螳臂当车，是说小小螳螂不自量力。但是从另一面来看，螳臂当车也是有极大勇气的，这勇气实在可赞可叹。螳螂置生死于不顾、舍身抗争的勇气，也是企业应当具备的。

在企业竞争中，拥有极多变数，即便是小企业，如果能够以螳臂当车的勇气坚决与“大车”企业抗争，也未必不能以小博大、以弱胜强。

Intuit 就是一个很好的例子。1989 年，由于其业务与微软发生重叠，双方产生了直接的竞争关系。当时，双方的力量对比是：Intuit 公司仅有 50 名员工，年销售额 1900 万美元；而当时的微软公司已经是庞然大物，拥有 4000 名雇员，年收益 8 亿美元。微软意图并购 Intuit，但被后者拒绝后，微软决意进入财务软件市场，要凭借自身的力量，获取新领域的领导地位。

对抗的结果令人意想不到：直到 1993 年，财务软件市场仍有 60%属于 Intuit，而微软对此束手无策。从表面上看，Intuit 的胜利似乎是难以置信的，因为双方的实力完全不在同一个层次上。从资金方面看，仅仅是微软存在银行里的现金储备，就足以买下 4 个 Intuit（1994 年，该公司的市值为 10 亿美元，而微软的现金储备约有 50 亿美元）；从人力资源上看，通过股票期权政策，微软网罗了大量顶尖的软件开发人员，无论是在人员素质还是人员数量上，都占有压倒性的绝对优势。更加不利的是，从时效性上看，Intuit 所开发的 Quicken 软件的 Windows 版，肯定比不过微软用以竞争的产品“Money”。但就是在这样悬殊的强弱对抗中，“小小的 Intuit 仍打败了高傲而且强大的巨人”。

这场竞争中，微软犯了几个明显的错误。首先是在竞争之初，微软没有及时意识到家用软件也有潜在的极大商机，而这就给 Intuit 提供了生存和发展的机会。Intuit 公司对自己的定位很明确，是为顾客解决财务难题——除了帮助他们开支票、结算支票簿和支付账单以外，还提供一系列软件之外的服务，如特别票据和表格等，而直到 1989 年，微软才开始意识到自己的失误。

在财务软件方面，Intuit 拥有丰富的设计经验，也有强大的技术。而微软虽然庞大，却并没有这样的积累。这使得微软在竞争中屡屡处于被动，相比之下，Intuit 公司的管理层早就意识到，获得市场份额的最佳途径，就是保持核心竞争力。

从 Intuit 的胜利可以看出：在企业的竞争中，并没有绝对的强与弱，合理配置企业资源，充分运用企业本身优势，搭配有效的策略，可以在硬碰硬的竞争中，打败看上去比自己强得多的企业，因为巨人也并非无懈可击。

自从中国全面加入 WTO，国内许多小企业都要面临与产业巨头同台竞技的挑战。要想以弱胜强，就必须及时采取正确的战略：一方面，尽量避免与强大的公司发生正面竞争；另一方面，则是综合考虑自身的优劣势，采取以弱胜强的战略策略，扩大优势，转化劣势，保证自己的生存和发展。

# 第七章 治大国若烹小鲜：去繁就简抓住决策要点

管理者眼中的公司或许是一团乱麻，越大的公司也往往会越发复杂，越来越多的事情需要决策，但决策中却还是有这样和那样的困境与纠缠——是否公司管理永远令人头痛?

## 【经典今解】

治大国，若烹小鲜。（《老子》）

**即便是治理一个大国，其本质也如同烹调小鱼一样简单，只要谨守各自的基本规则去做就行了。**

故跖之徒问于跖曰："盗亦有道乎?"跖曰："何适而无有道邪？夫妄意室中之藏，圣也；入先，勇也；出后，义也；知可否，知也；分均，仁也。五者不备，而能成大盗者，天下未之有也。"由是观之，善人不得圣人之道不立，跖不得圣人之道不行。天下之善人少而不善人多，则圣人之利天下也少，而害天下也多。

故曰：唇竭则齿寒，鲁酒薄而邯郸围，圣人生而大盗起。掊击圣人，纵舍盗贼，而天下始治矣。（《庄子·箧》）

春秋时期，有个非常有名的大盗，叫做盗跖。

长期以来，盗跖带领手下在山东地区作案，纵横齐国各地，掠夺人们的财货，所做的事情可以说是十分暴虐。一天，他的一个部下向他请教说：“我听说圣人有道，那么我们做强盗的也有道吗？”

盗跖回答是：“天底下，做什么的都要有自己的道。无道，怎么可能发展壮大呢？一般的小贼偷别人家的东西，都需要事先调查那户人家是不是有钱，但是我们只需要凭感觉就能估计出一户人家拥有多少财物，这可以称为圣；在行动的时候，带领大家率先破门而入，冲锋在前不怕伤亡，这就是勇；抢劫成功后需要撤退的时候，主动要求断后来掩护其他弟兄先跑，这就是义；能够见机行事，根据情况判断是不是应该动手，也能做到适可而止，这就是智；在事后分赃的时候，既能做到按功行赏，又能保证公平分配，这就是仁。圣、勇、义、智、仁五德，都是来自圣人的教导，是一个人所拥有的最优秀的品质。如果品行败坏，做不到这五种品质的要求，那就永远只能做个偷鸡摸狗的小贼，没有可能成为大盗。”由此看来，善良之人得不着圣人之道，就无所作为，盗贼得不着圣人之道，就不能横行无阻，天下之善人少而恶人多，因此，圣人利于天下少，害天下者多。所以说：唇亡齿寒；鲁国酒味淡薄，邯郸便受围；圣人出世而大盗随之而起。打破圣人礼法，放掉盗贼，而天下就能获得太平。

## 【古为今用】

### 策略1　忙而有序，行之有度

任何工作中，总会遇到意料之外的事件。面临突发状况，管理者越是表现得镇定自若，就相当于给了下属一个积极的暗示，受到感染的下属也将会镇定下来，有条不紊地进行处理；相反，若是管理者在突发事态面前手忙脚乱，下属肯定也无法安心处理事务，这样的情绪必然会极大地阻碍工作进程。优秀的管理者，需要能够在很短的时间内，在杂乱无章的工作环境中，快速理清复杂的事态，指明一条可行的道路。

其实，不管一项工作表面上看起来如何复杂，都会存在突破点。只要能够找到这个关键的突破点，据此进行归拢整合，总能得到一条捷径。位于管理者的位置上，虽然需要考虑多一些，但也不能对一个问题考虑过于复杂。这样，反而会影响到对结果的判断，无形中降低效率。

某个杂志社，旗下的杂志销量并不景气，上下都为增加销量而绞尽脑汁。杂志社的一位领导提出了一个可行的办法，那就是：有奖竞猜。他们在每一期的杂志上，都设置了一道没有明确答案的题目，而答案将会公布在下一期的杂志上，如此，就可以调动读者的购买欲望。例如，某一期提出的一道经典问题：一架直升机即将坠毁，但直升机上有三位足以掌握人类未来命运的科学家，第一位是环保专家，他精通对环境的修复和再造，甚至能化解核污染；第二名是粮食专家，他可以通过改造植物基因，为人类提供更多的粮食；第三名是宇航专家，他非常擅长探索宇宙空间，据说已经发现适合人类居住的外星球。但是飞机出现了故障，难以同时承载三个人。为了不至于造成三个人都遇难的后果，必须有一个人跳下去来减轻飞机的负担，也就是说，必然有一个人需要作出牺牲。但是，这三位专家都非常有影响力，在各自的领域都是领头人物，没有任何一个可以轻易损失，三人都陈述自己的重要性，谁也不愿意主动跳下去。飞机即将坠毁，在无法可想的情况下，必须其中两人合力把第三个人推下去。至于把谁推下去？杂志社在某一期的杂志上征询读者的答案。

这个问题极有争议性，又没有标准的答案。一时间，大家议论纷纷，加上杂志提供了高额的头奖，因此许多人争相提交了自己的答案。几乎所有提供答案的人，都阐述了看上去非常充分的理由，一看就知道没少研究这些方面的问题。但无论是从环境、粮食还是太空角度，大家都觉得答案还是不够好。最后，最佳答案奖的得主却是一位小朋友，他的答案只是一句话：丢最重的！得到这个答案后，所有人都释然了。

虽然这样的预设情景不可能真正出现，但是这本杂志却成功地激起了人们的兴趣，一时间该杂志的销量暴涨。

许多时候，管理者的问题是过于考虑专业，而忘记了最为简便的方法往往就是最好的方法，导致简单的问题被复杂化，而优秀的管理者，应该能够快刀斩乱麻，将非常复杂的问题用简单的方法处理掉。

扁鹊是古代名医，时常被国君宣召。一天，魏文王与他聊天的时候问到一个问题：“听说你和你的两个哥哥都擅长医术，那么谁的医术更加高明？”扁鹊的回答出乎意料，他说：“我的大哥医术是最优秀的，二哥次之，我却是最差的一个。”魏文王感到非常奇怪，问道：“那么为什么你可以有这么大的名气？”扁鹊回答道：“我大哥的手段高超，人还没有生病的时候他就能防患于未然，自然没人能知道他的本事；二哥能在别人刚刚生病的时候，就把他的病治好，最多是乡亲会知道他能治一些小病。而我的医术不如他们，只能等病情已经发展到能够明显看出来才去医治。但是病人在被病痛折磨很久之后，经我的手医治好，就是因为这样，大家才会认为我的医术最高明。”

企业管理跟治病有一定的共同特点，表面上看，或许会认为能够解决重大问题的管理者最为优秀，但实际上，这只能算是一般的管理者。最优秀的管理者，应该是能够发现潜在问题，将不好的苗头扼杀在摇篮里；次优秀的管理者，能够及时处理刚刚出现的小问题，保证不会事态扩大而引起更多麻烦。那么，什么是优秀的管理者应当具备的特征呢？他们又如何进行时间管理？

**第一，简化你的工作计划。**

管理者不应当面对复杂的流程和厚重的工作计划。对于管理者而言，他的工作计划越多，流程越复杂，反而更加无法理顺复杂的工作，无法做好事情。而且，变化总是超出计划，并不能通过计划去安排每一项的工作。因此，当面对复杂而冗繁的工作时，我们首先要做的是仔细审阅一下自己的计划表，将需要做的工作分门别类，排列出轻重缓急的顺序，然后经过对比，依据其紧急性和重要程度进行有效地安排或者排序，从而使我们在工作的时候事半功倍。

例如，有一些工作并不需要亲自去做，这样的工作可以交给助手或者秘书完成。例如并不重要的邮件或电话等联络，可以由秘书代为处理，让其整理出真正有用的东西再交给你来处理，排除了无用邮件和电话，你可以节省出大量的时间，可以做更多更重要的事情。

**第二，合理授权分担压力。**

授权是指领导把自己权限的一部分，连同自己一部分的工作授权和委托给下级，给出明确的要求和目标，并提供相应的工作条件；在这些的基础上，放手让下级完成任务的一种领导方法。

对于下级而言，授权能激发下属的潜能，给下属机会展现自身能力，并鼓励下属通过全方位地投入工作，参与决策和执行的全过程，获得更多的提升和取得更好的工作业绩。而良好的业绩，也是管理者提升对下属信任度的基础。

授权是一种创造性的权力管理方案。当组织充分运用这个手段，管理者将不再是“高处不胜寒”的“大领导”，也不必永久担负决策的压力，而是可以使许多有独特才能的人加入到决策的过程中。领导者不再是提出解决方案的角色，而更多地成为一个组织协调者，通过与其他人共同协商，从员工中获得更多灵感，不断解决工作中的问题，改进工作。但需要注意的是，不管是什么原因促使你采用授权管理，当你决定授权时，必须要预先有一定的计划，系统且有条理地去完成。

1. 明确并选择工作

首先，你需要先理顺自己的思路，列出一张工作清单，把工作分为四类。

第一类，是必须亲自去做的工作。这一部分工作是你的业务重点，是涉及人事、财务和战略的核心部分。包含了制订战略计划、聘用和提升员工、员工的考评、工作支持和员工激励等。这些工作一部分是你的核心业务，只有你能做，别人做不了；一部分具有特殊意义，换一个人来做的效果和意义都完全不同。对于这样的业务，最好自己处理。

可以授权的工作是第二类。这类工作，你能够轻松完成，而能力较强的员工也可以做到。对于这样的工作，不妨放手让下属去做，作为对他们能力的考核，但前提是必须事先教给他们必要的知识和技能，并适时进行培训和支持。

第三类是应该授权的工作。这类工作多数是例行公事，员工也可以完成；但你可能从没考虑过交给别人去做。对普通员工而言，这些工作有一定的挑战性，而且非常有趣。

另外还有一些，是必须授权的工作。事实上，这部分工作并不应该由你完成，但可能是你喜欢的工作内容，或是已经习以为常，因此没有交给别人去做。这类工作移交给下属，可以帮助你节约更多时间，提高工作效率，降低管理风险。

经过以上的步骤，你就可以基本明确可以通过授权分下去的工作了。需要注意，是否授权并不取决于工作的难度和趣味。

明确了需要授权的工作，接下来需要确定的就是工作本身对工作者的要求。一部分工作，由于你长时间接触，驾轻就熟而显得只是例行公事，但实际上，没有接触过这种工作的员工需要你亲自指点，并传授心得才可以顺利接手，很多时候甚至需要专门进行一些特殊技能的培训。因此，你需要分析任务，理清要完成任务需要什么样的支持，任务的执行需要怎样的能力和思维，以及这项工作所需要的协作和配合。

2. 选择人员

在决定了哪些工作要授权后，下一步就是物色、确定人选。作为管理者，每个下属都有着不同的特长，每个人的才能、知识、经验等都不相同。

根据不同人的不同情况进行适当的引导，能够使员工都有进步，能者尽其才，人人都获益。管理者最重要的才能是知人善任，你只需要指导那些需要帮助的人，而能力强的人可以任由他们自由发挥。

不恰当的评价，会导致没有把合适的人放到合适的位置，导致人力的浪费。一种时常发生的情况是：有能力的人被放到难以发挥作用的职位上，感觉被捆住了手脚，没有施展才华的机会；而身居要职却能力不足的人，又会有赶鸭子上架的感觉，工作对他们而言是极大的负担，却还是无法很好地完成。

让员工明白，你需要他做什么。在被授权时，需要让员工知道实际情况，并让员工感到支持。他们需要完全明白，被授权的职责范畴、界限和附带的要求；你对他的具体要求；被授予权力的范围；你给出的工作标准和时间限制。告知相关人员，你所授权的人是谁，以便清除工作中可能遇到的障碍，保证被授权者顺利工作。除此以外，你需要鼓励员工的努力。你需要给他们信心，告诉他们，在任务进行时，你将会全力支持他们；当他们遇到无法解决的问题，随时可以与你沟通并得到解决；你重视他们的工作，希望他们能够很好地完成任务；你信任他们和他们的能力。

3. 任务描述

完成了以上两步之后，完成任务的人选已经确定下来。下一步，就要向被授权人陈述任务要点。你需要做的是阐明前提、讨论细节、确定标准，并设立报告制度。

随后，你要亲切地委托任务，告诉他为什么选择他来做这项工作，以表现你对他的信心，从而取得承诺。引导他们发表自己的意见，据此判断他们是否愿意接受任务；同时还要给他们提出疑问的机会，并对他们的疑问加以解释。

当授权完毕，评价标准和报告进度都已经确定之后，你需要让员工自主地工作。员工的做事方法，可能与你并不相同，但只要能按照既定标准达成目标，就说明授权管理是成功的。通过授权，员工可以拥有更高的自由度，也能够按照自己的方法做事。你需要做到的是使他们发挥才能，树立信心及喜欢他们的工作。

**第三，化繁为简，不能全靠科技。**

一些管理者容易陷入“高科技陷阱”，过于相信和依赖科技产品。他们认为科技可以让他们一劳永逸，免除管理的压力。但盲目追求高科技产品却疏于管理，往往会导致工作中出现很多漏洞。

某全球知名的日用化学品用品公司引进一条新的香皂包装生产线，但在投入使用后，却发现一个问题：由于盒子的传送与香皂装配不能同步，有些盒子被封口下线的时候还是空的。为了解决这个问题，公司请来一位著名的自动化专家，对生产线进行调整。鉴于问题的严重程度，专家组织了拥有十几个成员的攻关小组，连续奋战半个多月，经过反复推敲，使用了微电子、X 光探测、机械自动化等多种手段，终于拿出了一整套的解决方案。他们改造了流水线，在流水线上安装了 X 光探测仪，当有空盒子经过时，被探测仪探测到，信号经过处理，单片机控制自动机械臂将它拿走。整套改造下来，需要几十万元，但成功地补救了问题。

但是对于小企业而言，或许没有足够的预算来改装设备，这使得他们不得不思考简单的解决方案。浙江义乌的一家工厂，发生了同样的问题，但他们将一台大功率风扇放到生产线旁边，这样没有装上香皂的空盒子很容易被吹走，问题也得到了很好的解决。

“化繁为简”的方法应当如何在工作中运用？只有当依附于人的时候，高新技术才可以成为助力；但若是因此而忽略人的因素，那就是真正的舍本逐末了。

## 策略 2　决策之要在于重视第一手信息

为了实现经营目标，从若干方案中选择最优方案的过程，称为企业决策。企业的决策过程，就是一个信息处理的过程，包括了信息的获取、加工和处理。信息，是一切企业决策行为的基础。

正确的决策离不开大量的信息，而反过来说，决策过程对信息也有一定的要求。归结一下，决策过程对信息的基本要求有四点。

**第一，准确。**

准确是信息的生命，也是做出正确决策的根本。有准确的信息为前提，才可以做出科学准确的决策。因此，决策中一定要收集和运用准确的信息，还要防止传递和加工导致的信息失真。信息论的创立者申农教授对信息的定义是：信息，就是消除了不确定性的消息。因此，严格来讲平常所得到的消息，看到的资料并不能算作是信息。对于决策者而言，应当对初步得到的消息进行处理，去掉其中不真实和失真的部分，切不可听风就是雨。必须有可靠的信息来源，这是信息准确度的基本保证。此外，也要建立信息的监督体系，如有必要应当把这一项列入规章制度中。一般而言，信息机构应当独立于决策机构，这样可以有效避免管理者意志的干扰。

**第二，及时。**

信息具有时效性，过了保质期的信息，无论多么详尽都失去了参考价值。越是及时、准确的第一手信息，对决策越有帮助；而过时的信息不仅不利于决策，更有可能导致决策的失误。早在第一次世界大战时期，提前一周得到信息的英国商人已经能比同行多获得数倍的利润。到了通讯技术越来越发达的现代，市场信息变化可以说是瞬息万变，对信息的时效性的要求也变得更加严格。越早得到信息，越是有充足的时间应对，从而获取竞争的优势。为了保证信息的及时性，必须确保畅通的信息传递线路。从组织机构方面来讲，就是要尽量减少组织层次，缩短信息传递的中间环节，杜绝掣肘和扯皮现象。

目前，世界范围内正面临新的信息革命。这场信息革命的实质，就是信息技术或通信手段的革命，这其中包括了信息的采集、传递、处理、使用和储存等技术或手段的革新。就目前阶段来说，电子计算机的广泛应用，和现代通信技术的进步是其主要内容。通过应用这些新技术，信息开发和应用能力都可以得到提升，从而保证了信息送达的及时和准确，因此，这在当代就成了竞争实力的标志之一。

**第三，适用。**

这里所说的“适用”包含两层含义：第一是有用，即收集和处理之后的信息，对于当前状态下提出决策问题、制定和选择决策方案，以及决策方案的修订和补充都可以作为依据或起到参考作用，也就是有利于科学地制定决策。如同戴维斯所说的：“我们处于一个‘信息爆炸’的时代，获取信息并不困难，也并不是最重要的。最重要的，是对信息的加工分析，让信息可以用于决策过程。”第二是适量，也就是说提供给决策使用的信息量应当合适为佳，既不能过少，也不能过多。

过少的信息量，导致信息不充分的条件下作出决策，由于缺少足够的依据，必然会影响决策的质量；而过多的信息也会干扰决策过程，造成不必要的人力物力浪费，提升决策成本，降低决策效率。

如何保证信息有用、适量？这需要由信息的提供者来保证。要做到这一点，信息提供者需要对决策内容有一定的了解，并根据决策需求采集、加工和筛选信息。决策者也需要对信息有一定的甄别能力，做到心中有数。无关紧要的信息，尽量避免过多采集，不重要的意见也没有必要征求和注意。决策者需要明白，在决策过程中，自己的注意力是远胜其他的宝贵资源，不应当因无关信息而浪费。

**第四，经济。**

经济，就是衡量获取信息所消耗的成本。在收集和处理消息的过程中，应当想办法尽量用更低的成本获得较多和较好的信息。尽管信息在决策过程中非常重要，但也需要注意获取的成本，否则会导致决策成本的提高。如果决策成本甚至高于成功实施后的收益，这项决策就不能称为是成功的。

如何提高信息的经济性？这需要在各个方面共同努力。信息的质量、时效性和适用性是首先需要保证的；其次，通过设置和优化信息系统，可以减少信息在采集、传递、加工和使用等环节上的开销；最后，当前信息技术日新月异，及时跟进新技术可以不断提升信息的获取和加工效率。

## 策略 *3* 打破常规，化腐朽为神奇

这个世界是多变的，看待事物绝不能抱着以前的观点不动，尤其是管理者更要打破常规，学会变通，从多个角度看待事物。只有从常规中求新意，尽可能地寻求多种的方法和结论，才能最终创造出更新更好的方法和产品。

有一个广为流传的故事。

有两个人，他们都卖梳子。一次，他们以卖梳子给和尚来打赌，其中一个去寺庙里，但是和尚却跟他说：“你找错地方了，我们都没有头发，要梳子做什么呢?”

这个卖木梳的人说：“虽然你们用不着，不过你们这里，每天来烧香拜佛的人不少，其中有一些人头发散乱，要是就这样进圣地庙堂实在不算雅观，也是对佛不尊重。要是给这些人准备木梳，让他们将自己的头发梳理一下，岂不是更显出对佛祖的崇敬和诚意，这样对您和寺庙都是好事情。”

和尚听了，觉得这个说法有理，就买下了 10 把木梳。

当然另一个卖木梳的人也不肯认输，有一天，他也来到寺院向同一个和尚推销木梳。和尚一看又是卖梳子的，就告诉他已经买了，不需要了。这个卖木梳人

的告诉和尚："您买10把梳子，只能给来到寺庙的人梳头用，但没来的人就不知道这样的事。如果你多买些木梳，刻上寺庙的名字，凡是来到寺庙烧香许愿的人都可以送上一把，这样他们带回去，他们的亲友也就能用，一传十十传百。通过这样的方式，寺庙的名气很快就能扩大，有更多的人来烧香许愿，使寺院香火旺盛。"

听了这番话，和尚心花怒放，一口答应又买下了100把木梳，还约定这些木梳送完之后再买。

这故事，在营销界已经成为经典，任何营销课程都会提到这个"卖梳子给和尚"的故事。这个故事的用意就是提醒人们，要勇于尝试，任何事情在开始做之前，都不能提前下结论，如果行动被先入为主的思想所左右，就只会消弭了意志和进取心。要敢于尝试，再尝试。持续的尝试，才有机会把不可能变为可能，把不成功变为成功，把平凡变成不平凡。在常人看来，把木梳卖给和尚是不可能的，但在销售人员的努力下，这成了事实。尤其是现代的市场竞争异常激烈，企业不但需要敢于尝试的勇气，更要有破除常规的智慧。只有这样，企业才能顺境中锦上添花，更加壮大；在逆境中峰回路转，绝处逢生。

28岁的美国青年罗素，在他年幼时曾经听过一个童话——不如说是父母敷衍孩子的话，说孩子是菜田里长出来的。但当后来他回忆起这件事情，由此产生了一个好点子。那个时候他正在做洋娃娃的生意，他将自己制作的洋娃娃命名为"椰菜头娃娃"。从外表上看，这些洋娃娃和普通的洋娃娃并没有什么差别，但这位精明的美国商人给它们赋予了生命，正是这一点改变紧紧抓住了当时美国人的心态。

美国社会的普遍观念中，比较强调个人的独立性，因此在美国的不少家庭，孩子不太愿意和父母生活在一起，但这也使家庭变得寂寞。加上离婚率的上升，导致不完整的家庭越来越多。而这种精神上的空虚、感情上的需要，正好就是“椰菜头娃娃”所捕捉到的商机。

当人们购买这种娃娃，商人们会提醒他们，这不是在“购买”一个娃娃，而是在“领养”孩子。任何人在购买之前，都需要签署“领养证”，并且保证会好好地照顾它。经过办理领养手续，购买者就成了“椰菜头娃娃”理论上的养父母，这样就产生了一种天然的亲切感。

此外，商家还有其他的一些手段，使这种布娃娃更富有生命力，每个娃娃都有自己的“出生证明”，上面有它的姓名、手印、脚印；娃娃的屁股上面还会有“接生人员”的盖章。当顾客购买的布娃娃满1岁，经销商还会给顾客的地址寄上娃娃的生日礼物。

这还不够，这些布娃娃通过设计中被赋予了各自不同的个性，以实现差异化的心理要求。娃娃有男女的性别之分，肤色上也有黑有白，有多种不同的发型和发色，脸上还有诸如酒窝、雀斑这样的细节差异；就连娃娃的服饰，也有许多种不同的组合，都非常时髦。这千万种的组合，保证了几乎没有完全相同的娃娃，充分满足了不同消费者的不同喜好。

我们在解决问题时，都喜欢用常规的方法，这样的一般性思维能凭经验，轻车熟路地完成许多工作，解决日常的一些问题，但是超越的思维会帮助我们把工作做得别开生面，实现创造和发明，帮助我们解决困难，欣然地面对未来。

规则固然非常重要，但是，当需要创意和创造的时候，规则反而就成了一种制约。创造性的思维要求能够打破常规，否则又会走到原来的老路上。时常反思和检查，可以保证思维的活跃，不会因为长久的规则而僵化。

变通的思维，可以让我们在面对事情的时候变得更加灵活、触类旁通，不会局限于一个方向，也不会受到消极的思维定式制约，能够从多方面考虑问题，越过陈旧思维定式的障碍。同时，求异思维的较高层次，就是变通力。变通，可以让我们的思维广阔地发散，拥有丰富的多样性，非凡的构思、不同凡响的新思想、新观点等，都是从此而生。

## 策略4　学会用人，擅长分权

任何成功的管理者，都是擅长分解权力的人。管理者的主要工作，在于把握大局，烦琐的具体事务并非管理者应当过问。通过合理地授权，管理者可以从烦琐的事务中脱身，保证留出更多的精力和时间掌控全局。

从大的方面讲，管理无非就是两点：管人和管事。企业的问题追究起来，还是人的问题。管理人的第一步就是授权，管理者不可能独立做完所有的事务，更不可能通晓所有的知识。把精力和时间集中到最重要的事情上，甚至连次要的工作都不必去做，这才是一个高效率的管理者。而授权，就是管理者摆脱烦琐事务的最佳途径。

我们的先人很早就有授权的智慧。春秋时期，巫马期和宓子贱都曾经出任单父地方的官员。巫马期执政时，凡事讲究亲力亲为，处理各种事务都要自己过问，可以说是废寝忘食，昼夜不闲，但政绩平平。而到了宓子贱执政时，不仅没有日夜劳碌，还有时间出游弹唱，政绩却相当突出。巫马期向他讨教如何治理地方，他说："我选用了许多人才，依靠他们来治理；而你把所有的事情都揽到自己身上，凡事都要依靠自己的能力。所以你当然很辛苦，而我自然能够安逸了。"这就是历史上非常知名的"鸣琴而治"。

由此可见，领导者应该学会"劳于用人，逸于治事"的管理方法，权力没有必要紧抓不放，要走出事必躬亲的误区。

美国通用电气前总裁韦尔奇认为，企业管理者只需要“忙碌”一些有必要的工作。他曾经说过：“有人向我诉苦，每周工作 90 小时以上。我对他说‘你肯定是出了什么问题！请写下 90 小时里，你所做的 20 件工作，仔细地审视。你很容易就会发现，这里面至少有 10 项工作，是不必要的或者别人可以帮你做的’。毫不讳言地说，我非常反感形式主义。某些企业领导只喜欢‘勤奋’却不顾‘效率’，追求‘数量’而不问‘收益’。只有在需要做的事情，和只能自己做的事情上，勤奋才有助于成功。因此，在努力之前请问问自己，这件事是不是必须做的？只能由我来做吗？”

明白了事必躬亲的弊端，在工作中就要明确可以授权的范围，也就是说哪些事情可以让别人来分担。

**第一，日常的工作。**

这些工作你已经做了无数次，也是公司的例行工作。对于这些工作，你一定非常了解，包括其中的问题、特性和操作细节。这样的工作，是非常容易授权的。出于你对它们的熟悉，可以很容易地解释和委托给他人。

**第二，专业性强的工作。**

你会亲自给家人做手术吗？除非你正好是个医生，否则不太可能；你会做自己的辩护人吗？除了律师，谁也不太可能这样做。因此，对于不同专业性的工作，应当寻找领域内专业的人去做。同样的道理也适用于管理，你要发挥员工的特长。假设你来负责挑选一个合适的办公软件，当然你可以自己研究，但更可以把初期的研究工作授权给你办公室的 IT 人员。如果你的办公室有个数学好手，你就可以把报告中涉及数字的部分委托给他来检查。请注意不存在“能者无所不能”这样的情况，多数时候，专业性强的日常工作都应当交给像律师、会计、税务经理等专业人士。要结合你的需要和员工的技能，充分利用员工的能力，你的时间应当用在更加宝贵的地方。

**第三，自己感兴趣的工作。**

这部分工作，可能是你比较喜欢的，舍不得授权分配给别人来做。当然，把自己最喜欢的工作分配给其他人，这看起来可能是荒谬的；然而正是这些让你流连忘返的工作，反而未必能够有足够让你付出时间和精力的价值。往往这些工作会与你之前的职位和专业领域有一定的关联。

**第四，对下属有提升的工作。**

作为管理者，职责之一就是给团队内的成员充分的机会去发展。要达到这个目标，最好是将适当的工作分配给适当的人。有选择地授权，你就能够给予特定的人更多发展的机会。

当然，尽管大多数企业管理者存在授权不足的问题，还是需要注意有些工作是完全不能授权的。

**第一，人事或机密的事务。**

人事方面的变动（评估、晋升或者开除）一般来说比较敏感，而且非常难以作决定。这样的工作需要保密，而保密相关的工作只有你亲自做才会更加可靠。

**第二，关于制定政策的事务。**

在一定范围内，你可以授权政策制定的一些权限，但实质性的政策制定工作是绝对不能授权的。由于政策会对相关的诸多决策造成限制，因此只在被严格限定的范围内，你可以授权给他人一定的权限。例如在海底捞，每个员工都有一定的优惠甚至免单权限。但请注意，这方面的权限一定要保证员工不会滥用。

**第三，危机问题。**

对于任何企业，危机总是会不可避免地发生。但是在危机发生时，只有管理者能够、而且必须担负起这样的责任。这种时候，不是应该授权的时刻。在这样的情况下，管理者必须能够保证自己处于现场，起到领头作用。

**第四，培养你的直属员工。**

培养直属员工，是管理者的主要职责之一。准确点说，管理者的职责是为员工创造条件，保证在双方共事时，员工可以得到自己的发展和成长。你的直属员工，在他们的发展和成长过程中需要你的帮助，他们对工作的辨别，都依赖于你的经验、你的判断、你对组织和他的需求。尽管这个过程中你可以得到他人的帮助，但这不是可以授权的工作。

**第五，上级要求你亲力亲为的事情。**

当你的上级要求你亲自做某件事情，即便看上去是不必要的，也可能基于特别的理由。如果你认为授权给你的下级去做是正确的，也要先跟你的上级协商，搞清楚究竟是不是必须由你来完成。这关系到你和管理者的关系，因此有必要弄清楚。

无可否认，每个员工都有被重视、被信任的期望，企业敢不敢于授权，给员工施展的机会，对于核心员工而言，是会影响到忠诚的一个重要方面。实践中，在对离职员工进行离职调查时，许多离职的核心员工都表示，领导吝于授权，员工得不到发展的机会，而任何错误又都要替领导背黑锅，这才是辞职的最主要原因。

## 策略 5　群策群力，不要忽视员工的智慧

一个人的能力终究有限，再怎么天才，也比不上大家的智慧。只有集合众人的力量，才能把工作做得更好。

“群策群力”这个词，我们都非常熟悉，大意是集合大家的智慧和力量。要理解这个词的含义非常容易，但要将其转化成一种行之有效的管理方法却不那么简单。

在强者如林的国际企业界，为什么美国通用电气可以连续多年傲视群雄？为什么长期以来，杰克·韦尔奇不断被各种媒体评为最优秀的企业领袖？长期以来，这些一直是众多企业家心中的疑问。但诸多的事实表明，通用电气的成功有其必然性，“群策群力”的管理方法和企业文化，是杰克·韦尔奇给通用电气带来辉煌的一个重要原因。

1981 年，在杰克·韦尔奇接任通用电气总裁后，推行了“全员决策、群策群力”的制度，让许多平日没有互相交流机会的中层甚至员工，都可以出席决策讨论会。

在他的支持和鼓励下，“全员决策”制度顺利执行。通用电气的员工们在这种去除了等级差别的交谈中，尽情发表自己的观点、交流经验，并且对公司中的不合理环节和制度提出意见。

通过开展“全员决策”，通用电气改变了垂垂老矣的大公司风格，减少了许多不必要的环节和制度，尽管经济不景气，通用电气还是取得了优秀的业绩。也因为如此，杰克·韦尔奇被誉为全美最优秀的企业家。

杰克·韦尔奇的“全员决策”有助于企业避开过于集权的弊病，每个员工都能真正体会到自己在公司中的作用，产生主人翁意识，真正开始考虑企业的发

展。在这样的集体智慧推动下，企业必然会发展得更快更好。

作为领导，经常要处理一些困难的事务。在遇到难以解决的问题时，不妨集合众人一起讨论，对于事情的解决会有很大帮助。

美国的“石油大王”就是群策群力，运用全体员工智慧的典范。

在保罗·盖蒂创业初期，有人打算租出一块森林里的土地。对于许多石油公司而言，这块地的面积都太小了，而且也不好铺设道路，因此都没有多大的兴趣。保罗·盖蒂和员工也到现场看了这块地，发觉这块地下面其实是有石油的。但经过分析，保罗·盖蒂发现这个地块的两个问题都不好解决。首先，这块地的面积甚至比一间房子还小；第二，当时只有一条小路通到那里，没有办法开车进去；最后，由于土地太小，常规的开采方法显然不能使用。

有这些缺陷，保罗·盖蒂也不准备租用此地，员工们也都没有反对。不过仔细想想，他还是让员工发表一下各自的意见，看看是不是有解决的办法。见老板如此信任大家，员工们便无所顾忌地议论起来，不少主意就出来了。

“我想，或许可以用小一点的工具。”经过认真考虑，一位员工说。听到这话，保罗·盖蒂得到了一点启迪，一直以来，他都认为交通是这块小油田的死结，既然可以用小号工具挖掘，那么当然也可以考虑小的铁路。于是，顺着这位员工的话他说：“如果我们可以得到小 1 号的工具，我们就能在这块地里开采石油。不错，接着还有另外一个问题，那就是如何才能用小号的交通工具运出石油。请大家继续想想，刚才的主意真的太好了！”

这么一说，员工们更有劲了。都是长期跟油田打交道的人，既然知道了挖井采油的思路和难处，办法也不难想出来。因此，大家纷纷把自己的看法说出来，你一言我一语，把一整套的问题都给解决了。

1927 年 2 月 21 日，在这一天，盖蒂石油公司终于成功地在那块油田上挖出了第一口井，后来，那块地上又挖出了好几口井，都是高产量的油井。在接下来的十几年中，这块油田的收入就有数百万美元。

纵观众多决策的巨大成功，绝不是单纯依靠决策者自己的脑力和劳作。这些成功的秘诀，都在于群策群力，汲取众人的智慧。

因此，在复杂多变的商业环境中，成功的决策，不但需要明智的决策者，更依赖集思广益的智慧。在这其中，决策者需要比对和融合多种不同的意见，取长补短，把群体智慧发挥到最大，保证决策的成功。

## 策略 6　洞察先机，目光高远者前景广阔

“井底之蛙”的故事，我们都知道。这个故事经常用来告诫听众，不能够只看眼前的东西，那样就会像青蛙一样，目光短浅且自以为是。只有跳出去，才能看到广阔的天地。

管理学上，有一个著名的“隧道视野效应”。它的基本阐述是：对于一个伸出隧道的人，他能看到的只是前后的狭窄视野。一个人要看得高远，就要视野开阔，否则路会越走越窄。

这也是对井底之蛙的另一种诠释。其中的道理引申到企业管理中，就是要求管理者拥有远见和洞察力。具体来说就是不能限于当前的市场，更要敏锐地洞察未来市场走向，这也是优秀企业家的必备素质。

早在 20 世纪 70 年代，起家三年的苹果公司就进入了世界 500 强，这是空前绝后的。当时，苹果公司销售的是最早的个人电脑，名字叫苹果Ⅱ号。这一款电脑的设计师是技术专家渥兹尼克，尽管他将机器设计得非常优秀，但他本人缺乏

远见，认为个人电脑只有很少的人会买，一年销售几百台已经很多了。但另一位创始人，乔布斯却不这么认为。在他看来，个人电脑会是一个非常大的市场，一年可销售几十万台。事实果然如其所料，个人电脑迅速成为一个大产业，三年内苹果公司就进入了世界500强。

洞察力非凡的人，都会比别人看得更远，既有预言未来的勇气，也有创造未来的信心。19岁的比尔·盖茨初创微软公司时，没有人看好他。而他预见到了个人电脑的发展，将微处理器与软件结合，推动个人电脑的革命，改变了当时以大型电脑为主的状态。

当时的比尔·盖茨就预见到，未来每个人都会使用个人电脑，而微软可以为他们提供简单易用的操作系统。

拥有长远的洞察力，比尔·盖茨的成功并不是神话，而是他预见到了社会发展的规律，关注的是长期的市场。正是因为如此，比尔·盖茨不仅获得了成功，也让人类进入一个新的纪元。

在谈到自己的成功时，比尔·盖茨曾经这样说："许多人想要知道我们怎样成功，他们希望了解到微软从两个人的小公司发展到巨无霸的秘密。当然，这并没有简单的答案。其中，运气是一个因素，但我认为最主要的因素还是我们预见到了未来，我看这个世界的时候，总是通过望远镜的。"

再看国内企业，海尔集团的张瑞敏，也是洞察力非凡的领导者。可以这样说，正是他敏锐的市场洞察力，和对企业的领导才能，促进和保障了海尔的发展。他的洞察力，表现在全球视野。他提出，海尔已经从"国际化阶段"转进到"全球化阶段"。其中的区别就在于，前者依旧以中国为基地进行辐射，但后者则是四面开花，为每个国家和地区打造专属的海尔品牌。前者是出口策略，后者则是本土化战略。站在中国或者世界的角度，视野是完全不同的。

任何时候，企业都不能做井底之蛙。目光越高远，前景越广阔。尤其是在经济全球化的前提下，企业面临的是来自全世界的竞争。对于企业的经营者而言，需要从更宏观的角度来面对现状，通过提升自身能力，不断开阔视野，更好地应对越来越激烈的市场竞争。

# 第八章　损有余补不足：把手中的资源最优化分配

资源，资源，还是资源——是不是总感觉手里的资源不够用？家大业大，作为管理者，一天还是只有 24 个小时，工作却需要 48 小时才能做完！而与此同时，员工却显得无所事事。是时候了，重新审视你的工作，发现以前忽略的人才。

## 【经典今解】

天之道，损有余而补不足。人之道，则不然，损不足以奉有余。孰能有余以奉天下？唯有道者。（《老子》）

消磨多余的，补足不够的，这是自然的法则。但是在人类社会中，世俗的做法却完全相反，总是剥夺已经不足的，去增添已经富足有余的，于是贫乏的更加贫乏，富足的更加富足。谁能取富足之人的财富去供养天下人呢？只有有道的人才可以做到。所以圣人有作为却不自傲，有成就却不居功，不愿轻易显示自己的贤德。

宋元君夜半而梦人被发窥阿门，曰："予自宰路之渊，予为清江使河泊之所，渔者余且得予。"

元君觉，使人占之，曰："此神龟也。"

君曰："渔者有余且乎？"

左右曰："有。"

君曰："令余且会朝。"

明日，余且朝，君曰："渔何得？"

对曰："且之网得白龟焉，其圆五尺。"

君曰："献若之龟。"

龟至，君再欲杀之，再欲活之，心疑，卜之，曰："杀龟以卜吉。"乃刳龟，七十二钻而无遗筴。

仲尼曰："神龟能见梦于元君，而不能避余且之网；知能七十二钻而无遗筴，不能避刳肠之患。如是，则知有所困，神有所不及也。虽有至知，万人谋之。鱼不畏网而畏鹈鹕。去小知而大知明，去善而自善矣。婴儿生无石师而能言，与能言者处也。"（《庄子·外物》）

一只神龟，在江里被人捉住了，他便托梦给宋国国王宋元君求救。

这一天的夜里，睡梦中的宋元君梦到一个人披头散发，在侧门那里探头探脑地窥视，他把那人叫来，那人对他说："我是居住在一个深潭宰路里的水族，今天代替清江水神到河伯那里去，可是半路上不小心被一名叫余且的渔人捉住了。他是您治下的臣民，希望您能拯救我。"

第二天，宋元君早上醒来，回想起昨晚的梦，觉得非常神异，于是找人来占卜。占卜的人说："这是神龟托梦给大王。"于是宋元君便问左右的人说："我们国内有没有一个渔夫叫余且？"旁边的人想了一会儿，回答说："是有这么一个渔人，就叫余且。"宋元君于是命令，传余且来觐见。

又过了一天，余且来到宫殿里见宋元君。宋元君问他："你前几天打鱼，有没有捉到什么古怪的东西？"余且回答道："我捕到一只大白龟，龟背足有五尺长的周长。"宋元君一听，觉得这应该就是给他托梦的那个水族，就命令余且将白龟献上。

得到这只神龟后，宋元君几次想杀掉它，又觉得把它养起来也不错，心中很长时间犹豫不决。最后，只好再请占卜的人来帮助他做决断。占卜的结果是："这只龟适合杀掉，用龟壳来占卜。"这句话让宋元君下定了决心。于是，他命人将白龟杀死，用龟壳进行占卜，前后总共占卜72次，竟然每一次都很灵验。

后来，孔子听说了这件事，他深有感慨地说："神龟有能力托梦给宋元君，却没办法脱离渔网。神龟的智慧奇高，即便在它死后，依然能够72次占卜都没有差错，却无法避免自己被人杀死做成占卜道具。这么说，智慧也是有局限的，神灵也不是万能的。就算智慧很高，也免不了被许多人谋算。鱼儿即使不畏惧鱼网却也会害怕鹈鹕。摒弃小聪明方才显示大智慧，除去矫饰的善行方才能使自己真正回到自然的善性。婴儿生下地来没有高明的老师指教也能学会说话，只因为跟会说话的人自然相处。"

## 【古为今用】

### 策略 *1*　大材小用，用人之忌

宋朝著名诗人陆游有一首《剑南诗稿·送辛幼安殿撰造朝》，这首诗中写到："大材小用古所叹，管仲萧何实流亚。"可见，自古以来，大材小用都是管理者的大忌。之所以这样，是因为，大材小用对珍贵的人才来说是一种极大的浪费。

但是在现实中，大材小用的现象并不罕见。例如高级管理人才被委任去管理小事；高端科研人才被要求去做一般性的技术工作；高级知识分子被当成普通的工人，要求他们去做体力劳动和简单的重复操作；有的不把熟练工人用在他们擅长的领域，反而要求他们去做远离他们熟知领域的陌生工作；甚至，有些时候MBA管理人才被当成打杂的使用。

前一段时间有一篇报道，很好地反映了这个问题。某企业高薪聘请了一位博士，但该企业并没有给这位博士安排相应的适当位置，而是让他成为了董事长的陪同人员。而董事长呢，也并没有什么工作需要一位博士协助打理，更多的只是把这位博士当做一种身份的象征，出差应酬身边带上一位博士，以此彰显自己的身份。很快，博士也察觉到了这一点，因此变得心灰意冷，就连日常上班也都敷衍了事，没做出什么显眼的成绩，被人视为平庸之才。后来，博士跳槽到另一家公司做职业经理人，表现得非常出色，几个月的时间，就把公司业绩提升到一个新的高度。

这是很有代表性的一个案例。一个博士，并非没有才华，但如果仅仅把他作

为一个酒席陪客，如此大材小用，怎么可能发挥他的才能？而一旦得遂其愿，给他合适的位置，他便马上能施展才华，一展宏图。

在选才和用人的过程中，“大材小用”是企业应当极力避免的失误。所谓大材小用，就是简单的工作交给能力强的人，虽然足可以完成，但此人本来可以为企业创造更多的价值。从资源利用的角度看，这是对人力资源的一种浪费，被安置到这样的岗位，有能力的人也不会安于现有工作；而小材大用，就是给能力不足的人安排复杂的工作任务，小材大用会影响到工作的完成，是人力资源配置上的一种失效，能力不足的人在这样的岗位上，也会产生挫折感，进而失去对工作的兴趣和前进的动力。

《后汉书·边让传》有记载：“传曰：‘函牛之鼎以烹鸡，多汁则淡而不可食，少汁则熬而不可熟。’此言大器之于小用，固有所不宜也。”用一口可以煮一整头牛的大锅去煮一只鸡，的确是非常明显的大材小用了。可见，用人要较短量长，安排合适的职位。

对于企业而言，人才就像是产品所需的原料，需要合适的人才才能满足企业的需求。经营之神松下幸之助（日本）认为，“适用”是企业的选才之道。无论小材大用，还是大材小用，都无法达到理想的用人状态；只有适才专用，才能使人的潜力在合适的岗位上尽情发挥。

从 1918 年开始，松下幸之助就已经在做生意。那个时候，他的公司规模很小，但幸运的是，他已经得到了合适的人才。鉴于当时公司的规模，在学校里名列前茅的学生肯定是不会加入到这家公司的，即便他们真的来了，也没有合适的职位可以提供给他们。

初期的松下公司，选用的多数是普通学校的毕业生作为职员，甚至于有一段时间，公司哪怕是要找一个中学的毕业生来工作都很不容易。直到 1927 年，松下公司才开始针对性地聘用专门学校的人才。换句话说，在松下生意的第九年，才第一次雇用了两名毕业于专业院校的学生。松下认为，要让生意做得顺顺当当，企业就需要雇用适合于工作岗位的人才。由此开始，松下的任何一家分公司或事业部，在寻找和聘用人才时，都以自己的立场和经营状态为依据。

在松下看来，有时候，雇用太优秀的人会有些麻烦。当然，这并不是说这些人不是好员工——他们也是勤恳认真的工作者，但基于他们的能力，大都会有这样的抱怨："工作太无聊了，没什么意思。"但如果聘用比较普通的人，他们就不会产生这种怨言，更容易心存感激而努力工作，对自己的职位和工作环境也更加满意。因此，松下一直认为，优秀的人并不是任何时候都应当聘用的。

最后，松下幸之助总结说，世上从来没有百分之百圆满的事情，对一个公司来说，能雇用到 70 分的中等人才，就是公司运营的常态了。说不定，使用这样的人对公司而言反而是福气，何必一定要得到一百分的人才呢？

随着时间的推移，企业之间的竞争越来越依赖于人力资源，这就要求企业一定要注意对人才的选拔、培养和任用，无论是选择还是使用人才，都要尽量做到量才使用，给适当的人以恰当的位置，保证既不产生人力资源浪费，也不产生无效配置，这样，才能充分发挥人的潜力，为企业创造更多价值。

## 策略2 用人之长，避人之短

世上没有完美的人，所有的人都是有长处也有短处。对于管理者来说，用人的时候应当先看这个人的长处，再看怎么避开他的短处。只要扬长避短，天下便没有不可用之人。光是因为短处就不放心的，很难找到合适的人才。

唐代的柳宗元，是著名的思想家。在他的著作中，曾经提到过这样一件事：有这样一位木匠，他的技术非常差，差到什么程度？他自己的床坏了，都修不好。就是这样一个人，却号称自己非常擅长建房子，柳宗元听说了，当然是不敢相信。后来，在一个很大的建房工地上，柳宗元又看到了这个人，这个时候的他，完全看不出是一个修不好自己床的差木匠，只见他发号施令，指挥若定，在他的指挥下，许多工匠有条不紊地做事，秩序非常好。看到这个，柳宗元大为惊叹。对于这个人，究竟应该怎么看待？如果是看成一个技能不足的人，而不使用他，无疑是埋没了一位出色的工程组织者。因此优点和缺点的考虑顺序，看似无所谓，其实很重要。

从柳宗元说的这个木匠身上，我们可以得到这样一个道理：如果管理者从下属的长处着眼，为他选择合适的岗位，提供和创造良好的条件，这样他的长处就可以得到充分的发挥，他长处的优势就可以日益增长，迅速抵消短处带来的负面影响，至少也能填补短处的缺陷，从而增加了他的价值；但如果是从短处下手——即便是为了让他能够全面发展，最终也会消磨了他的长处，令他的长处被短处排斥和否定，无法发挥自己的价值，甚至最终断送他的前程。因此，看人应当首先关注他的优点，而不是极力挑毛病。

以《水浒》中的时迁为例，他的短处非常明显——偷鸡摸狗成性，但同时，他的长处也非常突出——能够飞檐走壁。在时迁上梁山后，被梁山的氛围和环境所感化，他的能力就派上了大用场。在梁山的一系列大行动中，吴用把非常重要的情报工作交给了他，从而能够很好地发挥出他的优势，也使得时迁成了梁山中举足轻重的人物。由此可见，即便是毛病很多的人，只要看准了他的优点，还是能够充分利用他的才能的。

美国南北战争期间，林肯是北方军的统领。出于谨慎的考虑，他任用的人一直是没什么缺点的。在他看来，缺点更少的人应该能做得更好。但事与愿违，尽管北方军拥有明显的人力和物力优势，但他所选拔的这些人却接连被南方的将军打败，甚至于北方的临时首都华盛顿都几乎被攻下来。林肯很震惊，经过分析，他发现南军将领虽然几乎人人都有明显的缺点，但同时，他们也具有非常明显的特长，南方军的总司令能善用其长，所以他们连连取胜。经过思考，林肯毅然任命格兰特将军为北方军总司令。他知道格兰特向来好酒如命，过去也是因此，他从来没有想过把格兰特放到重要的位置上。但格兰特的优势也非常明显，他是北方军中统帅才能最佳的一个人。后来的事实证明，南北战争就是从格兰特将军的受命开始转折的。

所有人都知道，没有完美的人，每个人都有长处和缺点。因此，能够发挥一个人的优势，避免其劣势，就是正确的用人之道。用人，就要用他的长处，保证其长处得到发展，短处得到克服。

作为管理者，只要一个人身上有值得赞赏的、适合职位要求的优点，就足以构成选用他的理由。至于缺点，每个人都有，只要是不会影响到他的工作，也不至于影响别人，就不必过于苛求。

## 策略3　谨慎授权，懂得因人而异

要把企业的利益最大化，作为管理者只有一个办法：将合适的权力，授予合适的人，让对的人坐在对的位置上。这样，各个部门才可以达成最佳配置，保证无用时间缩减到最小，从而降低工作成本，保证企业的赢利能力。

齐桓公之所以能够成就霸业，管仲是起到极大作用的一位大臣。而管仲之所以能够对齐桓公的霸业起到这样大的作用，是因为他选择了五个各有明显优势的英雄人物。管仲曾经对齐桓公提到："要说开荒种地，减少灾害的影响，让谷物丰收，我比不上卫国人宁速，因此，农业生产应当让他负责；要说迎接宾客，熟知礼仪，让大家各得其所，我比不上隰明，所以请让他主管礼宾；要说任事勤恳努力，不重富贵，忠心赤诚，敢于冒死进谏，东郭牙远胜过我，请让他当大谏臣；在广阔的原野上作战，令战阵井然有序，让士兵都有勇气冲锋，又能听从号令，我不如王子城，请让他当大司马；明察秋毫，断案如神，我不如弦章，请让他主管法律。"也就是因为得到了这样五个人的帮助，管仲才可以把齐国治理好。

不过分集权，愿意授权而且授权得当，通过把权力授予合适的人，组成一个优点互补的领导集团。只要管理好这几个人，就可以通过他们来实现全国的管理。这就是管仲最出色的地方。

合适的权力，是否被授权给合适的人，是成功的关键所在。前通用公司总裁曾经说过："选择适当的人，这就是我的全部工作。"这样的话说起来很容易，但要执行起来，却足以令许多管理者头疼不已。选错了人，或是授予了不恰当的权力，就好比播种了错的种子，事后会有许多麻烦接踵而来，因此，尽管授权工作劳心劳力，但的确是一件不可轻视的工作。

对于管理者而言，察言观色的本事不可缺少。通过日常的观察，管理者要分辨出哪些人可以重用，哪些人只能做一般的工作。

**第一，气量狭小的下属难堪大用。**

嫉妒是一种很正常的心理，许多人在发现别人比自己好的时候，都容易产生这种情绪。有时候，它会转化为前进的动力，因此这种心理未必就是消极的。但如果很容易妒忌别人，嫉妒心理太强，就容易由此产生怨恨，甚至产生“我之所以无法进步都是因为某某”这样的想法，而在这样的情况下，过激的对抗就很容易被引发。

俗话说：“宰相肚里能撑船。”可见越是责任重大的人，越不能气量狭小。因此，对于太过狭隘的人，不宜委以重任。三国时的周瑜，文韬武略皆是一时之选，但过强的嫉妒心，却让他送了性命。

**第二，有抱负的下属能帮你成就大事。**

所谓有抱负，另一种说法是目光长远。不同的人，眼光也不一样。有的人可能只在乎眼前的利益，急功近利，目光短浅。这样的人在工作中或许可以表现出色，但由于缺少对未来的规划和把握，做事水平难以得到提升。

如果一个部门有一位目光远大的领导者，那么这位部门领导会对自己的部门发展心中有数，定位明确。对于管理者来说，这样的人是最佳的助手选择，因为这样的人便于指挥，也会主动显示自己的能力和才华。

在许多重大问题上，能够共谋大业的合作者往往可以提出自己的看法，因此这样的人也可以逐渐成为管理者的谋士和智囊，不仅仅起到一个助手的作用。善用这样的下属，事业的发展一定是如虎添翼。

**第三，勤于思考的下属适合委以重任。**

勤于思考的下属通常思维缜密，能够居安思危，每逢一件事情都要考虑可能发生的各种情况和结果，而且对自己的行为所可能造成的结果也非常清楚。同时这种人也不会缺乏责任心，善于反省，通过反省总结出经验和教训，从而使工作越来越好——每一次工作中的不足，都是他下一次改进的动力。虽然这类人经常也会表现得优柔寡断，但从另一方面来看，这也是一种负责任的表现。作为管理者，一些重要而并不紧急的事务交给他来做是非常恰当的。同时需要注意的是，善于思考者往往冲劲不足，不适合做开拓性的工作。

**第四，偏激的下属绝不可以重用。**

前几年，一句“只有偏执狂才能生存”流行起来，一时间似乎非偏执不得成功一样。但是过犹不及，过于偏激的人往往缺乏理智，比较容易冲动，结果就是把事情搞砸。如同过于挑食的人，身体容易生病一样，思想如果过于偏激，就难以成大事。偏激的人很容易使事情极端化，要是受阻或是失败，就转向另一个极端，这样下去，永远也无法达到最佳的状态。如同理想和现实，理想总是美丽的，但如果没有现实的支撑，理想永远只不过是理想罢了。

**第五，轻易许诺的人不要轻易使用。**

无论什么事情，无论表面上多么简单，在执行中一定会遇到各种问题。而做事，说到底也就是为了解决这样或那样的问题。任何一个人，如果他张嘴就说某某事没任何问题，至少说明他对这方面了解不够深入，这种草率的作风是极不牢靠的一种外在表现。这样的人，如果用在大事上，也只能令人失望，所以这种轻易许诺的人不可轻易就用，否则难免失望。

除非有十足的把握，一般人都不会轻易许诺，因为事情的发展往往会出人意料，遇到诸多难以解决的问题。所以，负责任的人很少许诺，正是由于他的责任心，让他有全面而且系统的考虑，不敢轻易做出承诺。这样的人，才是可靠的，他们的诺言也总是可以做到。

随口许诺的下属，从表面上看非常自信，但是到头来可能完不成任务，更是会找出各种理由来，为自己的失误辩解搪塞，这样的下属，绝对不能轻信。

**第六，拘泥小节的下属避免给予重任。**

做任何一件事情，都是一个权衡利弊做出取舍的过程。想要获取一定的利益，就必然会在另一方面失去一些东西。不愿意放弃小利，总是斤斤计较的人，最终也很难做出大的成就。以广告为例，明显的事实是，大公司才会做大广告，许多名牌，都经过了漫长的广告累积，一年几个亿的广告费，对许多大品牌来说是非常正常的，而他们的利润也比这个高出许多。一定意义上，失去的小利总体上能够换回更多的回报。

**第七，少言寡语的下属可担重担。**

口才很好，什么话题都能接得上的下属，未必能担当重任。这样的人很少有什么真才实学，仅仅是通过一些语言和技巧，甚至是夸张的言论，来包装自己。

很有能力的人，往往说话不多，他们只说有必要说的话，一开口就要切中问题关键。这样的人谨慎小心，没有草率的作风，观察问题也非常深入，客观全面，作出的决定更加贴合实际，获得的成绩也就实在不掺水了。这也是俗话所说的“真人不露相，露相非真人”。

因此，管理者不妨关注显得沉默寡言的人，这样的人经常言出必中，经过思考和提炼的话最有参考意义。而说话非常多，口才很好的人，可能说出来的只是大而化之的东西，并没有什么实际价值。作为管理者，应当对此有鉴别能力。

## 策略4 重视关键员工的价值

不管在什么企业中，总是有一部分员工可以起到极为重要的作用，有了他们，企业的总体绩效几乎是立刻上升了一个档次。这样的员工，被称之为关键任务员工，简称关键员工。不管对于什么企业来说，关键员工不仅是企业重要的战略资源，也是企业价值的主要创造者。众所周知的二八原则，这时候也适用：企业大部分的业绩，都是由小部分的关键员工创造的。

任何企业之中，只要确定了关键任务员工，管理者就可以很容易地诊断企业的绩效问题，从而快速部署改进计划，提高员工、部门及组织的绩效。但是，如何寻找关键员工?

一般而言，关键员工经常担任的角色包括了中层及高层管理人员、研发部门的核心人物、业绩名列前茅的市场人员、产品或是项目的负责人。落实到实际工作中，由于公司内外环境不断变化，员工的重要程度也会不断发生改变。以一款产品的生命周期为例，产品刚刚推出的时候，销售人员关系到市场开辟和销量表现，因此，开辟市场的销售人员就是这个时候的关键员工；当产品需要更新换代，新产品取决于研发人员的工作，因此他们就成为了关键任务员工。另一个例子：现代的商战日趋激烈，产品同质化也越来越严重，能否吸引客户、留住客户，已经不能仅仅依靠产品本身，服务也成了消费者非常关心的问题。这样的环境下，对于许多公司来讲，现场客户服务也变成了公司的关键任务员工。因为公司的品牌，需要通过这些员工传递给消费者，通过他们的优质服务与竞争者相抗衡。因此，针对他们进行优化，有助于提升客户满意度，而留住这些客户。因此，管理者需要依照变化的环境来识别关键任务员工，综合衡量公司所有员工中，谁能带来更多的收入，谁会消耗更多的成本。

管理者除了要识别出关键任务员工，还要让这些“关键员工”感受到被重视，让他们明白公司需要他们，他们对于公司是不可缺少的关键资源和核心人员，由此建立一种默契和心理契约。同样的员工，如果他明白自己受到重视，自己是公司的关键人员，他的绩效会得到很大的提升，同时公司的财务也会得到良性改善。

托尔负责一家跨国运输管理服务公司。最近，他准备建立一支特殊的“队伍”。这支队伍负责公司在服务方面的设计和执行，如产品销售等。

之所以这样做，托尔的想法其实非常简单，“员工需要能够非常容易地随时分享到最新的知识和实践，如此企业才可以在竞争激烈的现代市场中夺取并保持战略优势的地位”。为了这个目的，他的公司建立了一个先进的知识管理体系，以期实现公司内部的信息交流，员工可以及时获取最新的经营思路和关于市场发展的重要资讯。托尔明白，只有服务设计团队得到最多的服务环境支持，方能达成最佳的绩效水平。因此，他建立的知识管理体系包含了多方面内容：通信、人员培训、政策与工作标准、知识的熟练度、激励、全面的评测系统，并建立起这个机构的领导小组，专门负责知识管理工作。这一系列措施，为团队的员工们提供了必要的手段和信息，从而可以帮助他们高效地完成工作，也给了他们取得成功的能力。结果正如托尔所预想的，通过这项改革措施，员工的竞争力被加强了，能够更好地为客户提供有价值的服务。

在明确了公司的关键员工后，高效能的管理者会通过一个专门设计的绩效提升方案，来提高员工的绩效。对于关键员工，提高绩效有三个要点：一用、二管、三培养。

一“用”。针对关键任务员工处理提高绩效，交流工作必须做好。管理者需要与关键员工保持高效沟通，巩固员工与企业的忠诚，让员工明白，他们的工作十分重要，并建立起与员工的良好合作伙伴关系。以上几点，是管理者用好关键员工提高绩效的关键。

二“管”。毫无疑问，关键员工必然能力很强。而能人往往毛病比较多，容易恃才傲物，有些时候甚至会自作主张。因此，管理工作也不能放任，无论“关键员工”身份多特殊，也必须要有恰当的制度对其进行约束，决不能放任自流。正是因为关键员工的作用相当关键，而身份也比较特殊，更要通过强化管理，预防问题的出现。

三“培养”。每个任务的关键员工，在很大程度上决定了任务的结果，有时候企业的关键员工甚至可以关系到企业的生死存亡。管理者要确保关键员工能够成功，绩效卓然，除了要用好、管好之外，还要运用培养的办法。要想“培养”好关键员工，不仅要保证公司里有健康良好的组织关系，更应当恰当地促成关键员工与公司的关系，尽量让两者更加贴近。如果把关键员工比作是鱼，组织就应是湖、是海。对于关键任务员工所提出的，为了达成业绩的各种需求都应当尽量满足。

## 策略5 开放授权，增强团队活力

伴随着社会的不断发展进步，社会环境已经开始倡导企业员工要参与、协作、奉献，全面融入公司。对于公司而言，让员工参与管理，也是一种可以满足员工需求和企业发展需求的方案。

唐朝著名文学家柳宗元写过一本叫做《蝜蝂传》的书，里面记载了一种名叫蚼蝂的小虫。这小虫有一种特别的爱好——背东西。它几乎是见到东西就背，而且越是重的东西，它越会背到身上。就算背上的东西被人拿下来了，它也会立刻重新背上去，背的东西越来越多越来越重，最终把自己累死。

对于管理者来说，管理权也像是蚼蝂背上的重物一样。一些管理者迷恋权力，非常喜欢大权在握的感觉，一点点的管理权也舍不得放手。但“水能载舟，也能覆舟”，若是死死地抓住权力不想放手，不遵从松弛之道，所得到的只是僵化的权力，过分集权更是会把自己弄得焦头烂额。

毕竟，一个人的精力总是有限的。睿智的管理者， 必然不会事事躬亲。若是能够正确地利用下级的能力，充分发扬团队协作，不仅能加速团队的磨合和成熟速度，更能减轻管理者自身的负担。

事实上，如果鼓励员工参与企业管理，充分发挥自身的聪明才智，不但能够使员工得到较高的回报，改善与同事之间的关系，更多地实现自我价值；而且，通过员工的广泛参与，工作效率也将会得到提升，从而实现更高的效益目标。从日本和美国公司的统计看，允许员工参与管理，可以极大程度地提高经济效益，通常增幅都在50%以上，比较突出的甚至可以提高一倍至几倍。

关于全员参与管理，在20世纪20年代，美国管理学家曾经在霍桑工厂进行过一次非常著名的“霍桑实验”，这也是管理学中的经典案例。

作为这次实验的主要手段，霍桑实验进行了大规模的访谈，通过访谈，了解并研究职工对于公司管理、保险、晋升、薪酬等方面的意见和看法。两年的时间里，访问了两万多名工人，请他们畅所欲言，尽情地提出自己的意见，这样做的目的是让工人们参与到公司发展的讨论中，使得他们更有参与感，结果工厂产量大幅提高。

不难看出，允许员工参与企业管理，本质上代表了对员工的充分信任。正是基于对员工的相信和重视，企业才敢于让员工参与到企业的发展规划和战略决策中来。而一个相信员工的管理者，在推进员工参与计划的时候，也会通过指挥、引导、监督、控制以及协调等手段来增进员工的积极性。

员工参与决策可以很大程度上提高执行力这一点，也已经被很多实验所证实。

管理学家戴维斯曾经在哈乌德公司进行过一个这样的实验。

实验的起点是企业改变工作内容，分为两组进行。一个是对照组，只通知了员工新的工作安排，没有进行进一步的沟通。结果产能降低了35%，并有9%的工人离岗，更多的工人抱怨工资太低了，此情况即使在六个月后也无好转。

另一组是参与组，鼓励员工参与讨论改革的原因和动力，如何改革。改革第二天，产量就恢复到以往水平，在三个星期后，更是比改革前提高了14%，同时无人离岗。

在这之后，实验继续进行。戴维斯将第一组人员解散，两个月后，重新以参与方式组织起来，接下来的一个星期内，产能就超过改革前的水平。

由此可见，员工可以从亲身参与中得到远大于命令的执行力。

佛斯特轮胎公司CEO曾经说过："我们公司最为自豪的，就是我们'全员参与性的管理'方式。"这种管理方式可以充分激励员工，为实现组织目标而充分发挥能力，通过使员工在与自己相关的公司事务上掌握一定的发言权，可以为企业带来巨大的收益，此外，在很大程度上，也可以满足员工自我实现的需要。

在日本，丰田公司拥有一个公司内部的俱乐部，鼓励员工对公司提出合理的建议，即使建议并没有被采用，公司也会给予提议者象征性的鼓励。其着眼点，正是为了通过给员工一个参与的过程，调动员工的积极性，提升员工的主人翁意识。

当企业遇到经营危机的时候，同样可以考虑允许员工共同参与讨论，议定前程。

例如，同样是企业的经营出现问题，需要削减成本。有一些公司会简单地进行裁员，不仅过于粗暴，完全体现不出以人为本的管理思想，而且这种方法的后遗症是：即使是没有遭到裁员的员工，士气也会明显下降。而另有一些企业，却会选择通过全员会议，阐明当下的境况，并发动全体员工一起讨论决定是裁员，还是集体降薪共渡难关。如果员工们选择了第二种方法，无形之中就会形成同舟共济的现实，增强企业凝聚力，企业获得转机的时日便指日可待了。

一个管理者，即便精力和天赋都非常高，也没有可能事必躬亲，抓住所有权力——总是有一部分权力需要下放到下属手里，与下属一起管理，承担责任。通用公司原总裁杰克·韦尔奇说："如果你希望团队反应更快，就要适当放权。简单地说，我们需要更多的信赖，这种信任有必要被深深地植根于组织中。无论何时，作为领导者，都不要试图自己独立完成某一件事情。你需要擅长与每一个聪明人打交道，与他们建立良好的合作关系，并充分地激励他们。当你成功地做到这一点，你已经远胜过世上多数的管理者。"

无可否认，授权是一门不太简单的艺术，管理者需要很好地把握分寸，从而确保正确授权和合理控制；不然，非常容易进入授权的误区。一些领导者知道自己不能事必躬亲，却在授权中做出不负责任的事情。这样的授权，不但无法激励员工发挥能力，反而会适得其反。

举个例子，很多领导者在跟下属交代任务时喜欢说："那么这件事情就交给你了，基本上你都可以说了算，也不用请示，只要月底前跟我说结果就行了。"这种授权看似开放，而且给予了充分的信任，但是似乎并没有充足的约束。这样会让下属感到："这件工作老板这么无所谓，可见也不是很重要的事，就算做好了也没什么意思。光给我这样的工作，是不是觉得我能力有问题？"高明的授权法，是既要给予下属一定的权力，又要让他感到被重视；既要检查督促他们的工作，又不能过分限制使得下属无从施展。一名优秀的管理者，必须深谙其道。

对于团队的领导者来说，如果想要通过适当授权，充分发挥授权的激励作用，以下误区是需要竭力避免的。

**第一，随意授权。**

每个人都有能力、知识水平等方面的差别，因此在授权时也需要通过慎重的比较和考量，个人好恶或是个人亲疏，都不应当是这其中的决定性因素；更不能出于权衡的角度挑选人选，这很容易造成实际的偏差。

**第二，含糊授权。**

某些管理者在描述任务时总是不清不楚的，许多需要明确的问题都不愿意或没有讲明白，如给下属什么权力、给多大的权力等。这会导致下属无法了解授权人的意图，工作屡屡失误或无法开展。某些管理者虽然授权出去，却总是不能放心，屡屡干涉下属的工作，结果搞得下属很被动；更有些管理者授权给下属与其责任不匹配的权力，导致了责权失衡。

**第三，授权失当。**

盲目地把权力授给能力不足的人，这就是失败的授权管理。合格的授权，当然需要寻找一个能力足够又能负责的人，否则就无法达成预期。正所谓：发现不到问题是素质的问题，解决不到问题是水平的问题。

**第四，推卸责任。**

即便完成了工作的指派与授权后，管理者依然需要对下属所履行的工作结果担负全部责任。这也就是说，假设下属无法做好指派的工作，管理者需要承担相应的后果。但是，某些管理者却将这样的责任推卸给下属，这样的做法显然不可取。管理者应保持这样的心态：“权力可授予，责任无推托。”

**第五，越级授权。**

管理者不应当给下属过大的权力，如将中间层的权力授予业务员工。这样，容易造成中间领导层工作上的被动，不仅损害他们的积极性，更会导致架空的可能。时间长了，会出现中层管理不力的情况。因此，授权只能逐级下授，切不可越级授权。

**第六，授权要充分。**

即便将权力移交给下属，但附加诸多限制的权力其实也就失去了授权的意义。从决定授权的一刻，管理者就要充分信任下属，相信他们能负起责任，能有效地使用权力。只有排除了不必要限制的充分授权，才可以保证下属的积极性。

**第七，授权要有自信。**

一些管理者对自己的能力缺乏信心，从而不愿真正地授权。由于担心下属的优秀表现会威胁到自己的职位，这样的领导者需要重新找回自信，否则即便没有其他因素，他也无法保持自己的管理能力和职位。

由此可见，越是提前控制，就越能得到好的结果。对于管理者而言，正确和合理地授权和控制是一门必修课。

## 策略 6　整合群体优势，达成共同目标

对于企业而言，只有整合全部人的优势，并汇总其能力，才可以获得成功。因此，对管理者而言，每个人的优势和作用都要引起充分的重视。由此，才可以集合全公司的力量，更快达成目标。

组成一个团队的每个人，都拥有自己的优劣势，如果管理者并不考虑这一点而仅凭主观感受为他们安排职位，必然会导致众多员工要面对自己未必擅长的工作，从而也会拖累整体的进度和质量。而最后，承担后果的往往还是管理者自

己。因此，管理者需要明确所有员工的优劣势，保证每个人都能发挥优势，回避缺点，从而形成团队的强大合力，迎接挑战，达成目标。然而无论何时，让每个人都发挥优势，也不是一件简单的事，这需要管理者从许多方面进行努力。

**第一，因职位选择人，因人选择职位。**

在某种意义上，工作与员工是一一对应的，关系就像钥匙和锁，只有正好合适的钥匙和锁，才能相互适合，正常工作。管理者需要明白每个职位需要的人才，也需要知道团队内的成员有什么才能。这样，才可以为职位选择更加适合的人才，也让每个人的工作都能顺利，每个人都人尽其才，这也是知人善任的另一种妙处。例如，有大局观、有组织才能的人，适合担任领导，负责团队的决策工作；有些人知识渊博、思维活跃、善于分析、敢于直言，这些人不妨选为智囊；那些忠诚、正直、行为端正的人，适合作为监工。而善解人意、执行力超强的人，作为秘书非常合适。世上没有无用的人，只要运用恰当，就都能发挥自己的作用；世上没有无法完成的工作，只要选对了人。

提到知人善任的管理者，福布斯集团老板马孔·福布斯的管理经验值得称道。在他管理下的福布斯集团，任何有着一技之长的员工，都可以在自己擅长的岗位上大显身手。福布斯对他的弟弟华里士·福布斯的任用，堪称经典。就学历而言，华里士·福布斯毕业于知名的常青藤大雪哈佛大学，取得的工商管理硕士学位也带给他先进的管理理念，还有相关工作经验。按常理来说，他无疑应该在福布斯集团出任高管，但是了解弟弟的马孔·福布斯却没有这样做，而是给了他弟弟投资部副主管的职务，职权更是仅仅在于处理业务。但令人想不到的是，华里士·福布斯也很高兴地接受了哥哥的安排，并与投资部主管及同事们相处得非常融洽。之所以做出这样的安排，是因为他很清楚华里士·福布斯，明白他的优势在于企划，而不在高层管理。

正是基于对自己弟弟的了解，马孔·福布斯为弟弟安排了合适而又非常满意的工作。一般来说，两个人一个做着喜爱而且能力完全胜任的工作，另一个虽然职位更高却无法胜任，那么前者反而比后者更加幸福。因此，管理者应该尽量把员工安排到他们喜爱、擅长、能够胜任的工作岗位上，从而让他们能够在这个职位上充分地施展才华，感受工作的成就感和幸福感，这也有利于团队的长远发展。

**第二，团队中的成员“优势互补”。**

任何一个多人团队，总会有多种成员，他们的性格、能力都不相同。优秀的管理者通过让员工在工作中达到“优势互补”，可以优化团队的人力配置，更好地达成团队目标。

首先，管理者需要了解员工的性格，尽量通过安排，将可以形成互补的员工安排到一起工作。假设两个性格急躁的人在一起，可能会经常争执；两个思维缜密的人在一起，往往决策缓慢；粗心的人在一起，也免不了丢三落四。通过合理安排，达成性格互补，不仅能够有效地避免此类现象出现，也可以通过工作中的协作，营造良好的工作氛围，充分发挥各自的优势，互相弥补不足，保质保量地完成工作任务。

其次，员工的能力也是管理者必须要明确的。学历和专业，不是员工能力的判断标准。通过合理的分工，将员工的优势与职位相对应。通常来说，越是复杂的工作，越是需要多种能力，管理者应当安排这些人协同作业，从而提升效率。

**第三，缺点也可以巧妙利用。**

几乎没有人会喜欢缺点。“缺点”，这是一个讨厌的字眼，谁都希望自己是完美的，但每个人身上都总是会存在缺点。与其拒绝面对或是为之苦恼，不如换个思路看待，加以巧妙地利用，保证它能够发挥积极的作用。在这一点上，福布斯的老板马孔·福布斯又为我们提供了成功的典范。

马孔·福布斯手下有一位才华横溢的中层管理人员大卫，但这个人的缺点是脾气差而且苛刻，因此在下属中口碑不是很好。在一般的公司，或许这样的人非常难晋升。但他严厉的性格和突出的才华，却被马孔·福布斯看中，提升他为《福布斯》的总编辑。在任期间，他暴躁的脾气更加突出，但在他的领导下，《福布斯》杂志却赢得了“报道真实”的美誉，完美逆转了之前“报道不实”的指责。

列尼·雅布龙是很有名气的理财专家，但他的小气和吝啬，却更胜于他在理财方面的声誉。鉴于此，他的社交活动一直不太成功，许多人不屑与之来往。但这样的性格却被马孔·福布斯看中，任命他为公司总裁。在任期间，公司的财务状况得到了极大改善，开源和节流都做得很好。

从以上两个例子可以看出，只要换一个角度，缺点是可以转化为优点的。而且所谓缺点，总是相对于优点而言。只要能够合理利用，缺点也能有其妙用。

# 第九章 后其身而身先：做事要当先邀功要居后

做事先做人，会做人的人无论在哪儿总是受到欢迎的。有容乃大，无欲则刚。对于经理来说，有下级要管，也要受到上级的管理。不可能所有人都喜欢你，但却可以做到让更多的人敬重你。要达到这个境界，谦逊不重利、言而有信是基础。

## 【经典今解】

天长地久。天地所以能长久者，以其不自生，故能长久。是以圣人后其身而身先，外其身而身存。以其无私，故能成其私。（《老子》）

天地长存。之所以如此，是因为天地从不因为自己而付出或是攫取，就因为这样，天地才可以长久存在。因此，在利益的角逐中，圣人总是把自己放在后面，却总是能把握先机；在利益的角逐中从来都置身事外，并因此保全自己。难道不正是因为他大公无私，从不先考虑自己，反而因此成就了自己。

假人之亡与，林回弃千金之璧，负赤子而趋。或曰："为其布与？赤子之布寡矣；为其累与？赤子之累多矣。弃千金之璧，负赤子而趋，何也？"

林回曰："彼以利合，此以天属也。"夫以利合者，迫穷祸患害相弃也；以天属者，迫穷祸患害相收也。夫相收之与相弃亦远矣。（《庄子·山木》）

周朝的一个诸侯国被灭亡了，原本的周朝人纷纷逃难。难民中有个叫林回的人，他扔掉了价值千金的玉璧，却背上婴儿去逃难。

许多难民不理解他的选择："为什么不带上钱呢？一个婴儿能值几个钱？"又有人问："你不害怕被连累吗？目前战乱，一个还在吃奶的婴儿增加的麻烦简直说不完。大难当头，真想不明白你扔掉宝物，却为什么又要背上婴儿这个包袱？"

林回说："那块宝玉是因为值钱才被我带在身边，而这孩子是我的亲生骨肉，是因为血脉和感情我们才在一起。"

因为金钱利欲而结合在一起，难以共患难，当遇到天灾人祸，便会互相抛弃；因为骨肉亲情结合在一起，就算是遇到患难，也会相依为命。两者之间，实在是天地之别啊!

## 【古为今用】

### 策略 1 做管理也需要体现人情

人的一生，总是会被两件事困扰：一是做人；二是做事。第一件事要想做好，就要能够忍得住外界的诱惑，保持稳定的心态、坚定的意志，要有良知、有道德，还要有修养。而要做好“事”，就是要能够理顺复杂的人际关系，看清利益和矛盾的纠缠，能够追求利益，同时又不忘道德底线。

不难看出，合格的管理者与企业成败息息相关。所谓合格的管理者，并不仅仅指这个人的能力，相关的专业技能，最重要的是人格。换句话说就是“领导者的人格魅力”。

要想明白如何做“经理”，就要先知道如何“做人”，一切职务，做人都是根本。任何时候，道德高尚的人，都会有好的口碑。而好的口碑，会带来极大的帮助，例如在带领团队的过程中，一个道德高尚、口碑上佳的人，身边自会有许多人围绕，而一个名声非常差的人却要想尽各种办法留住身边的人。正所谓“高调做事，低调做人”，与其只是想着自己提高业务水平，倒不如去想想如何提升自己的内在品质。仅仅有非常好的专业能力，很难获得别人的尊重。要明白一点，假如品质不够优秀，工作上任何的努力都不值得一提，你的工作付出也会轻易崩溃。

因此，要想做事，就要先学会做人。同时，只要学会“做人”，许多的难差事、苦差事也都会迎刃而解。

**第一，做一个善良的人。**

做人最基本的道德就是善良，一切高尚的品质全都是源于善良这个本质，比如：忠诚、感恩、无私等。早在几千年前，老祖宗们就已经学会了如何才能做一个善良的人。《老子》中说："上善若水，水善利万物而不争。"这句话的意思是：一个纯善的人，就好像水一样，对天下万物都有好处，却并不因此去争夺什么。世界上最干净、最柔软的物质就是水，水能把天下万物洗涤得非常干净，同时，水也是世间众生能够生存的根源。一个至善的人就应该像水一样，就算是面对肮脏的事物也能不改本性，更可以把原本污浊的东西清洗干净。

《三字经》有言："人之初，性本善。"在刚出生的时候，所有人都是纯真无邪的，但是随着生活的浸润和环境的变迁，太多人失去了纯良的品质。这个过程要么是有意为之，要么是迫于无奈。

善良，是人类所能拥有的最美好、最高尚的品质之一，也是人与人交往中，关爱和热情的前提。同样，只有先做一个善良的人，才能做好管理工作。当然，善良不是作秀，它体现在每一个细微的生活情节中。

**第二，做一个有责任感的人。**

一个有担当、敢负责的人，才可以得到大家信任、尊重。这一点在工作中尤其明显，一定要表现出你的责任感，才能得到同事们的信任，愿意与你合作。因为，一个有责任感的人绝对不会是一个自私的人；相反，负责的人一定会顾全大局，能够心甘情愿地优先考虑别人的、集体的利益，能够主动地把担子扛在身上。这样的人，不仅更容易得到同事的信任，还通常能够被领导委以重任。

猴群一直处于猴王的严格带领下，因此这个猴群非常遵守纪律，但总是有几只淘气的小猴子不愿意听从指挥。某天，猴王外出，小猴子就溜了出去。到了山下，他们发现有人种的桃子长得又红又大，就把那棵树上熟了的桃子都吃掉了，没熟的桃子全都扔在地上。等到他们吃得肚子滚圆回到山上后，被留在山上的猴叔发现了他们的秘密。他找到胆小的小猴子，问清了事情的前后情况。但是，小猴子们就是不肯说出是谁带的头。不久，猴王回来发现了他们的错误，便问所有的小猴子，这个时候大家还是谁也不肯承认。看着猴王火气越来越大，小猴子越来越害怕，猴叔勇敢地站出来承担责任，谎称小猴子得到了自己的许可才去摘桃的，这是自己的错误。聪明的猴王自然对此事早有预料，然而他还是不动声色地让猴叔站在门口，还不允许他吃晚饭。看到这一幕，那几只小猴子终于被感动了，纷纷找到猴王主动承认了自己的错误。

这是一个非常有名的故事，寓意在许多时候，管理者要主动承担责任，这样下属才能认可和尊重你，而失误是否与你有关，并非最重要的。在关键时刻，为员工承担责任，不仅不会降低管理者的威信，反而会在员工中树立起可靠的形象，有助于增强管理者的号召力和团队的凝聚力。

**第三，做一个讲诚信的人。**

凡事无信则不能立，为人当以诚信为本。不仅在过去还是将来，诚信都是人际关系的最重要标尺。唯有信者，方能及远；唯有信者，才可以做出大成就。

曾子是春秋时期儒家代表人物，是孔子的得意门生。一天，曾子的妻子因事外出，但儿子不愿意离开妈妈，一定要与妈妈一起出门。没有办法之下，曾子的妻子就骗孩子说："你在家乖乖待着，等我回来了，就杀猪给你吃好不好？"这个孩子非常喜欢吃猪肉，听到这句话就不哭了，一整天都乖乖地等着妈妈回来。

到了晚上，曾子的妻子回来后，却发现曾子正在磨刀，便问他这是为什么。曾子告诉他，要杀掉家里养的猪。妻子完全不相信，因为距离过年还有很久，这个时候怎么可以杀了猪呢？看到妻子不以为然的样子，曾子就严肃地提醒她上午答应儿子的事情。妻子说："那句话是骗小孩子的，怎么能当真呢？"但曾子这个时候却很严肃地说："就算是答应孩子的事情，也是一定要做到的。假如只是为了欺骗小孩子，就编造出各种理由，那么，孩子长大后也不会愿意做一个诚信的人。再者，连父母都欺骗自己的孩子，又怎么去教育下一代呢?"

对于企业的管理者而言，诚信更是至关重要。目前市场外部竞争异常激烈，企业内部的压力也日渐增大，每家企业、每位员工都要拼尽全力。管理者无论是对客户还是对员工的任何失信，都可能导致对企业的重大损害，轻则人心浮动，重则可能惨遭市场淘汰。

## 策略2　诚信勤俭，做人要谦虚

无论是诚实，还是谦逊；无论是勤劳，还是节俭，这一切都是中华民族的传统美德，更是一个管理者应该具备的优秀品质。短期看来，通过投机取巧和自吹自擂或许可以带来一定的利益，但这两者从来都无法帮你铺就长远的发展轨道。纵观历史上那些成功的管理者，他们一定也会有类似的品质。

**第一，"诚"——"诚实、诚信、真诚"。**

正所谓以诚待人，"诚"是做人、做事的根本，也是一切品质的基础。大部分的中国人，都应当听说过"狼来了"的故事，正如同故事中的小孩一样，总是欺骗别人、没有诚信可言的人，即使有一天说了真话，也没人愿意相信。无信，则无人信；遇事，则孤立无援。而在工作中，管理者如果不"诚"，带来的后果更加严重，甚至给企业带来灭顶之灾。

张明是一家企业的主管，他为人一向老实，人际关系上处理得也不太灵活，一直没怎么受到重视。许多跟他一同进入公司的同事都得到了提拔，甚至有的已经被提拔为大区经理了，他还只是一个默默无闻的小主管。一天，公司的一位长期客户来交预付款，依照惯例，出货需要他签字。签字之前，他扫了一眼出货单，察觉到要出库的产品量非常大。凭着经验，以及对客户的了解，他认为这笔账需要进一步核实。尽管这个时候，上面已经签上了好几级领导的大名，但他还是坚持要求进行审核。经过跟客户交流，他察觉对方公司的出纳不小心写错了预付款的数额。这意味着，等这批产品依照出货单的规定数目送达客户手中，客户必然会发现，这些货物远远超出他们的需求，那个时候再想更正已经来不及了。这原本跟张明的公司完全没有关系，就算出了什么问题，他们也是没有一点责任的。从另一方面来说，反而可以多卖一些产品，张明也可以拿一大笔可观的提成。但是张明坚持自己的意见，帮助客户挽回了非常大的损失，从而为自己和自己的公司赢得良好的声誉。正是因为诚实，张明最终获得了老板的认可和信任，得到了提拔。

诚实做人、诚实做事，这是最基本也是最简单的人生道理。无论何时，在商场上，诚信永远可以帮助你立于不败之地。

**第二，“谦”——“谦虚、谦让、谦和”。**

俗话说：“谦虚使人进步。”当下经济发展迅猛，生活节奏不断加快，所有人都忙忙碌碌。即便是同事，也很少有人愿意停下自己的工作来指点你。但终究是旁观者清，假如有人对你提出什么建议，一定要仔细聆听、虚心接纳。许多年轻人过于强调自我，不愿意听从别人的建议，错失了许多进步的机会。

晚清重臣左宗棠，不仅政治和军事上的才能极为突出，还很喜欢下象棋，常常找来高手切磋，因此他认为自己的棋艺也不低，当然事实上也的确如此。有这么一次，他奉命去新疆打仗，在临行的前一天，左宗棠微服私访到闹市中去，看到一杆招牌，上面挂着“天下第一棋手”几个字，看过去的时候，只见到一个白发苍苍的老人坐在招牌下面，一脸傲视天下棋手的表情。当时左宗棠非常不服气，就想和这个老人一决高低，杀杀他的威风。谁知道棋局一开始，他就发现老人的棋艺非常差劲，完全不是自己的对手。左宗棠连赢好几局，非常高兴，直到天色暗下来才回府，第二天便去了新疆。

过了一阵子，左宗棠从战场得胜归来，又去那条街上闲逛。他发现那个老头还在那里。于是左宗棠感到非常惊讶，就想再跟他杀几局，好让他丢个脸。谁知这一次，他接连输了三局。这让左宗棠非常不服，于是连续几天，他每天都去找老人下棋，可惜得很，还是一局也没赢过。他不理解为什么短时间内就可以棋艺变化这么大。老人笑着说："其实，我早知道您就是左大人，上一次我也知道您就要去新疆打仗了。于是就故意输给你几局，你也就能开心地上阵。不过现在，你既然已经赢了，我自然也就没必要客气了。"

听了这些话，左宗棠非常惭愧，决定无论什么时候，就算是身居高位，也一定要做到谦虚平和，随时向比自己强的人求教。

**第三，"勤"——"勤奋、勤劳、勤恳"。**

这几个词语有一个共通之处，就是指一个人能够脚踏实地、认真学习，从不放弃更高层次的追求。俗话说得好，"勤能补拙"，即便是资质平庸的人，只要足够勤快，就绝对不会比那些天资聪颖的人差到哪里去，反而有可能比他们还要优秀。从来没有招手即来的成就，所有的成功都要经过艰苦的奋斗。一个成功的管理者，也永远不会找什么停下来的理由。

1. 明白勤奋是最好的工作态度。

在老板的眼中，工作中处处勤奋的下属，一定值得信任，值得栽培。有什么重要任务，他首先会想到你，对你精心栽培。没有什么比被老板赏识，更能增加员工的工作动力了。同样，勤奋的管理者，他的手下也不会有懒散的人。既然领导都能如此敬业，那么下属怎么可以不努力工作呢？

2. 给自己一个勤奋的理由。

谁都会有想要偷懒的时候，当产生了懈怠之心的时候，需要及时调整心态，给自己一个勤奋的理由。这个时候，可以想一想成功者走过的路，也可以想想生活的压力、家人的期待……有压力才会有动力、有干劲。

**第四，“俭”——“俭朴、俭约”。**

或许你目前已经小有成就，但这也不是挥霍的理由。

世界首富比尔·盖茨平日里也都是依照普通美国人家庭开销的标准来要求自己。他的金钱观是：只有好好运用每一分钱，才可以成功。有这样一个事例：他开车前往希尔顿酒店开会，到了之后却发现普通停车位已经用完了。开会时间马上就要到了，他的朋友就建议他把车停到 VIP 车位上。比尔·盖茨不同意，因为这样会多花 12 美元。

比尔·盖茨的金钱观，正符合了一句话：“钱要花在刀刃上。”无论你的银行存款是多少，也还是要尽量节约。

诚实、谦虚是一个管理者的基础品质，而勤奋、节俭则是合格管理者应当拥有的。简单的几个字，不但是管理者的待人之道，更是用人之道。

## 策略 3　正直有为，有所不为

“君子有所为，有所不为”，这句话是孔子用来教育自己的学生的，意思是正直的人对该做的事就去做，但不该做的事就不加理会。正直，是管理者基本的底线，每个管理者都应当具备自己的行为准则。无论你碰到什么样的事情，首先要分析清楚哪些事情是该应做的，哪些事情是不该做的，这样，才不会好心做坏事。

如何才能算作称职的管理者？抛开之前谈到的品质、道德方面的要求，还要能做到“有所为”和“有所不为”。日常工作繁杂琐碎，但管理者一定要做出惊天动地的大事才算是有所为吗？显然不是。平凡不等同于平庸，更不等同于无为；同样，惊天动地也未必是有所为。企业的发展首先要求平稳健康，而不是大的起落。只有平稳地发展，才可以持久。

这是一个自由的时代，在许多事情上，大家都可以自行选择，但这并不意味着我们就可以为所欲为。即便有再多利益诱惑，也一定要能够坚守立场，做我们应该做的事情。

刘立是一家公司的新员工。就像所有刚从校园里走出来的大学生一样，他品性正直、未被世俗所污染。也是因为这样，刚进公司难免得罪一些老员工。很多事情上，即便别人都不说话，他也会挺身而出。不久之后，他发现公司里几乎所有人都在疏远他，甚至于没人愿意和他一起值班，为此他苦恼不已，以至于萌生了辞职的念头。幸运的是，他所在的部门经理很欣赏他，似乎看穿了他的心思。一天下班后，部门经理专门把他留了下来，跟他谈了许多，还给他讲了一个自己的故事，这让刘立非常感动。

经理说年轻的时候，自己也不明白为什么正直也会有错。直到有一天，他去一家西餐厅吃饭。当时不是就餐时间，餐厅里的人非常少，只有三张餐桌上有人用餐。除了他之外，一位老太太在看报，另外还有三名女孩在小声聊天。一名女孩点起一支香烟，不一会儿，整个餐厅都是一股刺鼻的烟味，经理觉得非常不满，不过当时的餐厅里并没有要求禁烟，而且作为一个男士也不好说什么，只能暗暗生气。这个时候，邻座的老太太转过头说：“小姐，可以不要吸烟吗？”

经理心想，这下终于有人站出来了。但接下来的事情，却是他没有想到的。说完一句话，那位老太太开始喋喋不休："女孩子抽烟，真没教养……"她足足说了几分钟，旁边另一个女孩子听不下去了，结果双方发生了激烈的争吵。

经理对刘立说，这件事让他意识到，正直未必就要用直接的方法表达才行，婉转一点，达到目的也就可以了。假如我们只想着自己正直，擅自指点别人的不良习惯，不但得不到别人的感激，更是会导致不满。尽管在公共场合吸烟是不对的，但是由于老太太用了一些过激的言辞，导致那些女孩们的强烈不满，这不仅是表达方式的问题，更是态度的问题。

布鲁斯是一家汽车修理公司的普通员工，他做事几乎没有差错，为人也老实忠厚。尽管他才到公司两个月，但是工作能力已经非常出色。所有见过他的上司，都非常喜欢他，可惜在他到公司的时候，老总就去国外考察了，没有亲眼见到。但是，同事们都说，老总看到布鲁斯也会赞赏他的。

这天中午，刚好是布鲁斯值班，大家都不在。一个不修边幅的顾客走进了汽修店，他拿出一大份采购单，布鲁斯仔细帮他把所有的零件都打包好刚打算给他开账单的时候，那位顾客却突然塞给了布鲁斯一沓钱，至少有上百元。布鲁斯非常疑惑，顾客放低声音，对他说："你给我多写点账单，我回去报销。回头我给你报酬。"布鲁斯礼貌地拒绝了他，也归还了他的小费。就算这样，那名顾客还不死心，说："我们老板的生意非常大，将来我肯定会经常来你们店里购买零件，我敢担保你的好处一定会非常多，更何况目前就你一人，别人都不知道这件事情，多好的机会。"这次，布鲁斯真有些生气了，但他还是非常礼貌地拒绝了他，并且明确地说："这种事情不要来找我做，我们店里的同事也不会做，假如你一定要我们这么做，那你还是去别的地方看看吧。"顾客很生气，气急败坏地说道："怎么会有你这样的白痴，到手的钱都不知道赚。"

任凭那位客人说破天，布鲁斯就是不松口，一时之间场面十分尴尬。最后，那位顾客哈哈大笑起来说：“布鲁斯啊，你果真是个正直的好员工。”这个顾客就是公司的老总，他只是为了试探布鲁斯，为公司寻找一个合适的人才，试探的结果让老板非常满意。后来，经过他的栽培提拔，布鲁斯担任了公司在中国的市场经理。

假如布鲁斯是一个贪图小便宜的人，只要他稍微有一点点动心，老板也能看出来，他就错过了将来的无数机会。正是因为布鲁斯坚持了“君子有所为有所不为”的道理，最终为自己赢得了大好前程。

一个管理者，能够抵挡得住诱惑，也就是让员工和企业更加有安全保障，这也是品格正直的体现。这表明了这个人能够严格要求自己，关键时刻还能勇于站出来，讲明白事实和真相。就像“君子爱财，取之有道”所说的，管理者要坚持有所为有所不为，只有坚持自己的信念和原则才可以走得更稳。

## 策略 *4* 谦虚谨慎，顺应自然

一个人无论有多大的本领，都要顺应自然，谦虚谨慎。无论是不顺应自然，强逞其能，还是在人们面前炫耀自己，都会导致不好的结果。

有些人确实非常聪明，却完全不知收敛自己，处处逞能，争取表现，结果却不怎么好。《三国演义》里的杨修，是曹操手下的幕僚，本来曹操对他非常器重，但由于他多次卖弄小聪明，仗着自己聪明谁也不放在眼里，结果弄得自己人头落地。

《三国演义》中记载了杨修的许多故事。一次，曹操令人建一座花园。快要建好的时候，曹操来验收。看完之后，他一个字也没多说，只是提笔在花园大门上写了一个“活”字，便扬长而去。在场的人几乎都没看懂这样做的含义，但杨修看了一眼，就说：“门内添‘活’字，是个‘阔’字，丞相是觉得园门太阔了。”看到他说得有理，官员就立刻重修了园门。改造完之后，再次请曹操来看。曹操一见重建后的园门，不禁大喜，问：“谁看出了我的意思?”左右答道：“是杨修主簿。”表面上，曹操称赞杨修的聪明，但是内心已开始忌讳杨修了。

曹操生性多疑，总是担心被人在梦中杀死。他就故弄玄虚地告诉身边的人说：“我在睡梦中常爱杀人，所以要是我睡着了，千万注意不能走近我。”一天中午，曹操在营帐中睡午觉，被子滑落在地上，一个近侍急忙跑过去把被盖拾起来给曹操盖好。正在这个时候，曹操忽然跳起来拔出宝剑，一剑就把这个近侍刺死了。过了一会儿，曹操醒来，发现了这个情况，顿足大哭说：“我早就说过梦中杀人，你怎么还走过来呢?”哭过后，曹操下令厚葬，并给死者亲属以优厚抚恤。

然而在埋葬死者的时候，杨修却指着坟台叹息道：“唉! 你呀！做梦的不是丞相，做梦的是你啊!”一句话就让在场的人都明白了这件事，但曹操得知后更加反感杨修，欲除之而后快。

公元 219 年，曹操进军汉中，要与刘备决战，但刘备仗着地理优势，死守不战。曹操欲攻不得进，欲守无所据，一时之间进退两难。当时军中口令要经常更换，有一天，部下向他请示军中口令，曹操随口就说了“鸡肋”。得知这件事的杨修，立即收拾行装。大家问他怎么回事，他说：“鸡肋这种东西，食之无肉，弃之有味，丞相这是要退军了。”这件事传到曹操耳朵里，他再也忍受不了杨修了，就以扰乱军心为名，将杨修斩首示众。

杨修极为聪明，能毫不费力地猜中曹操的心思，却自恃才高，结果引来了杀身之祸，这实在是非常值得注意。明智的人，都是谦虚谨慎，而争强好胜的，肯定聪明不到哪里去。

许多管理者认为，虚就是一种自我的压抑。在功名成就时，他们更倾向于个性的张扬，就怕因为过分谦虚，导致自己无法出头。但事实上，人生也可以比作稻穗，越是饱满的米粒反而更善于隐藏自己。

许多年前，有一所大教堂的牧师，曾经问一位喜欢自吹的生物学家："你生物学很好，那你知不知道有关南非树蛙的事情?"

"不知道!"生物学家很惊讶地摇了摇头。

"这并不是什么高深的学问，所以您这样的专家也应该听说过。你说没听说，是因为你只知道花大量的时间向别人炫耀自己，却不去关注专业之外的知识，那如何可以成为被人相信的专家呢?"

随后，牧师就告诉学者说："你现在可能不知道南非树蛙的事情，但假如你想知道，只要你每天阅读五分钟，几年后，你一定会对这种生物异常了解了。"

听了这些话，这位生物学家改变了自己先前的姿态，经常花一些时间关注自己学术领域内的新闻。果然在几年后，他就成了生物界最权威的专家之一。

许多具有影响力的成功者，比如卡耐基、卡特、韦尔奇、马登……这一切人中，没有一个是通过吹嘘功成名就的。他们全都是事业狂，在工作中忘我地投入，在功劳与声誉面前多一分理智。正是由于存在这种谦逊的品质，让这些成功者获得了人格上的尊重，事业上的成功。所以，对于事业有成的人来说，谦逊是必备的素养。谦虚这种美德，对于企业的管理者来说，是完完全全必要且有相当好处的。管理者要面对诸多的下属，他们的性格、学历都有差别，因此管理者必须以谦虚为本，虚心向被管理对象学习，从而加强思想沟通。诚所谓谦受益，满招损。一个企业管理者要是离开了谦虚，可能非常快就会失败。

## 策略 5　静寂恬淡，以静取天下

“呆若木鸡”这个词，通常用来形容一个人头脑呆板、反应迟钝。这样约定俗成的说法，也不必去在意，但是需要知道的是，庄子所讲的“呆若木鸡”这个故事，本身反倒是赞美的意思。这则故事说明的是斗鸡的过程，告诉我们“无敌”是一种境界，即“静”态。这就是泰山崩而不惊的“静”，只有这样的人，才可以做到一击而胜。

洛克菲勒就是这样的管理者。曾有一位不速之客，在他的工作时间闯入他的办公室，用拳头猛击桌面，大声咆哮：“洛克菲勒，你这个人渣！我恨你!”接下来，那人的谩骂长达 10 分钟之久。见到这一幕的职员都感到无比气愤，大家都以为洛克菲勒一定会吩咐保安员将他赶出去。然而出乎意料的是，洛克菲勒甚至没有什么明显的反应。他停下手中的工作，温和地看着这个人，对方越是暴躁，他就显得越和善!

这个人被弄得莫名其妙，只好渐渐地平静下来。因为一个发怒的人，如果没人理会他，是没办法坚持下去的。他到这里来，就是故意与洛克菲勒作对，连遭到反击时的回应都想好了。可惜，洛克菲勒就是不开口，所以他反而不知如何是好了。

最后，他又敲了几下桌子，还是得不到回应，只得悻悻然地离去，至于洛克菲勒呢，就好像没发生任何事一样，非常淡定地继续他的工作。

遇敌不动，闻声不惊，洛克菲勒内在的修养达到了一种完善的境界，这样，就产生了一种不战而屈人之兵的效果。

知道三星集团的人有许多，但知道“李健熙”这个名字的人并不太多。在世界上众多知名企业的掌门人中，像李健熙这般淡泊和低调的，确实相当罕见。

这可以追溯到他的父亲。李健熙的父亲李秉喆，卧室的墙壁上悬挂着的是一只木鸡，用来时时提醒自己。对于他的继任者，李秉喆给他最重要的忠告之一就是“呆若木鸡”。

这个忠告，与李秉喆先生本人在50年的经营中，遇到的种种困难与挫折是分不开的。在尝尽了人生的甜酸苦辣，受尽了各种委屈挫折之后，明哲保身和保全企业的最好办法或许就是呆若木鸡。尤其是经营大企业的时候，企业家很容易遭受到陷害和嫉妒，但假如事事都去应对，企业家就与一个市井小人没什么两样。李健熙会长上任前，已经成功地用木鸡精神化解了一次危机。由于收购油工会社的失败，别人对他主管的能源部门产生了质疑，一度他压力非常大。但在后期，也就是凭借着木鸡精神，他才能渡过难关，重新振作。

要想立于不败之地、成功地应对竞争，领导者的心理环境需要像“斗鸡”一样，达成一个完善的境界，那就是冷静、恬淡，不急于展示自己，不盛气凌人，不自高自大，更不会因为对手而气急败坏。

在多数人的眼光中，领导者的形象要么是威严、凛然不可侵犯的，要么就是张扬、耀武扬威的，但实际上，成功的领导者应是静寂恬淡的，以静取天下。

# 第十章　上善若水：要以怀柔胸怀博取众人爱戴

管理者有许多种风格：严厉的，温和的，淡漠的，热情的……但无论如何，要想服众并不是一件简单的事。想让员工认同，双方必然要能达成良好的关系。大家都有心，细节的关怀总是可以打动人心的。

## 【经典今解】

上善若水。水善利万物而不争，处众人之所恶，故几于道。居善地，心善渊，与善仁，言善信，政善治，事善能，动善时。夫唯不争，故无尤。（《老子》）

一个纯善的人，就好像水一样，对天下万物都有好处，却并不因此去争夺什么。正由于水能滋润万物却不与万物相争，总是能停留在别人厌恶的地方，所以最接近于“道”。纯善的人，非常善于选择居住的地方，总是能够保持沉静，而深不可测，待人真诚、友爱、无私，说话总是能够恪守信用，从政就善于治理地方，处事能够发挥所长，行动善于抓住时机。只有不争的人，才可以做到没有任何烦恼。

庄周家贫，故往贷粟于监河侯。监河侯曰：“诺。我将得邑金，将贷子三百金，可乎？”

庄周忿然作色曰：“周昨来，有中道而呼者。周顾视，车辙中有鲋鱼焉。周问之曰：‘鲋鱼来，子何为者耶？’对曰：‘我东海之波臣也，君岂有斗升之水而活我哉？’周曰：‘诺！我且南游吴、越之王，激西江之水而迎子，可乎？’鲋鱼忿然作色曰：‘吾失我常与，我无所处。吾得斗升之水然活耳。君乃言此，曾不如早索我于枯鱼之肆！’”（《庄子·外物》）

庄子家里贫穷，于是去找监河侯借粮。监河侯答应说：“没问题，等到秋天收完租金，我就借给你三百金，怎么样？”庄子听到这个说法，非常生气，脸色都变了，说：“昨天我过来的时候，路上听到一个声音。回头一看，发现车辙印里面，有一条鲋鱼。我就问：‘鲋鱼啊，你怎么在这儿呢？’鲋鱼说：‘我是从东海来的水族，不小心被困在这儿了。您能用一斗或者一升水救我吗？’我说：‘行，我这就去游说吴越之王，请他开凿运河，引长江水来给你，可以吗？’鲋鱼生气地说：‘当下我被困在这儿，一斗或者一升的水我就能活命。假如像你这么说，不如回头去卖干鱼的店里找我好了！’”

## 【古为今用】

### 策略 1　胸怀博大，不拘小节

曾经有一位著名的管理学家说过："你的职位有多高，取决于你能够包容多少人。"作为一个团队中的核心人物，管理者需要有一定的度量，去包容每一名员工，绝对不可以由于一点小事就跟同事斤斤计较。尽管一个宽容大度的管理者未必能够带领好一个团队，但是心胸狭窄的管理者一定无法成功地带领下属开展工作。

**第一，对自己宽容，是宽容他人的前提。**

对自己严格要求并不是坏事，在日常的工作中也不妨拿着放大镜看自己。但若是用显微镜去挑自己的毛病，就实在是太苛刻了，过犹不及。所谓"金无足赤，人无完人。"对自己的要求也要适当。对自己要求过严，很容易将自身的缺点无限放大，无限制地否定自己，导致自己没有足够的信心，即便出发点是对的，也没有好的结果。

工作原本应该是一件快乐的事，无论用哪种方式，工作的时候，一定要感受到心里的幸福和快乐，这，才是工作的最终目的。在实现自身价值的过程中，一些消极的小事全然可以忽略。强求完美，只不过是自寻烦恼。当然，所谓的宽容自己，也并不是放松对自己的要求，而是要在检查自己的缺点时，不要大做文章，将这一切缺点无限放大，从而变成思想上的负担。以宽容的态度对待自己的缺点，才可以真正地学会宽容别人。宽容自己，是宽容别人的前提。

**第二，放下一切不愉快。**

管理者的工作就是跟员工打交道，这个过程中，难免会遇到双方意见不合的时候，无论是源于员工对你的工作不理解，或者是你对员工不满意，最好的办法是：无论在办公室里，你们吵成什么样，下了班，出了公司你们依然是朋友，还是可以一起去喝啤酒。所谓“君子和而不同”，每个人的思考方式都不相同，因此两个人的意见从来不会彻底一致。工作中难免有争论，但请注意要对事不对人，不能由于与别人发生了分歧，以后就成了仇人，这样下去，以后的工作就会无法开展。就算是不和已经发生，也还是要学会释放，放下过去的不愉快，这也是一种宽容。

有一天，老和尚带着小和尚下山化缘。由于难得出门，而且雨过初晴，小和尚的心情很好，一路上都非常开心，一小会儿的工夫就到了山下。这个时候，小和尚发现以前的一条小溪，由于下雨的缘故已经涨水变成一条小河了。两个和尚脱掉鞋子正准备过河的时候，一位长相俊美的少妇走了过来，少妇看看自己的荆钗布裙，又看看到脚腕的河水，一时间不知如何过河才好。老和尚看到了这个情况，就走过去对少妇行了个礼，说道：“出家人慈悲为怀，你要是不嫌弃，老衲愿意背你过去。”这位少妇正巧急着要赶路回家，这时候天色渐渐暗了，于是也顾不得许多，就答应让老和尚背自己过河。

一边的小和尚心想：“师傅一直教导我说‘男女授受不亲’，今天他怎么自己违反了这一条?”接下来的一路上，小和尚都在边走边想这个问题，心不在焉，甚至一直没跟师傅说话。老和尚看出了小和尚的想法，他告诉小和尚：“我们要记得行善，别人有困难就去帮助是非常正常的。而且，我已经放下了，你自己却背了这么远。”

许多道理都是相通的，很多时候忘记小摩擦，放下小恩怨，与人相处并没有什么困难。如同老和尚所说的，很多小事情，耿耿于怀的可能只是你自己，而别人早就放下了。

**第三，宽容不等于放纵。**

宽容不意味着无休止地原谅他人的同一个错误。尤其是在企业的管理过程中，一位员工的小毛病，第一二次犯都没什么。但假如三番四次地宽容，这就变成了纵容，即便原本没什么过错，也变成了大错。这样的做法，无论是对员工，还是对公司，都没有什么好处的。所谓“凡事皆有度”，宽容从来都不是无限制的，同时也需要一定的技巧。假如管理者把握不好这个度，工作就会非常难开展。

曾经有一位禅师，在一天的晚饭后，例行出来散步。月光很好，在这样的月光下，他很容易就发现了墙角的椅子。一看之下，他就明白这一定是有不守规矩的弟子偷偷跑出去玩了，他并没有大肆声张，只是把椅子拿开，自己蹲在墙根下等着。不久之后，果然有一个小和尚翻墙回来，正当这个小和尚暗自窃喜没人发现自己的时候，突然发现，原来自己踩的是师傅的背。他大惊失色，以为会受到严重的惩罚，没想到师傅只是非常平淡地说：“天渐渐有些凉了，回去加件衣裳吧。”从这以后，小和尚再也没有违反过戒律。

通过自己的宽容，老禅师感动了弟子，帮助弟子认识到自己的错误。这样的处理方式，在我们的管理工作中也应当适当借鉴。对于初次犯错的下属，不妨用人情打动他，使他认识到自己的错误，并加以改正，这也不失为一种境界。

## 策略 2　管理好自己，才能影响他人

李嘉诚有过一句名言：“一个好的管理者，自我管理才是他的首要任务。”所谓的自我管理，就是管好自己，通过自己优秀的品质树立起威信，并运用你的

言行举止影响下属。

英国军事史学家约翰·康纳。他认为，历史上的许多大指挥官，都拥有优秀管理者所必须具备的 5 条基本品质：关心下属，明确任务，确定奖惩，瞄准时机，风险共担。

对于每一个管理者而言，这都是值得学习和借鉴的，这 5 条品质，对于任何管理者都是简单实用的。

**第一，真正关心你的下属。**

你要让你的下属明白，你真正地在关心他们，这一点无法通过几句空话做到，而是必须采取相应的行动。无论何时，你都要明白，员工并不只是你创造利润的机器，而是与你平等的人，他们应当得到你的关心。

通过一些小事，就可以把关心付诸行动。例如，你要奖励优秀的职员，可以由公司为他们提供带薪度假的机会，甚至可以提供一定的费用；或者，租用舒适的公寓，让员工周末去休息。

从另一个角度来说，关心下属可以换回的是难以撼动的忠诚，这不是可以用经济来衡量的。

一家公司的总经理遭到了一场小规模危机，公司内的年轻经理们认为他应当解雇几位年纪较大的下属。他们认为，那些人最好的时光已经过去了，而公司还要给他们支付每年上涨的高额薪水。假如把他们解雇了，原本用来给他们开薪水的钱可以通过投资获得更多的收益。

那位总经理知道，这些年轻人的话可能是正确的。但是，他还是下定决心——绝不解雇老下属。他一直坚持留用他们，直到最后，带领大家一起走出了公司的低谷。

经过这件事，他在所有人心目中的威信进一步得到了提高，而不是萎缩。这是由于他在面临压力的情况下，也没有考虑抛弃老下属。所有人都会面临老去的一天，即便年轻人也会考虑到未来，所以，在这样一位老板手下做事，并付出忠诚是值得的。

**第二，准确地为下属描绘宏伟蓝图。**

你必须准确地让下属明白你的意思。作为领导者，你需要为下属们描绘出一幅明确的蓝图："10年后，我们的公司将会……"

对于有效率的管理者，不仅为下属描绘宏大的计划，同时也会提及细节。这些细节不仅仅存在于想象中，更是今后的日常工作。

**第三，你要给下属公平感。**

你必须使下属明白，假如他们努力工作，他们就会受到表彰，假如他们不努力工作，他们就会受到处罚。假如是在军营中，奖励就是标志着荣誉的勋章；而在公司里，奖励就是升职、加薪和其他的头衔及酬劳。当然，这更意味着要让下属始终相信你的公平。

能力强的管理者，极少会突兀地对一个人提拔或降职。他们会提醒自己：他们想要得到什么，怎样才能得到。假如你认为你的下属做错了，却并不向他们指出来，同时，又让他们感觉到他们的工作十分重要，那么这种做法不仅极端错误，而且必然会有巨大的副作用。

**第四，你必须懂得何时发动进攻。**

运用到商战中，这表示你需要对时机有很好的把握。例如，某些时候你应当表现得温和，另一些时候你应当表现得强硬；某些时候你应当表现得积极自信，另一些时候你应当表现得消极被动；某些时候你应当全力以赴，另一些时候你又可以放松一下。这样，会更好一些。

明白什么时候进攻，就可以通过它来考察员工的能力，而这也是一种领导能力。以战场为例，假如一个上尉提交建议，认为我们应当进攻侧翼，那么我们应当迅速做出反应。如果他的意见被采纳了，而战役又胜利了，那么上尉在不久以后就可以被提拔成上校，这是因为他已经具备了上校所必备的能力。同样的道理，假如下属向你提出了一个方案，而这个方案具有可行性，并且为你带来了更好的效益，那么这就说明，那个下属是非常有能力的。只要情况适合，你就可以重用他，从而不必担心手底下没有人才。

**第五，和下属一起分担风险。**

必须要让你的下属明白，有你在他们背后，一起承担风险。假如是在战场上，这意味着你不能躲在大后方，也要亲临战场。而在商场上，这意味着你应该起到模范作用。

注意一下，那些被人尊重的管理者如何赢得公司内的尊重。他们可以做任何的工作，而且都能做得来，也从来不怕做这些事。这样的行为得到大家的尊重，是因为他们不是在把风险分给大家，而是在同大家共同分担风险。

## 策略 3　在利益面前，不要抛弃下属

“君子喻于义，小人喻于利”，只有目光短浅的小人，才会因为眼前的小利放弃原则，不择手段。这些人眼中只有金钱和利益，往往会因小失大，损失更大的利益。对公司内部而言，假如老板“取财无道”，下属就会终日不安，员工无法形成凝聚力。

当面对利益和生存的问题，从不抛弃员工，或许将会成为基业长青的引子。

惠普公司成立于 1938 年，启动资金只有 1538 美元，两个年轻人共同创立。

惠普公司有一个著名的公式：人才=财富。因此，这两个创始人做得最多的是，让员工明确地感受到，惠普重视每个员工，珍惜每件工作。

有一件事情可以看出惠普对员工的态度。那个时候惠普成立不久，正在吸收订单快速发展。这个时候，一批军事订单送上门来了。所有人都兴奋异常，跃跃欲试，这个订单接下来，利润非常丰厚。

可是谁也没想到，惠莱特最后说："这批订单太大了，我们不接!"大家都很奇怪："这个订单的利润很高。"

"我当然清楚，但就是不能接！"惠莱特说。

对于他的想法，很多人都不了解。而普克德却能够明白他的心情：要拿下这个订单，公司的员工不够用，至少还要增加12个人。而加班这段时间结束后，合同就会完成，这又无法继续使用超出来的人，只能裁退。因此这并不符合雇员的用人原则。

惠莱特和普克德重视每一位员工，他们的公司实行终身制，在录用后，几乎没有什么人会被轻易辞退。他们认为，员工的长远生存有利于公司的长期发展，看中和倚重员工，这不是任何订单能够比得上的。

也正是因此，惠普成为了世界500强之一。

1929年，正是美国经济恐慌蔓延的年月。这一年，经济危机的风暴波及世界各地，日本也不例外。很短时间内，裁员、减薪、缩小经营规模的企业就满大街都是了，而那个时候的松下刚刚才有了一些规模。但由于经济不景气。产品制造出来也很难卖得出去。对于这种情况，公司的管理层拟定了"生产减半，员工减半"的企划案，报请松下幸之助指示。

这个时候的松下幸之助恰巧生病住院。两位松下公司的高级总裁去医院拜访他。

"你们对公司目前的困难有什么高见吗?"松下问。

“看来只能裁员了！”井植说。

听到这个回答，松下在病床上欠起身，语气坚定地说：“我已经决定了，松下公司一个人也不减!”

两个总裁听了，都吃了一惊。松下接着说：“不能由于公司目前处境艰难就随意裁人，越是困难的时候越要关心员工……”

“没有这么多的活干怎么办?”武久问。

“我想过了，改为半天上班，但是工资仍然按全天的标准计发。”松下说。

回到公司，两个人集合起全体员工转达了松下的决定。听到这个消息后，员工们掌声雷动，都发誓为公司而战。之后，公司上下出现了万众一心、共渡难关的局面。

尽管松下的决策加重了负担，却换回了员工的感动。尽管当时只要求员工上半天班，却没有一个员工休息。大家都全力以赴地推销库存产品，仅仅两个月就把库存消化掉了。接下来，公司不但很快恢复了正常生产，甚至还要加班加点地干才能把大批订货赶制出来。据此可知，惠普和松下的用人之道完全不同于一般的企业，比起那些动不动就裁员降薪的企业，非常鲜明。因此在企业管理中，要尊重和关心员工，使员工真正感受到企业给予的温暖，于是可以去掉包袱，激发出工作的积极性，这样员工会对企业有更好的忠诚度。人才是企业活力的源泉。善待员工，就是掌握了企业长盛不衰的法宝和利器，就会使企业获得长久的发展力。

## 策略4　不要把自己的意识强加于员工

任何事情，都需要参考对象的特点，寻找其中的规律，从而采取相应的方式，绝不可以想当然地把自己的想法强加到别人身上，某些管理者，喜欢把自己的意志强加给员工，结果把事情搞得乱七八糟。

一位网友的博客上曾经提到过这样一件事：网友的公司有个特别的日子，周一是“忆苦思甜”日，之所以有这样的一天，是因为公司曾经有个员工，会在每周三叫上大家一起去聚餐，这个自发活动的反响很好。领导层认为自己的风头被抢走了，但是又不好强行取而代之。考虑很久之后，他们运用了反向思维，于是“忆苦思甜”日就这样产生了，具体内容就是吃馒头和咸菜。结果就是员工每个周一的午饭变成了，每人两个馒头，外加一些咸菜!

许多公司的管理层都希望能够把自己的意志强加给每一个员工，而不管对方是否愿意，这的确是一个难以避免的问题。

这个活动第一次执行的时候，大部分员工都没吃饱，而且有许多的不满。还没下班，大家就都想着去吃饭了！以后的几次活动也都怨言载道，甚至直接向管理层提了出来。

员工们反感这个活动的主要原因倒并不是由于馒头和咸菜，而是由于强制性!假如出于群体的利益，需要强制执行某些东西，员工能理解，也会非常好地遵循。但是出于某些个人原因的强制，员工就无法接受了。试想，这样的“忆苦思甜”对管理者又有什么好处呢?

美国管理大师波特，在他所著的《管理就这么简单》一书中有这样的论述：

许多管理者希望能够通过各种手段，把自己的意愿强加给员工。大家都认同“员工是最重要的资源”，但是很多时候，这种论调只是管理者的借口，这句话可以理解为，管理者把员工当做设备和资金一样使用和管理，其中甚至不存在人性的部分。假设你也是这样，你一定会遭到员工的抵抗，尤其是来自最有“价值”的知识员工的抵抗。这些知识员工的自主性最强，他们绝对无法接受这种管理。

当管理者主观地强行把自己的意愿强加给员工，他们就已经影响到了员工对企业的信心和工作积极性了。管理者应当通过价值观培养双方的共识，从而取得认同。

## 策略 5　敷衍塞责伤害的不仅仅是员工

本田宗一郎曾任日本本田汽车公司总裁，他被称为是“20 世纪最杰出的管理者”。在他的回忆录里，他提到了一件令其终身难忘的事。

一天，本田公司的技术骨干，来自美国的罗伯特来找他，当时他正在办公室休息。罗伯特兴高采烈地拿出他花费了一年心血设计出来的新车型设计图纸：“总经理，您看，这个车型简直是太棒了，绝对会让消费者非常喜欢……”

但这个时候本田正想睡觉，他压根就没看一眼图纸，只是敷衍地说：“好，谢谢! 你先放在办公桌上。”

第二天，罗伯特找到本田要求辞职，罗伯特说：“尊敬的总经理阁下，昨天我已经买好了返回美国的机票，感谢这两年您对我的关照。”

“啊？这是为什么？”本田非常震惊。罗伯特坦言相告：“我离开你的原因很简单，就是因为你没有听我讲话。当我拿出我花了一年的心血做出的设计图时，我提到了这个车型的设计非常棒，而且还提到车型上市后的前景。我是以它为骄傲的，但是你却没有任何反应，只是闭着眼睛说‘好，谢谢！你先放在办公桌上’。一气之下我就改变主意了！”

再后来，带着自己的设计，罗伯特转投欣赏他的福特汽车公司，受到了福特高层的重视。他设计的车型上市后，对本田造成了很大的冲击。由此，本田宗一郎领悟到一个道理：由于自己的敷衍，伤害了员工，才导致了人才流失、错失良机。

2007 年 2 月 24 日，《东南快报》刊登了一篇报道，标题是“以色列防长观看演习未取下望远镜镜头盖”。

照片显示，当时担任以色列国防部长的佩雷茨，在新任以色列国防军参谋总长阿什克纳济的陪同下，前去戈兰高地视察以军的军事演习时，甚至没有把观看演习用的望远镜镜头盖取下。

眼尖手快的以色列摄影记者拍到了这一幕。他们称：最为讽刺的是，阿什克纳济一边观看，一边还不停地向佩雷茨解说，而这个时候根本就不可能看到任何东西的佩雷茨，竟然还表情认真，三度点头称是。

在这件事情上，有批评说佩雷茨是个完全不称职的上司，更是个不尊重下属的上司。连观看演习时都不取下镜头盖，说明他对眼前的事情压根没有兴趣，对一线将士的表现完全不关心。甚至于当下属在解说时，佩雷茨还能“露出一副认真表情，三度点头称是”，这问题就更大了，是明显的不尊重、敷衍下属，这样的表现，只会让人寒心。漠视下属是管理者最忌讳的一件事，对下属的关注应当发自真心，决不能敷衍。

在进行管理的过程中，每个领导者都需要做到拒绝敷衍，对所有人和事都要以诚相待。

# 第十一章 唇亡则齿寒：危机其实是机会的代名词

很多人惧怕危机，因为危机来临给自己和自己的企业带来不幸。可正如辩证法中所说的那样，危机也绝非都是坏事，危机给人们带来的警醒作用，带来的挑战都是在危机未来临之前所体会不到的。换句话说，危机有危也有机，风险中总是蕴含着最大的机会。

## 【经典今解】

少知曰："四方之内，六合之里，万物之所生恶起？"

大公调曰："阴阳相照相盖相治，四时相代相生相杀。欲恶去就，于是桥起。雌雄片合，于是庸有。安危相易，祸福相生，缓急相摩，聚散以成。此名实之可纪，精之可志也。随序之相理，桥运之相使，穷则反，终则始，此物之所有。言之所尽，知之所至，极物而已。"（《庄子·则阳》）

少知向大公调求教："四方之内，六合之中，万物在哪里产生？"

大公调回答说："阴阳相应彼此相生相克，四季彼此交替同样也是相生相杀。欲、恶、去、就等意念，种种萌生；雌雄交合也是常有的事。安危彼此转换，祸福彼此相生，缓急互相转化，在此基础上聚散相成。这就是名实可为纪纲，精微可为记述的道理。依照自然变化的程序相互治理，此起彼伏的相互作用，物极则必反，终则复始，万物皆是如此，有如此现象。语言之所以能说明白事理，智慧之所以能达到，都是因为事物本身是有限的。”

濡需者，豕虱是也，择疏鬣，自以为广宫大囿。奎蹄曲隈，乳间股脚，自以为安室利处。不知屠者之一旦鼓臂布草操烟火，而己与豕俱焦也。此以域进，此以域退，此其所谓濡需者也。（《庄子·徐无思》）

苟且偷安的人，就仿佛是猪身上的虱子一样。选择在猪鬣毛上驻扎下来的这些虱子，就认为这是自己的宽大宫殿和广阔花园，而那些住在猪的两腿间和蹄子缝隙的曲折隐蔽处的虱子，还有住在乳腹和股脚之间的虱子，却认为这些个地方是最安全最妥当的。却不知有一天屠夫只要摊开柴草用火去烧时，只需费一点点举手之劳，虱子就会和猪一起被烧焦。那些和虱子一样，和自己所身处的环境一同进退的人，说白了，这就是苟且偷安。

## 【古为今用】

### 策略1　不给自己留后路

危机的基本特征就是放大，因此应对危机的最有效办法就是防止危机进一步扩大。北京大学危机管理课题组组长，北京大学EMBA教授，著名危机管理专家艾学蛟教授在谈及应对危机时提到自己的应对之道，那就是危机切割理论。根据艾教授的危机切割理论来看危机，它往往都因为一件小事情或是一个小人物诱发。对企业来说，或是对个人来说，出现危机就要及时加以控制，要不然危机就会慢慢蔓延开来。危机一旦发生就要将它切割。这就像是肿瘤病人到医院检查，医生一定先建议他尽快切割肿瘤以防止病情恶化等等。危机也是如此，一旦发现就要扼杀在摇篮当中，这就是最有效的危机应对的方式。不论什么样的危机，这种方式都是最行之有效的。

企业在面临危机时，管理者是首当其冲的。此时如果管理者可以很冷静地面对危机，处理事态的话，企业就有希望渡过难关。普通人也是如此，最先经受到考验的就是自己这一关。常常有人说，人最大的敌人就是自己，超越了自己就没什么好怕的了。

有一个到澳洲留学的中国留学生，家境不是太富裕。为了在国外生活，他经常骑着自己的旧自行车到处奔波，什么样的工作他都做过，像放羊、割草、洗盘子等等。

一天，他正在一家餐馆里打工，突然看到了报纸上的一个招聘启事。招聘启事上所写的职位与他所学的专业很是契合，且待遇优厚。留学生准备了一下，就去应聘了。面试时他一路过五关斩六将，眼看着他就是这个职位最合适的候选人了，负责招聘的主管突然问他："你有车吗？这份工作需要经常外出，性质比较特殊，要是没车的话就很难完成了。"

这位留学生自然是没有私家车了，但为了能获得这份来之不易的工作，他不假思索地说道："我有车!""那好吧，3天后来上班。"

后来为了能做好这份工作，留学生破釜沉舟豁出去了。朋友借给他一笔钱，他从二手车市场淘来了一辆二手车，花了两天的时间学会了开车后。第三天他就开着自己的旧车去公司报到了。此后不久，他就以优秀的工作业绩升到了业务主管的位置。

这个故事主人公的胆识和勇气很值得人钦佩。在重要选择面前，他做出了一个勇敢的决定，这个决定几乎不给自己一点退路。也正是把自己逼到了悬崖边上的这个决定，激励了他往前拼搏奋斗的精神动力。

普通人的个例如此，企业发展自然也不例外。在危机应对理论当中，很多时候也需要企业拥有这种破釜沉舟的勇气。在必要的时候企业也要把自己逼到一个毫无退路的悬崖边上，以求得进一步的发展和突破。实际上在市场竞争当中，企业的发展进程常常都是逆水行舟，要是长时间总在原地不动，缺乏挑战的话，那企业就难以继续发展。因此当企业遭遇危机时，或许正巧是发展的最佳机遇，不妨把企业推至一处没有退路的悬崖，从而引领企业向更高更远的地方发起冲锋。

不给自己留任何退路，换一个角度来看，也是给了自己一个最好的挑战机会。破釜沉舟、勇往直前的霸气和豪迈会带领企业继续向前，也会激发企业上下所有员工的工作激情和动力，彼此精诚协作为企业创造更加辉煌的明天。

秦朝末年，秦军大将章邯围攻了赵王赵歇的军队，赵军被秦军包围在巨鹿，一时危在旦夕。当时楚怀王任命宋义为上将军，还任命项羽为副将军，两人一同去救援赵军。

宋义原本个性就胆小，还很自私自利，他能取得楚怀王的信任完全是因为他的花言巧语才赢得了上将军的职位。可是一到战场上，他就表现出了他的怯懦。在楚军将士们一个个摩拳擦掌，准备与秦军拼杀时，宋义却始终在帐中饮酒作乐，不下令进攻。

项羽见状劝说了多次，无果之后，忍无可忍，于是自行闯入帐中杀了宋义，还借此说宋义叛国，于是楚军众将士顺势拥立项羽为上将军。

此后不久，项羽就带领楚军出发前往巨鹿为赵国解围。楚军渡过黄河之后，项羽下令军中每位士兵都带上 5 天的口粮，随后把军中所有的锅都砸烂。听到命令之后，将士们都愣住了。项羽解释道："我们砸了锅就可以轻装上阵，可以快一点去解救危在旦夕的盟军。吃饭问题等过了黄河，就到章邯的军中去取吧!"

楚军在渡过漳河后，项羽又下令把所有的渡船全部砸烂，同时也烧毁了所有的行军帐篷。

项羽的一系列命令几乎已经断了楚军的全部退路，如果此战胜了就能凯旋而归，败了就只能战死沙场了。受到这一激励的楚军将士们都奋勇向前，以一当十，与秦军浴血奋战。战场上，杀声震天，楚军将士愈战愈勇，杀得秦军片甲不留。几次交锋以后，楚军最终赢得了这场战役的胜利，这就是历史上最有名的以少胜多的战役巨鹿之战，此战彻底奠定了项羽日后的霸主地位。

项羽有如此破釜沉舟的决心充分表明了楚军要和秦军决一死战的勇气和决心。主将如此，将士们自然也愿意同他一起同进退、共生死，这样的做法无疑对将士们起到了巨大的激励作用。军队被放置在非生即死的境地里，将士们自然也就明白该怎么做，既然已经没有退路，那就只能勇往直前，不言退路。

企业管理也是如此，管理者要时不时有一点破釜沉舟的精神，激发员工们的最大潜力，并以此激发最强的群体意识和最好的人际关系，调动企业中的团队积极性，管理者只不过是为此做出自己最大程度的努力和贡献罢了。

危机边缘的企业要打开新的局面，管理者首先要做的就是挑战自己，再去挑战企业的未来。管理理论认为，所谓破釜沉舟的做法主要是从两个方面来推动企业的发展。

第一个方面，破釜沉舟的勇气是管理者向员工表示自己坚定决心的一个有效方式。上文当中项羽的做法已经充分证明了这个道理，项羽的勇气和决心激励了将士们的士气，才赢得了巨鹿战役的最终胜利。

第二个方面，破釜沉舟的决心还可以有效地传达危机意识，经此员工才能感受到自己和企业是利益共同体，必须同进退。

不给自己留后路的做法在管理中常常起到惊人的管理作用。破釜沉舟能让管理者用最合适的方法把危机的危害性传达给员工，管理者进而和员工形成共进退的思想，这就是通常说的企业文化。员工们因为明白了企业所遭遇的危机，也就能够更有效地融入企业当中去一同解决危机。

## 策略 2　主动解决危机，争取机会

任何一个企业的发展都不可能一帆风顺，都要经历一步步的艰辛才能取得发展。在一个企业的发展中，危机是难免的，只要处理得当，危机是不至于让企业显露衰败之象的，也不意味着企业的衰亡命运就无可挽回。只要重新掌控局面，还有机会打造出一个更加优秀的企业。那么该如何面对突如其来的危机呢？如何才能掌控局势，化危机为机遇呢?

**第一，危机中人的作用应该予以重视。**

不少企业在面临危机时，管理者第一个想到的就是裁员或是降薪。这些传统的做法在短时间内对于降低成本和缩减开支颇有效力，但从长远来看，这种方法有一个致命的问题，降薪和裁员绝非长久之计，但凡深思熟虑过的管理者是不会只用这些方式来解决危机的。企业的困境既然无法避免，那么管理者就要正视危机的存在，并试图从危机中寻找到发展的机会，以便在危机过后可以独占行业鳌头。管理者要做到这一点实在不容易，他们要先清楚地认识到裁员降薪的副作用是巨大的，遭遇危机只裁员或是降薪显然只是治标的举动，无法治本。

有一部分并不成熟的管理者认为，降薪裁员能够带来企业的“少运动、少消耗”，由此度过危机是最佳方式。他们明显忽视了这种做法的负面效应，由于裁员和降薪常常会带来企业的“冬眠”局势。为了避免“冬眠”局势的出现，管理者第一个要做的就是打破僵冷的局面，积极去寻找更好的机会和资源，找到可能的突破口，破解危机。

还有一类管理者的做法就非常积极，他们在危机面前并不恐惧，而是加强内部员工之间的关系，激励员工的士气，与企业共进退，利用企业文化来增强企业的凝聚力。就比如在面对危机时不但不裁员还给社会提供更多的就业机会，招募了其他行业的流失高级人才等做法，都是不甘于“冬眠”的温暖做法，增强企业的热能量。

当然，危机处理中一定需要控制人力成本，这不意味着就是削减人员和成本开支，提高效率才是较为高级的做法，高效地利用适度的人力成本才是精髓所在。控制人力成本，集约化和精细化的管理是必需的，这种人才管理模式才能有效地提高人力成本的利用效率。如果把裁员比喻成人才团队减肥的话，那远不是从根源上解决问题，必然会带来更多的问题，还是要从根本上找到方法，降低人力成本。

**第二，重新确立竞争优势。**

企业在创立之初，管理者都很明确自己企业的竞争和发展优势。而在危机来临时，企业的竞争优势就失去了。如何在衰落出现之初，重新确立自己的竞争优势，这是管理者应该冷静考虑的问题，找回企业的优势才能让自己的企业重新充满前进的动力。要知道，失去自己的竞争优势的企业太过危险。

1864 年卡内基钢铁公司重组为美国钢铁公司，19 世纪中叶美国实行关税壁垒，美国钢铁公司利用这一政策的优势在同英国的自由贸易竞争中获得赢利，积累了一定的原始资本，随后美国钢铁公司的发展越来越好，数十年内都保持着很强的发展势头。到了 1913 年，美国政府取消了对钢铁工业的关税保护，一时间美国钢铁公司的发展受到了极大的影响。到了 2003 年，北美地区钢铁行业更是由于钢铁低迷，法律成本高，大量国外进口等原因，全行业的财务状况呈现下滑趋势。美国钢铁公司也未能幸免，在这场钢铁行业的变故中渐渐失去了自己的竞争优势，最终这个庞大的企业帝国陷入低迷状态，其他一些小公司都纷纷倒闭。

美国钢铁公司的例子证明，失去了竞争实力的公司，无论大小都会面临衰落的问题。市场的更新速度在不断加快，企业如果在危机面前不能跟随变化提高和突破自己，随时确保自己的优势地位，就不可避免地要走向衰落。企业竞争优势长时间的确立需要不断突破、创新和改革，时时保证企业跟上时代发展的步伐。

**第三，端正态度面对危机。**

危机来临并不可怕，可怕的是没有积极端正的态度去面对危机。危机来临时，公司内部外部都要摆正自己的态度，努力表示自己要度过危机的诚意和努力，才能让外界对企业有足够的信心。若态度不够真诚的话，一味拖延、遮掩或是欺骗客户，无疑是在自掘坟墓，将颓势推向无可挽回的境地。

约翰逊公司的主打产品是大家熟知的“泰诺”，这是一种主要用来治疗头疼的胶囊类药物。20世纪80年代，曾有些人服用该药品之后中毒身亡，后来伴随着死亡人数不断增加，美国舆论界引起了一场轩然大波，消费者开始不信任约翰逊公司的产品，甚至后来发展到几乎所有的消费者都拒绝再服用约翰逊公司的这种药品。

约翰逊公司遭遇如此大的冷遇，管理层开始纷纷想对策来度过这次危机，这当中包括：第一，公司组织在全国范围内收回消费者的药品，还投入巨资收回各大药店、医院的该药物；第二，与媒体积极接触，以求公布的各项信息的真实性，不论好坏；第三，积极配合美国医药管理局的调查，诚实地将调查结果公之于众；第四，重新设计该药品的防污染新包装，使其重返市场。执行了这四项举措后，约翰逊公司的董事长伯克亲自向媒体介绍了泰诺的新包装，并当场播放新药品生产过程的录像。

当时针对约翰逊公司的一系列举措，《华尔街周刊》评论说：“约翰逊公司宁愿自己去承担巨额的经济损失，也不会让任何人再遭遇危险。”公众也通过这些举措了解了约翰逊公司的真诚和努力。短短一年的时间，约翰逊公司再次推出的新“泰诺”再次赢得了患者的广泛信任。

**第四，企业文化的强大力量。**

企业面对危机时，员工难免受到一些消息的影响，对企业的信心开始渐渐降低了。特别是处在危机中的企业，员工的士气尤其受到打击，往往会陷入内外夹击的危险境地。处在那样境地的企业管理者就应该注重企业文化对员工的精神作用。

企业文化的精神作用，首先是管理者应该采取“文化先导，攻心为上”的策略，员工在这样的策略下必须意识到危机的存在和严重性。管理者及时把真实的情况告知员工，员工了解了企业的现状以及管理者所采取的应对措施，才会积极地面对危机，不至于失去信心和努力。这样一来，企业内部就会形成团结一致、积极乐观的文化氛围，企业文化也就真正起到了提高员工对企业的忠诚度的作用。

其次，管理者要让员工明白“危机中暗含契机，危机也意味着转机”。危机期间资源就面临着重新分配，不论对个人而言，还是对企业而言，都是一次重要的转机。员工要是看到了这一点，就不至于只是一味害怕恐惧，而是明白了危机中的机遇，显然很有助于稳定人心和局势，管理者也就能够集中力量对抗来自外界的危机影响。

历史上不少辉煌的大企业也曾陷入危机的旋涡中而最终瓦解，这些企业的经验教训说明了一个亘古不变的原则，若是不利用好企业文化，调动起员工，就无法帮助企业渡过难关。

## 策略3　强者非恒强，要心怀忧患

企业做强做大，先要有较强的抗风险能力，在竞争激烈的现代经济当中能经得起现代经济的波澜起伏。要经得起如此复杂的风险，内部控制非常重要。企业的内部控制不但要防止愚蠢的人犯错误，也要防止聪明的人犯错误。只要是企业内部的员工，就必须接受企业的内部控制约束。缺少了风险管理系统的企业迟早要失败。

很多人都认为“强者恒强”，但大多数的事例证明强者并非恒强，强弱都非绝对的词。世间法则也说明在现实生活中，强者恒强是不符合现实情况的。另外从辩证论上来说，永恒的强者也不可能存在。时代的巨轮推动了人士更迭，世事无常，要在变化的环境下做一个永远的强者，这显然是不可能的。不但对个人如此，对一个企业，对一个国家来说都是如此。所以，强者不可能恒强，弱者也不可能永远是弱者。在面对危机和消极因素时，企业大小和它的应对策略及结果好坏没有必然的联系，不是企业大就一定能从容度过，小企业就一定就没有机会。因为强者非恒强本身就是一条世间法则。

一时的强者要是能认识到这一点的话，就能居安思危，始终让自己处于奋斗的状态中，跟着时代的变化及时调整自己的策略和发展模式，从而稳固自己的事业发展，让自己在强者的道路上走得更远，变得更强大。相比之下，弱者也非绝对的弱者，只要知道通过自己不懈的努力也能从弱者变为强者，就能给自己增加无限的动力，时刻激励自己积极向上，不断超越自己，向强者不断迈进，从而变得越来越强大。这一条原则毋庸置疑，这是无数次的事实所证明的。

**第一，强者恒强不符合事物发展的规律。**

古今中外，几乎没有哪一个王朝可以永远强盛，由盛转衰是朝代演变和更迭中必然出现的规律。历史反复证明了这一点，一个朝代如此，一个企业亦是如此。现代经济发展速度如此迅猛，无数的企业在其中出现，发展，兴盛，当然也就难免有消亡和衰败，可以说没有一个企业能够做到永远强大。

因此，管理者须直面这样的现实，作为掌握企业发展脉络的人，正确的危机心态是必须具备的。企业在发展的过程中要提早防备危机的出现，只有这样，才能让企业走得更久、更远。生活和工作中存在着一种普遍规律，古人总结为月满盈亏，水满则溢，说的便是盛极则衰。如今的企业管理者要虚心地认识和发掘这种潜在规律，以史为鉴，并从中找到更好的经营模式和管理方法，这样才能保证自己在强者的道路上越走越远。反之，企业只会最终消失在市场竞争当中。

**第二，强者也非全无弱点。**

其实，强者非恒强，弱者非恒弱。强与弱不但是相对的，而且两者之间彼此界限也不够明显。所以对于强者而言，弱点也是存在的，弱者也是有优点的，这就是古人说的“智者千虑必有一失，愚者千虑必有一得”。个人是如此，企业也不例外，企业发展的规模越大，可能存在的问题就越多，各行各业都是如此。

下雪了，一棵高大挺拔的树在风雪中傲然挺立，几棵小野草也在树下摇曳在风雪之中。雪越下越大，野草最终被积雪覆盖了，最后连大树也被覆盖了。大树上覆盖了厚厚的积雪，最后不堪重负，倒了下来，断折的树枝歪倒在山上。太阳出来了，积雪融化了，倒下的树枝给人们抬走了，此刻人们才发现树下的几株小草居然在阳光下恢复了本来的样子，在雪水的滋润下，它们不但没有被冻死，反倒比从前长得更好了。

这个小故事非常简单，但说明的道理却不那么简单。

首先，体型大的植物或是动物并不一定就代表强大的生命力。企业也是如此，规模越大的企业要实现企业的高速增长就越难，大企业要实现高利润和高收益更是难上加难。随着竞争激烈程度的增加，各个行业都步入了低速增长期，消费者的要求也越来越苛刻，企业要保持持续性的发展确实不易。

其次，伴随着创新难度的加大，任何一种在市面上出现的产品或是服务都不可能永远占据有利地位。技术更新越来越快，再好的产品也会很快被模仿和突破。多少事实证明，产品的更新速度让曾经的那些老大都很快地成为了历史。

最后，古话说得好：“高处不胜寒。”企业的发展也是如此，就像故事里的那棵大树。一棵高高耸立的大树，越是位于顶端的枝叶越是要经受更多的磨难。每当电闪雷鸣、刮风下雨时，顶端的枝叶自然是首当其冲地受到冲击。企业若是强大的话，那么一旦有经济风暴来临，最先受到冲击的也必然就是它们。

**第三，只有居安思危才是持续发展的根本。**

一个国家、一个企业，还是一个团队、一个人，时时刻刻保持警醒的头脑，提醒自己要居安思危才能不断激励自己，保证持续性的发展。

唐太宗李世民曾对他的大臣们说过："治理国家其实就像治疗疾病一样，一时治疗好了，也要注意平时的疗养。如果没注意疗养的话，认为自己好了就开始肆意放纵，一旦旧疾复发，就再也无法恢复了。有幸的是，我们的国家和平和安宁，这样的境况古往今来实在是很少见的。如此和平和安定的局面，我却一天比一天小心，只怕不能长久地维持这样的境况。所以，我只希望你们能多向我进谏，多多给我提出不同的观点和意见。"魏徵听了，深受感动，回答道："如今国内外能如此安宁祥和，臣也认为是非常值得庆贺的事情，而陛下您居然还能够居安思危，这一行为着实让微臣佩服和感动。"

唐太宗在面对贞观之治时，并没有用一种强者或是拥有者骄傲自满的态度来面对，反倒是时时自省，小心翼翼，只怕在自己手上断送了这个强大的王朝，所以总希望自己的臣子们能够经常进谏，多多提意见，进而能把自己的国家治理得更好。这就是居安思危的做法，唐太宗作为一个难得的开明君主，他的行为说明了居安思危的重要性。

**第四，强者的背后总有弱者的眼睛在盯着。**

既然强者非恒强，弱者非恒弱，那强者如果想一直当强者，就要知道自己身后有多少双弱者的眼睛在盯着自己，因为他们也想当强者。于是，他们会不断地制造条件，追上强者。在这个过程当中，弱者总在不断地衡量彼此的距离，并不断地缩短这种距离，只为了让自己变得越来越强大，而最后这种关系就有可能被扭转。

在辽阔的非洲大草原上，一匹斑马意识到自己被一头凶猛的狮子攻击，它拼命奔跑，只因它明白自己跑慢了就会葬身狮口。跑着跑着，斑马群都被惊醒了，斑马的头领就开始带着斑马们一起行动，它们迅速围成了一个圈，让那只斑马跑进了圈里，再集体把自己的蹄子对准了圈外的狮子。狮子一旦想冲进来，就会被马蹄重重地踢出圈外。几次尝试都失败了以后，这头狮子只好垂头丧气地走开了。

在这个故事里，比起斑马来，狮子原本应该是自然界的强者，可是斑马这群弱者却在一致的努力下，形成了强大的力量，扭转了与狮子之间的强弱对比关系。而在人类的世界里，道理也是如此。

**第五，强中自有强中手。**

1946 年，日本一个毫无名气的汽车小厂“丰田”制订了一个企业发展计划。他们下决心要向当时的汽车王国发出挑战。丰田在当时实在算不上什么大公司，资金、技术都比美国的汽车公司逊色很多，可是实力上的悬殊没有阻断他们向美国汽车挑战的勇气和决心。30 年后，丰田实现了他们当时的发展计划，终于成为一个与美国汽车企业齐名的家喻户晓的汽车品牌。

市场上的竞争一再说明没有最强，只有更强。成为强者的时候一定别忘强中自有强中手。这就好比是自然界中的食物链一样，这世界无所谓哪种动物是绝对的王者，没有可以超越食物链的猛兽，任何一种动物都有自己可降服的对象，也有可以降服自己的动物。企业在成为强者时，要明白由于各行各业千丝万缕的关系中，总会有可以扼住自己咽喉关键的所在。所以对管理者来说，保持清醒的头脑，有危机意识，在企业内部搭建良好的风险管理机制，才能保证事业的长久发展。

## 策略4 危机转化，化险为夷

由于变化速度过快，常常有一些无法预料的灾难，或者宏观环境的突然改变，都会让很多企业措手不及。只不过有些企业能够转危为安，扭转乾坤，而有些企业却会因此而一蹶不振。为何结果有这么大的不同呢？区别就在于管理者是否能够在面对危机时采取适当的策略去化险为夷。这需要管理者有着过人的智慧和敏锐的商业嗅觉，还能开拓创新、勇于突破。这些特质都是让企业走出困境的重要特质。

危机管理对于管理者来说是一门重要的课程。任何企业的良性发展都离不开健全的管理机制。在危机管理当中常常被提及的一个词就是“危机公关”，它是指应对危机的有关机制，具有意外性、聚焦性、破坏性和紧迫性等几个特点。无论对国家、对企业还是对个人，“危机公关”的作用都不容小觑。危机二字中既有“危”也有“机”，公关的目的是要实现二者的转化，简单说，就是要从危到机。此外，危机公关的策略也很重要，但策略关键还在于当事人对待险情的态度。对企业来讲，转危为安是管理者必须考虑的问题，也是管理者必须具备的积极态度。危机本身是个很大的风险，换个角度又会发现可能是一个绝好的机遇。就譬如金融危机，总会有一批企业受到很大打击，就此一蹶不振，但是同样也会有另外一部分企业，甚至是一些新兴的企业在这样的风暴中迎头而上，迅速崛起。所以说化危机为良机的课题实在很值得研究，下面就介绍一些策略供管理者参考。

**第一，在危机面前寻找突破口。**

危机常常是不可预料地就出现了，这是无法人为阻止的。不过危机降临时，有些人选择了逃避，在危机面前惊慌失措、手忙脚乱，做出一些错误的决策，另外一部分人却能正面迎上去，靠自己的勇气和决心迅速行动起来，找到突破口去突破危机，并在危机中寻找良机，让自己的事业更加迅速地发展起来。

1945 年，全球最大的商业银行美国银行曾经红极一时，它由艾曼迪奥·彼得·吉安尼尼一手创办。1906 年，加利福尼亚州的旧金山发生过一场很严重的地震，很多建筑物在那时倒塌，整座城市都变成了废墟，且蔓延着火苗。地震发生时，吉安尼尼正在圣马特奥市，得知了地震的消息之后，他就匆匆坐上火车赶到了旧金山，之所以如此匆忙只因为他刚刚在旧金山创办了一个意大利银行，他想尽快知道自己的银行是否因为地震受到影响。旧金山当时的情况非常混乱，人们纷纷想逃离旧金山，只有吉安尼尼一个人却逆着人群，经过几个小时的艰难行进，终于到了自己的银行大楼。在他到达的时候，火势已经蔓延到了银行大楼，他迅速下令指挥员工取出了银行里的现金，又匆匆返回了家里。

地震的第二天，旧金山的银行家聚集在一起商议对策。不少银行家都认为，旧金山市在地震之后的一段很长的时间里必须暂缓放贷业务。只有吉安尼尼不这么认为，他反倒觉得这是个好机会，旧金山市的放贷业务应该在第二天赶紧重新开张，他甚至大声喊道："这个时候是我们重建旧金山的最佳时机。"

之后，吉安尼尼按照自己的想法和理念行动了。地震后没多久，不少企业都遭受重创，小企业在这个时候想趁机发展自己的事业，不少人开始找到吉安尼尼的银行做借贷业务，吉安尼尼也很慷慨地把钱贷给了这些小企业。作为回报，企业也把自己的流动负资金存进了吉安尼尼的银行里。旧金山经过一段时间的重建之后，渐渐从地震的伤痛中走了出来，慢慢恢复了以前的井然有序的景象，经济也随之有了较大的发展。随着经济的发展，吉安尼尼的银行有了越来越多的客户，越来越多的企业来找他借贷，同时也有越来越多的赢利资金存进了他的银行。伴随着一笔笔款项的出入，吉安尼尼的赢利不断增加，银行有了越来越多的分行，直至最后意大利银行的业务遍布了整个加利福尼亚州，并改名为美国银行。

美国银行的事例说明，地震所带来的灾难是无法预料的，这也使得众多的银行家普遍认为在旧金山投资的风险太大，只有吉安尼尼却毅然坚持了自己的观点，他懂得把危机化为自我银行发展的良机，还在其中迅速将自己的事业推向了高峰。通过美国银行的事例说明，吉安尼尼依靠自己的智慧和敏锐的商业头脑，让自己的事业在他人看见的危机中得到了前所未有的发展，也看到他在危机面前所表现出来的勇气和决心。

要将危机转化为良机，找到突破危机的突破口是关键的一点。这个突破点才是让自己走出困境，发现更广阔天地的那扇门。

**第二，换位思考，以便找到新的理念和方法。**

俗话说得好："条条大路通罗马。"成功的道路也不是只有一条可以走，此路不通，可以换种思维，换条路走走试试。中国不是还有句古话"天无绝人之路"吗？管理者在追求企业的成功时也不能把自己局限起来，应当放开思路，灵活地规划企业的发展道路，让企业拥有更多成功的机会和更多努力的方向。

英特尔公司的发展就说明了这个道理。

1985 年，日本有家公司在储存芯片上有了进一步的研发成果，这使得英特尔的储存器芯片在一夜之间就变成了廉价商品。很多人认为那个时候的英特尔公司会因此衰落，却不曾想英特尔突破了这次危机，成功地转危为安。英特尔的创办人之一安迪·格鲁夫当即就决定退出储存器行业，把整个公司的发展方向向微处理器方向转变。从那以后，英特尔公司彻底转型为一家全球著名的微处理器生产商。在面临巨大的市场危机时，安迪·格鲁夫和另一个英特尔的创始人戈登·摩尔一起，认真研究公司今后的发展方向。格鲁夫说道："要是董事长要炒我们的鱿鱼的话，你觉得新来的CEO会怎么做？不管如何，反正我认为既然退出了存储芯片的行业，那就换一个更有发展潜力的行业来发展吧。"就像他说的那样，他们真的就这么做了，这次转变让他们获得了前所未有的成功。

在这个例子当中，英特尔公司在面临自己无法掌握和控制的危机时，管理者善于发散思维，换个思路让公司的发展有了转机，这次行之有效的转化给英特尔公司带来了向另一个方向发展的契机，并最终取得了成功。

1981年，美国明尼苏达州的罗斯维尔市遭遇了一场史无前例的龙卷风。突如其来的灾难让一家CD店里的顾客都缩成一团躲避狂风，店里的橱窗玻璃也都被刮碎了。龙卷风过后，店里面目全非，只有这家店的老板理查德·舒尔茨还十分乐观地认为，尽管龙卷风带来了损失，但这损失还不是很可怕，大多数的光盘和音响都基本完好。应该说，CD店的老板理查德·舒尔茨是一个很有智慧的企业家，在灾难面前他没有失去信心，而是用一种积极端正的态度去思考灾难以后的事情。在思考过后，他决定在一个停车场进行一次甩卖活动，再把这次活动中的所有所得都投入广告造势。结果，在他的巨大的广告攻势下，CD店的这次宣传取得了惊人的效果，很多人都到停车场来买CD，以至于小小的城市因此而交通堵塞了好几公里的路程。活动取得如此大的成功是舒尔茨没有预料到的，但他很快就冷静下来，继续自己的第二个想法——商品不一定要在精美的货架上高价出售，即便销售的地点不尽如人意，主要前期的广告造势做得好，也同样能够吸引人们的注意，再把商品低价售出，一定会带来非常优质的收益。自从有了这个销售理念之后，舒尔茨就用自己的积蓄创办了一家电器超市，超市的名字就叫百思买。而如今的百思买集团已经发展成为全球最大的家用电器和电子产品零售集团了。

**第三，懂得发掘危机中的机遇，危机也蕴含着财富。**

机遇和挑战总是共存的，创业者如果不能从挑战中发现机遇的存在，那势必和成功无缘。

广州一家外资纺织工厂的员工张洋，他所就职的工厂在2008年的金融危机中受到冲击而倒闭了，张洋也下岗了。下岗后的张洋并没有失去工作的信心，其实在工厂打工时，张洋就萌生过要自己开一家家纺店的想法，只不过一直由于店租过高而没有付诸行动。这一次自己终于有了空闲和机会，只不过在金融危机影响下让很多人的店铺都纷纷关门，张洋在如此不利的环境下开店确实很罕见。但张洋明白，金融危机也带来了另外一个影响，店租要比此前便宜了很多，而且加上很多外贸企业迫于经济的压力，都想尽快处理库存，进货成本也降低了不少，这些有利条件都是在金融危机之前不存在的。经过仔细考虑，张洋还是认定这是个十分难得的机会，于是就开始筹钱开了一家家纺店，没想到这一次的开店成本比预计的还要低。此后以此为契机的张洋开始精心经营起了自己的家纺店，生意也越做越好了。

在真正的危机爆发时，只要能够正确面对，措施得当，危机中也有珍贵的机遇和财富在等待着你去挖掘，管理者要做的就是避开不利的条件，利用有利条件，化危机为良机，把握事业成功的契机。

## 策略5　要以水救火，不可以火救火

危机来临，企图挽救紧张局势或化解危机当中所采用的方法如若不当，不但无法化解危机，还可能适得其反。企业在经营管理当中，危机是难免的，只不过危机似火，企业是应该“以火救火”，还是“以水救火”呢？

20世纪80年代，德国奥迪公司曾麻烦不断，其中最引人注目的，应该算是该公司所生产的汽车在使用时“突然加速”造成7人死亡、400人受伤的一连串事故而遭到起诉的事件。就在同一时间，有消费者在美国的电视节目中也指出，奥迪公司所生产的汽车在司机停车的时候也会突然无缘无故地加速，以至于撞上前面的墙。

奥迪公司在遭遇这样的消费者指责后，却始终不从自己公司的设计上找问题，反倒一再辩解说，认定问题的关键不在于汽车本身，而是司机的驾驶技术问题，甚至在发布会上一再强调说，事故总是和那些有着特殊身体特征的司机有关系，正是因为他们身材特殊才会发生意外，譬如矮小的妇人。另外奥迪公司还声称，车子会突然加速的原因在于司机在踩刹车的同时误踩到了油门。

奥迪公司的这种做法肯定是不对的，即便他是清白的，无辜的，但在指责它的消费者面前，这种清白和无辜都是没有用的。他们的自我申辩，违反了“顾客就是上帝”的准则，让消费者感觉到公司对他们的事故并不负责，这就好比是上帝受到了子民的背叛一样。在消费者心里会留下奥迪公司不负责任的印象，在消费者发生如此危险的事故之后竟然还撒手不管。所以不论此后奥迪公司如何无辜，它的申诉使公司付出了巨大代价。在美国，一时间奥迪汽车的销售量锐减，甚至连停车场管理员在为消费者停车时都不敢碰奥迪车。

奥迪公司的这种做法简单说就是前面提到的“以火救火”，不仅没把火灭了，还越烧越旺。

另外还有一个例子，那就是曾经名噪一时的三株口服液。三株口服液由于忽略媒体报道的负面影响而最后破产，其实也是典型的“以火救火”的例子。

曾经在国内保健品行业风光无比的三株集团，用了短短三年的时间就把自己公司的销售额提高了64倍，销售额高达80亿元，打造出了无比辉煌的保健品三株帝国，一度销售网络遍布全国，甚至把触角伸到了各地村镇。

三株集团总裁吴炳新曾自豪地说：“中国第一大网络是邮政网，第二大网络就是三株网。”这么伟大的保健品帝国就因为一个常德事件，一篇“八瓶三株口服液喝死一条老汉”的报道，就轰然倒塌了。

“常德事件”官司在当时的三株看来是一定要赢的，只不过他们没想到却因此因小失大，使企业一蹶不振。

当然最后三株尽管胜诉，却也无法避免没落的悲剧。1997年三株口服液的销售额接近2个亿，而在“常德事件”发生后的1998年4月，三株口服液销售额就跌到了几百万元。一审判决后，三株正式员工数量已经从15万人减为2万人，直接损失达到了40多亿元。三株或许真的没想到，这么一个小小问题居然打垮了这么大的企业。

小危机很多人都试图以“以火救火”的方法去消灭祸害，却不想火越灭越大。实际上，不论是奥迪还是三株，他们都可能避免相应的悲剧发生。当危机发生之初，两个公司若是能够采取正确的方式去解决的话，或许“以水救火”的办法就可以化解危机。

## 策略 *6*　化危机为商机

庄子说，世间万物皆是“安危相易，福祸相生”，说的就是世间一切事物都处在发展和变化当中。安危相倚伏，福祸相包含，二者是融为一体的，不能分开的，只不过二者并不一成不变，而是在一定的情况下可以互相转化，即安全可以变成危险，危险也可转化为安全；幸福可以变成灾祸，灾祸也可转化为幸福。

庄子的辩证法充分说明危机与商机一定是同时存在，祸福相生，危机绝不会只是危机，必然是带着机遇同来。

如今的市场条件瞬息万变，企业的管理和运营不免会因为出现一些重大的、具有负面影响力的事件而面临危机。在商业社会中，危机就仿佛是普通的感冒病毒一样，总在不同的时间，不同的领域侵蚀着大大小小的企业，这其中可能包括产品瑕疵被媒体曝光，服务业遭遇投诉引起公众关注，重大意外事故，企业裁员或劳资纠纷，企业高层跳槽等事件都可能引发危机。所以人们常说危机可能发生在任何一家企业中，叫人防不胜防。

无论从哪个角度看，任何一次危机都包含了导致失败的根源，但同时又蕴藏着成功的种子。管理得当的话，就能够激发出危机中的成功种子，把危机变为商机。负责、有效的危机管理战役，能增加公众对企业的深入了解，赢得高度认同，优秀企业和企业家也就因此脱颖而出。

1982 年 9 月 30 日，美国芝加哥突然传出爆炸性新闻：7 人因服用一种叫“泰莱诺尔”的止痛药导致氰化物中毒死亡。除此以外，还有 250 人因服用此药物而致病。

这一爆炸性的新闻对“泰莱诺尔”的生产者——美国强生公司来说，几乎是一场猝不及防的大灾难。美国药品市场也因为这条新闻陷入了巨大的恐慌中，一切只因为“泰莱诺尔”是美国很常见的一种止痛药，每年 1 亿人次服用这种药品。一时间，“泰莱诺尔”被全部从货架上撤了下来。专家也呼吁强生公司立刻停止这种药的生产，新闻界更是蜂拥而至……

在如此大的公众信任危机面前，强生公司的反应非常及时。

强生公司立刻对事件进行全面的调查。调查结论发现，芝加哥地区 7 位药物中毒死亡者的死亡原因并非“泰莱诺尔”，而是一个疯子所为。他们不是因为服用了“泰莱诺尔”出了问题，而是因为有人在买药的时候掉了包，把氰化物倒进了药瓶，再把药瓶又退回了药店。而患病的那 250 人，他们的疾病也都和“泰莱诺尔”没有关系。

面对这一调查结果，强生公司仍不敢掉以轻心。中毒事件发生后，强生公司以最快的速度通知了食品及药物管理局，追回了在 31 个州外售的药品，当即销毁。强生公司还主动发出了 45 万封电报提醒各医疗单位提高警惕，公司内部设立了专用电话线，即时和新闻单位保持联系，还请世界健康组织向各地药品供应商发出通知，以确保“泰莱诺尔”的海外市场。自 9 月 30 日事件发生起，到 10 月上旬，“泰莱诺尔”全部停止生产。

此后强生公司也不放松了解“泰莱诺尔”事件的影响程度，还特别进行了为期 7 周的调查，其中涵盖了上千次的直接电话询问。电话询问结果表明，有 90%的人知道这次事件，不过让强生感到十分庆幸的是，居然在知情者中有 90%的人认为强生公司在该事件中不应该受到指责，毕竟在事件发生以后，强生公司为了公众利益已经采取了行动。了解了这些情况之后，在“泰莱诺尔”事件发生一个月以后，强生公司开始着力制定并实施市场恢复计划。

这次事件在业界很是闻名，强生公司的一举一动都几乎可以成为管理者的危机公关范本。这也难怪哈佛大学商学院的市场学教授 S.格瑟说：“这是在市场学里见到的最成功的危机公关处理案例。”

危机管理学在现代管理理论中是一个非常重要的组成部分。在企业遭遇突发事件时，能够有计划地处理危机事件，并把损失降至最低点。此外积极的方案还能利用危机，让企业的形象在危机之后重新梳理。美国大陆航空公司总裁格雷格·布伦尼曼曾说：“危机不仅带来麻烦，也蕴藏着无限商机。”

企业经营中难免会遇到很多的危急时刻，如果管理者在危机当中有很强的管理能力和危机公关能力的话，就可以在其中力挽狂澜，果断采取措施，做出英明决策。从另一个侧面来说，危机给管理者提供了一个千载难逢的机会，管理者只有变危机为商机，才能永立不败之地。

## 策略 7　保持危机意识不能丢

一个普通人最基本的要求就是一个安稳的家，每天能睡上一个安稳觉，这一切都无可厚非。不过安稳的安不同于苟且偷安的安，安于现状的安，这绝不是安稳。

19 世纪末，美国康奈尔大学做过一个著名的实验。实验人员抓来了一只健壮的青蛙，突然间把它扔到沸腾的锅里，此时在滚烫的开水里，青蛙面临的是千钧一发的生死关头，说时迟那时快，它居然用尽全力跃出了那口几乎能叫它丧生的锅，安全逃生。

半个小时以后，实验人员再拿来一口同样大小的铁锅，这次锅里放的是冷水，那只刚刚死里逃生的青蛙又一次被放进锅里。结果青蛙自由自在地在水中游来游去，可是实验人员又开始在锅底用炭火加热。青蛙还不知道发生了什么，只是自顾自地在水里游来游去。

慢慢地，锅里的水越来越热，青蛙开始感觉不妙了，只不过当它意识到自己已经承受不了锅里的水温时，它已经很难像第一次一样奋力跳出滚烫的锅了，渐渐地它欲跃乏力，全身发软，只能呆呆蹲在水里，直至被煮死在锅里。

说到这青蛙，很多人都会感觉一个企业的兴衰也类似这只青蛙现象。危机对于企业来说，不会是突然而来的灾难，一般来说都是潜在隐含的危机。就长远来看，企业若总是抱着“偷安”的心理，大多数情况下都会是“死路一条”。毕竟市场的容量是有限的，很多规律都已经是铁定的，再加上强势品牌的快速扩展，综合力量越来越强，“苟且偷安”的企业最后的结果只能是坐以待毙。

20 世纪 20 年代，美国最大的制笔企业是派克制笔公司。1954 年，派克制笔公司已经在 14 个国家设有子公司，全球的经销店有 120 家，这 120 家店都专营经销商经营派克金笔。每年派克制笔公司年产 500 万支金笔，笔芯 3200 万个，墨水 300 万吨，拥有 6800 名员工，这样的规模和产量在当时来说是世界上最大的高档金笔生产企业。

很可惜，时间不长。从 1980 年起，派克制笔公司就遭遇了连续 5 年的亏损，到 1985 年亏损额更是高达 500 万美元。1986 年 2 月，派克制笔公司最终被英国的一家公司以一亿美元的价格收购。

应该说，派克制笔公司由盛转衰是个典型的案例。早在二十世纪六七十年代，派克金笔举世闻名，可是繁荣的背后早已是危机四伏。派克制笔公司尽管在当时是世界上最有名的制笔企业，可是它身边也有不少竞争对手，美国市场发生的变化逼迫其他企业跟随着市场变化纷纷调整生产策略，把自己的生产策略转向生产书法笔和价格昂贵的高档笔，与此同时，还利用生产厂家在美国市场的代理权，在美国市场上推销自己的产品，应该说发展势头也是咄咄逼人。而在这股汹涌的浪潮冲击下，派克制笔公司却始终没有新的发展和经营策略，于是在美国的市场相继被占，销售额只能是大幅度下降。

可在这样的危机面前，派克制笔公司却一直没有发觉自己的不足，仍然沉浸在从前的美梦当中。这是为什么呢？这是因为当时美元疲软，汇率下降，派克金笔在国外的声誉仍然很高，每年在外的销量占掉了总销量的 70%。在国外市场的繁荣景象让派克公司的管理层还没有意识到已经危机四伏。所以他们对国内市场所发出的危险信号仍然无动于衷。直到有一天许多成功人士的上衣兜里别着的不再是派克钢笔时，他们仍旧没感觉到自己的市场已经被他人霸占。

另外，派克制笔公司的财务管理也非常松懈。由于公司的投资目标不明，因此派克的日常花销非常巨大，仅制笔公司的总部大楼，年花销竟达1.8亿美元。20世纪80年代初，当美元升值，派克制笔公司的王牌就在一瞬间崩塌了。

无论是企业还是管理者，应对市场变化时，要时时刻刻保持警醒的头脑，要有很强的危机意识，不满足现状、不安于现状，这才是成熟的管理者的姿态，切不可在浑浑噩噩中度日，更不可沉溺在暂时的安逸中。保持头脑清醒，善于在发展中“见微知著”，敢于“居安思危”，才能在风险中尽量规避危机的发生，保持健康永续的发展。

# 第十二章 不出户，知天下：打造优质信息平台

很多企业管理者总抱怨自己的下属中没有人才，或者抱怨自己手中没有足够的人才或者其他方面的资源。其实如果自己拥有一双善于发现的眼睛，如果自己拥有能够静下心倾听的习惯，那么不仅可以看到自己下属身上的闪光点，还能够及时找到自己可以利用的资源，甚至以前那些自己认为不是资源的资源，此时也能够为工作和企业发挥重要的作用。

## 【经典今解】

不出户，知天下；不窥牖，见天道。其出弥远，其知弥少。是以圣人不行而知，不见而名，不为而成。（《老子》）

足不出户，方可晓知天下事；不打开窗户，亦能分辨四季昼夜、天气暖凉。反而走得越远，奔逐得越具体，可能知道的事情也就越少，所以圣人们即便是不行万里路，也能知道天下发生的大小事，不见天也能知道自然发展的规律，不作为也能促成事情的发展。

子独不闻乎坎井之蛙乎？谓东海之鳖曰："吾乐欤！出跳梁乎井干之上；入休乎缺甃之崖；赴水则接掖持颐，蹶泥则没足灭跌；还奸蟹与蝌蚪，莫吾能若也。且夫，擅一壑之水而跨跱，坎井之乐，此亦至也！夫子奚不时来入观乎？"

东海之鳖左足未入而右膝已絷矣。于是逡巡而却。告之海，曰："夫千里之远，不足以举其大；千仞之高，不足以极其深。禹之时，十年九潦，而水弗为加益；汤之时，八年七旱，而崖不为加损。夫不为顷久推移，不以多少进退者，此亦东海之大乐也。"

于是，坎井之蛙闻之，适适然惊，规规然自失也。（《庄子·秋水》）

你难道没听说过浅井里生活的那只青蛙吗？有一天，它看见一只东海来的大鳖，就对大鳖说："我好开心呀，想出去，就在井口的栏杆上蹦蹦跳跳；想进来，就在这砖砌的井壁上休息休息；我跳进水里，水刚好托着我的脸和胳肢窝；当脚踩进泥巴时，泥深刚好淹没我的两脚，漫到我的脚背上；想想看，旁边的那些小虫、小螃蟹、小蝌蚪们，它们哪个能同我相比呢。而且，我一个人独占这一方水土，在井口的栏杆上，想跳就跳，想停就停，快乐极了！您怎么不经常来我这里参观参观呢？"

东海大鳖听了青蛙的话，左脚还没踏进井里，右腿已被井壁卡住了。于是，它只能在井边偷偷地徘徊了。过了一阵东海大鳖把它生活的大海的景象告诉青蛙，它说："用千里之遥也不能够形容海的辽阔；用千仞之高，也不能够形容海的深度。夏禹的时候，十年里有九年都是在闹水灾的，但是海水也并没有看起来增加很多；商汤时，八年里有七年是旱灾的，可是海水也不曾减少很多。这永恒的大海，不随时间的长短而改变，也不因雨量的多少而涨落。这才是住在东海里最大快乐呀。”

浅井里的青蛙听了这一番话，失落不安，两眼圆睁睁得好像失了神，深深感到自己的渺小。

## 【古为今用】

### 策略1　“市场”往往存在于外部世界

每个企业的赢利都是通过卖出商品，而且整个公司的运转也是靠卖出商品的赢利来维持。也就是说无论哪个企业，其商品都需要拿到外面的世界来接受考验，从而产生结果。那么作为一个企业的领导者，在面对这种外部世界环境的时候需要注意什么呢?

首先，知道“市场”对企业的重要性。

美国最大的一家食品生产公司，我们暂且称之为A公司，他们的最初销售模式就是通过零售商场来出售自己的商品。这样虽说保守但是可以保证赢利。直到前些年，A公司推出一系列主题食品，这时候公司调整营销战略，决定建设专卖店，这样就借机可以打响公司的影响力和知名度，于是他们运营了一段时间，却以失败告一段落。

没过多久，他们的竞争公司在经过深思熟虑之后就推出了一系列和A公司之前很相似的产品，不同的是他们将这一系列产品投入到Super Market中，而且还打出特别符合家庭主妇这个消费群体的口号：无须掌握烹饪技巧就能做出美味的食物，如此一来，通过超级市场的销售策略明显获得了成功。

从以上的事例中，我们分析，A公司之所以失败，并非新推出的食品质量有问题，最主要的是市场选择上有问题。通过专卖店来拓展企业知名度，打响企业品牌固然没错，但是这样一来就忽略了外部世界的机会。外部市场才是最广阔和最贴合产品消费群体的，放弃了这些，自然就失去了最大的市场和销售额，因此失败也在所难免了。

作为A企业的领导，一开始市场部署的时候就应该想到这一点，做好产品的市场定位、人群定位，把自己的商品卖给最需要的人群，才是正确的销售。所以在市场这个最重要的战场中，要能快速地给自己的产品找好位置，把握有利地形，才能取得竞争的胜利。

其次，产品是载体，卖出去以后在外部也能发挥作用。从经济学上讲，产品能称之为商品是从它进入市场并且被最终卖掉开始的，否则商品其实是不存在的。换一个角度就是企业如果不能让产品进入到外部世界中，那么它将无从获取成果，更是无从实现价值利益和企业发展目的。

一个公司的存在本身也是依靠外部世界的，毫不夸张地说，外部市场的状况要比企业产品本身更为重要。因为市场是变化多端的，而且它存在于企业外部风起云涌，很难把握。公司的领导可以随时调整营销战略，或者内部营销架构，但是他对于外部市场的大环境变化基本也是无能为力。

曾经有家知名家居用品的品牌，推出一种非常有新意的产品，这种产品能够在你操持家务的时候为你大大地减轻负担，甚至还能减少你的劳动力付出。除此之外，这款新品的质量也非常好，于是这家知名企业就打算要通过专卖店的形式来进行销售。他们坚信，只有这样，才能更好地为消费者提供有效的指导性服务。后来，他们在这款新品的宣传上也花了很大的心思，做足了广告，但是当产品投入市场后，销量却一直没有起色。再后来又投入一次宣传广告，销量依然没有上去。

该公司找到相关市场分析人员，在做了一系列调查后发现，这款新品功能虽然强大，也有新意，但是它的使用率较低，每套产品需要将近两个月才会使用一次，而专卖店所面对的市场很有限，很狭隘，并非该产品最适合的投放市场。分析员说类似于这样的产品比较适合投放于购买力大的市场，例如大商场、百货公司、购物中心等，可能这样面对的消费者更广才能打开销售市场。看来，在现今的市场里，购买力大的市场才有销售业绩，该企业听取了分析员的建议，又重新考虑了产品的规划和设计。

最后，外部世界也影响企业内部关系、信誉、影响力。

有位商学院的专家教授曾经说过，一个企业的信誉是一种综合的表现，它反映了这个企业的过去一切行为的结果，也展现了这个企业能够给予其有关利益群体产出价值的一种能力。企业的信誉往往是决定消费者是否愿意购买其产品的最大因素，因此可以说企业的信誉也算是在外部世界里关于这个企业的综合呈现。一个企业在建立初期和发展的同时，都应该顾忌到自己的信誉，积极维护企业形象，在消费者心中要树立起信誉的典范，也只有这样才能在如今残酷的商业竞争中取得成功。

美国最大的电力公司中，杜克电力公司曾经专门做过一项关于公司信誉的调查，主要目的是想知道在顾客心中，杜克电力公司到底是怎样的一个公司。他们不需要顾客喜欢公司，只是希望通过一系列专业的评定方法，来得出杜克电力公司对顾客来说是否真的有信用、非常可靠、没有欺骗，能够真实地满足顾客的需求，还有就是在顾客心中杜克电力是否有环保意识、关心环境问题。

那么，为什么杜克电力公司这么关心自己的信誉呢？公司的副总裁说，目前的市场竞争形势愈来愈激烈，想要让自己的企业能够在百万企业中脱颖而出，最好的方法除了让自己的产品和服务到位，最重要的还是要在顾客心中塑造良好的企业信誉，这样才能加强企业品牌的影响力。那么如此一来，最客观地了解公司的信誉情况就显得尤为重要。

杜克电力副总裁的一席话很有道理，现如今的外部市场中，产品都是向外出售的商品，无论是小小的纽扣，还是庞大的流水线机器，所有的东西都在努力做着销售。而同行业之间的竞争，已经从以往的价格、技术、品质、性能，慢慢缩小到相差无几，那么接下来能够左右顾客产生购买决定的就是相关企业的品牌影响力和信誉问题了。

当然，还有一点不容忽视，那就是外部世界的影响力也会对企业内部产生反作用，尤其是对于员工的忠实度、员工之间的关系等都有着很大的影响。有关心理学研究者曾在其学术论文里写过，利用企业在外部世界所获得的影响力也能够改善企业内部员工的效忠程度。换句话说，公司在外部世界获得的名利、信誉、知名度会在公众视线里形成良好的形象，而这种形象使得企业内部员工有一种自豪的优越感，员工们会以自己在该企业工作而骄傲，所以说这点对员工是非常有吸引力的。另外，如果企业发展前景一片良好，经济效益也是直线上升，那么员工得到的福利也会不断增加，这些对于企业内部员工来讲都是诱惑力。有数据显示，如果一个公司的信誉能够增加 1%，那么这个公司的业绩就会提供 11%，能够着实加强企业的信誉，在市场竞争中才能获取有利的武器，对于企业的未来发展也是非常有好处的。

## 策略 2　多倾听，才能取长补短

交谈是我们生活中最为常见的一种沟通方式，但是，倾听同样是我们生活中非常重要的一种沟通方式。一个懂得倾听的人，能够让整个谈话变得顺理，而且使得双方在这次谈话中都能够得到有价值的信息。

其实古今中外很多的成功人士都是懂得倾听的人。他们能够有他们的成就，和他们的倾听分不开。他们懂得“三人行，必有我师”的道理，所以他们在和别人交往的过程中可以放下自己的架子，并且认真倾听对方的讲话。他们可以通过倾听的过程中为别人塑造一个得到尊重的坦诚交流的氛围，并且可以将此作为双方共同学习的途径，可以开阔双方的视野并且使双方都获得知识。一次良好的倾听可以拉近双方之间的关系，可以加深双方的感情，同时能够增进双方的友谊，以促进双方共同提高。

当别人在不顺心或者悲伤痛苦的时候，我们能够耐心倾听对方的讲话，那么很快就可以达到感情上的沟通，你的倾听就能够减轻对方的痛苦，可以给别人安慰，而在这个过程中你也会得到对方的信任和感激，在之后别人肯定会更加感激你。

松下幸之助是日本著名的“销售之神”，他曾经在讲到自己销售经验的时候，说道：“我在销售的时候，会去耐心倾听对方在讲什么。”而松下幸之助给别人留下的最深的印象就是懂得倾听。曾经有个人拜访了松下幸之助，然后在之后说道：“能够和松下幸之助交谈是让我开心的一件事情，你会感觉非常轻松，你根本感觉不到他就是全日本最著名的销售之神。他的态度非常和蔼和自然，一点都感觉不到傲慢，当我们在提问的时候他总是听得很仔细，连很小的细节都不会放过，从来没有看出不屑一顾的表情。在拜访他的过程中我总结出来了一点，松下幸之助先生的成功包含在他的倾听之中。”

豪斯是威尔逊总统时期的副总统，豪斯先生在工作方面非常出色，他的一位朋友曾经评价他道：“豪斯先生是一位非常优秀的听众，我想正是因为他的这种态度，使得他能够胜任威尔逊总统的副总统。豪斯和威尔逊的第一次见面是在纽约，当时他懂得倾听的态度吸引了威尔逊，所以也赢得了威尔逊的好感。”

一些心理学家指出，那些善于倾听的人更容易获得一种融洽的人际关系。因为倾听别人讲话本身就是一种赞许和认可，那么对方就会积极回应你的肯定，并且使得双方都得到好感。

不管是松下幸之助还是豪斯，他们都是懂得在人际交谈中倾听的人，所以在企业中的各级管理者也应该懂得这种方法，在倾听的过程中拉近自己和讲话者之间的距离，同时也得到对方的认可。

戴尔·卡耐基被誉为“美国现代成人教育之父”，他也是20世纪以来最为伟大的心灵导师之一。曾经有一次戴尔·卡耐基到纽约去参加一个宴会，在这次宴会中他遇到了一个植物学家，他在和这位植物学家的交流中总是认真倾听，认真听对方在介绍很多植物以及各个不同的实验。在那次晚宴之后这位植物学家给晚宴的主人讲到戴尔·卡耐基是一个非常有涵养的人。而事实上就是戴尔·卡耐基的倾听得到了这位植物学家的好感。

一个懂得倾听的管理者能够给别人一种平易近人的感觉，能够拉近双方之间的距离，并且能够得到对方的认可和信任。而一个下属的信任对于一个团队来说是有很大的好处的。虽然倾听看起来非常简单，但是要真正实行还需要通过以下几方面来注意。

首先，当我们在倾听别人谈话的时候，要注视对方的眼睛，这样的话对方就会知道你在认真听他的话，要不然对方会认为你不喜欢听他的讲话。

其次，当在倾听别人讲话的时候，要适当给予回应，提出一些自己的看法和见解。这样对方会认为你对他的讲话非常感兴趣，这就是他对你的一种肯定和赞扬。

最后，交谈的过程中一定不要打断对方的讲话。如果非常着急要改变话题，那么最好等对方讲完要讲的话。要不然打断别人的讲话是一种非常不礼貌的行为，我们可以适当巧妙岔开话题，但绝对不能打断对方的讲话。

在现实生活中总是会遇到一些心胸狭窄的不懂得倾听的人。那些急于求成的人总是不喜欢倾听别人的讲话，那些老谋深算的人更是不愿意去倾听别人的讲话，而那些被利益冲昏头脑的人更是不懂得倾听别人。这些人总是会认为倾听别人的话是在浪费自己的时间，倾听别人的讲话会损害到自己的利益，他们根本不懂得倾听中的乐趣。

倾听是一种非常好的习惯，让别人多开口说话，我们就能够知道对方要讲的事情，所以善于倾听的人总是比不善于倾听的人知道得更多，同时也收获得更多。

## 策略3　善于发现并利用身边的资源

法国雕塑大师罗丹曾经说过："对于我们的眼睛而言，这个世界从来不缺少美丽，而是缺少发现。"其实通过某种角度来说，资源也是这样，并不缺少只是欠缺发现的眼睛。其实在我们的身边总是有太多的资源需要我们去挖掘，资源就在我们的身边，就看我们该怎么去利用。

每个人的素质和能力都不同，所以当我们在面对资源的时候，对这个资源的看法和认识就有所不同。所以我们在实际工作中要懂得善于观察，并且不断提高自己的综合素质，不断培养自己独到的、敏锐的眼光。另外，我们还应该具备辩证的思维方式，能够分清楚哪些是好的资源，哪些是不好的资源；知道哪些资源对我们有很大的用处，哪些资源则是潜在的资源……当我们具备了这种分析的能力，我们就要对自己所拥有的资源进行整合，从而达到事半功倍的效果。

这里我们就将那些是资源但是又还没有开发的资源进行阐述和研究，看看挖掘资源需要注意哪些方面。

首先，我们要坚信人才是最重要的资源。

人才是一个企业中最为重要的资源，每个企业都有自己潜在的人才库。就比如联想集团之所以有今天的规模，绝对和他们的人才分不开。企业的管理者想要挖掘并且管理人才有很多方法，但是唯一要注意的是要懂得挖掘，尤其是一些潜在的人才，一定要挖掘出来让其能够为企业贡献力量。而要想要从企业的内部挖掘能够任用的人才资源，需要注意以下两个方面。

第一，对企业内部的人才时常进行盘点。

人才盘点其实就是针对当前所有的管理者和员工进行一次内部调动，通过这种方式提高他们的工作效率。这主要有如下三方面的意义：可以打破之前存在的职位高低、工作优劣的观念，从而让每个员工都意识到在任何一个岗位工作都很重要，让员工之间通过调换岗位得到更好的锻炼；人才盘点的过程可以提高员工的工作能力，一个人在一个岗位上做了很长时间的工作之后，就容易让大脑迟钝，甚至思维僵化，所以要进行人才盘点，更换工作岗位之后他们就可以站在一个全新的岗位上，有助于他们激发工作热情，能够让他们在新问题面前得到更好的成长，这对他们的工作能力有很大的帮助；进行人才盘点还可以开发员工的创造性思维，一个人长期处于一个固定的岗位中，他的思维就会固定化，这不利于他们在工作中有突破和创新，如果他们可以调换一下工作岗位，那么他们的创造性思维就会得到开发，从而更有利于之后的工作。

第二，让全部员工参与到决策中来。

现在的社会正在高速发展，各个企业也纷纷推出了自己的人才制度，可以说管理一个企业非常不容易。如果企业对下层的员工在管理的时候管理太多，那么就会降低员工的工作积极性，自然不利于企业和个人的发展。解决这个问题最好的办法就是全员决策。

企业可以邀请企业中的员工、中下层管理者等一起开会讨论，而且参与者的身份都相同，大家可以在会议中各抒己见。一般情况下，一个基层员工对自己的工作了解程度远远高于一个管理者，所以管理者如果横加干涉他的工作，往往不能够深入，反而会产生企业中的官僚主义。所以鼓励所有的员工参与到企业的决策中来，这样企业的工作效率会大大提高，而决策的正确性也能够得到保证。

其次，管理者应该跳出来，看到更全、更广的层面。

苏轼曾经写过一首诗："横看成岭侧成峰，远近高低各不同。不识庐山真面目，只缘身在此山中。"在这首诗中就包含了善于发现的道理。对于庐山的观察如果通过不同的角度看到的就不同。虽然看到的都是庐山，但是不同的角度呈现出来的景色不同。而当我们身处庐山的时候看到的往往只是一小部分，想要看到庐山的真正面貌，我们还需要跳出来，在庐山之外看庐山，让我们拥有最全新的视角，这样才会让我们有豁然开朗的感觉。

在一个企业中同样也是这样，我们在企业中难免受到一定的限制，所以我们无法看到企业中的全部资源，这对于一个企业来说是非常大的浪费。

关于挖掘资源方面，一位不愿意透露姓名的企业管理者说："每个人在面对一件事情的时候就好比是看到一个大鱼缸，每个人都面临着这样的选择：要做鱼缸中的鱼，还是做鱼缸外边的人。如果做了鱼缸里面的鱼，那么这一辈子就要受别人的摆布，自己不能左右自己的命运；而如果做站在鱼缸外边的人，那么你就可以非常清楚地看到周围的一切事情。"一个管理者掌控着一个大局，当他们在做任何决定的时候，一定要跳出固定思维，跳出自己所处的环境，这样自己去分析和判断才能够得到更准确的答案。

最后，要懂得对自己拥有的资源进行整合，这也是最为关键的一步。

管理者对这个概念一点都不陌生，从现在经济学的角度来看，资源整合就是对某个特定的区域、空间以及时间范围内的资源，在市场机制为主导的前提下，优化这些资源，进行合理配置、合理挖掘、合理利用，并且有效增加各个资源之间的联系，能够让它们相互协调、相互补充，从而达到最为优化的资源配置，以提高企业的运作效率。

资源整合是每一个企业都要面临的重要问题，合理的资源整合可以将之前没有发挥效果或者被遗忘的资源重新利用，所以管理者一定要重视这种方法，因为这对一个企业来说非常重要。

## 策略 4 跳出周边的环境思考问题

安东尼·罗宾是世界上著名的潜能激励大师，他曾经说过：“人类生来就需要成就一番事业，每个人的生命中都有成就事业的一颗种子。”所以，我们要相信我们每个人都是有价值的，我们都有可能成就一番事业。但是很多人都是因为外界的环境而改变了自己，并且否定了自己。他们将自己的优势和才能丢弃，也忘记了自己所拥有的有价值的理念。如果身边有人给他说过“你不够资格”类似的话，慢慢地他就真的认为自己没有资格，所以自己也会感觉自己真的什么都不行；但是如果周边的人能够不断给予你鼓励，那么这个人就可以强大起来。所以一个人周围的环境非常重要，这种环境甚至会影响到一个人的一生。

尤其是一个企业的管理者，他的交际范围非常广，所受到的环境影响非常大，那么这种管理者就更要注意周边的环境，尽量让自己不要受到环境的影响。企业家其实更像是一个“外交家”，他们必须拥有超强的外交能力。第一，他们要说服投资方给他提供资金；第二，他们要说服客户认可他们的产品并且购买他们的产品；第三，他们要和恶意的竞争对手进行竞争，防止他们被算计；第四，他们还需要合理解决员工的问题，然后恰当处理他们之间的关系。如上的一些问题都是一个企业管理者必须要面对的。

所以，面对如此复杂的人际关系，一个管理者需要坚定自己的立场和原则，避免受到周围环境的影响，从而协调好各个方面的关系，让企业和企业中的员工都能够顺利发展。其实有时候跳出了自己所处的环境，那么就会发现很多问题会很好解决。那么我们在面对周边环境的影响时，该怎样跳出这个圈子合理思考呢？

首先，思考那些试图影响你的行为和意识的人有什么目的。从而知道自己该怎么去做，如果能够思考清楚这个问题，我们就不会盲目依从了。

曾经有一个非常努力的小姑娘叫威廉李斯，她在学校的成绩非常优秀。但是如果她在学校的考试中得了 A 的时候，她的父母就会非常开心，然后给她很多的奖励；但是她偶尔得一次 B 的时候，她的父母就会非常生气。后来一次，威廉李斯给自己的父母写了一封信，在这封信里威廉李斯写道："只有得到一个 A 我才是一个成功的人，而得到了 B 我就是一个失败的人。"

在这个小故事中，威廉李斯的父母给孩子灌输的这种观念，直接影响到了孩子的行为和意识。但是我们可以想一想，作为一个学生，威廉李斯学习的目的并不是为了得 A，而得了 A 也未必代表她非常成功。学习的最终目的是为了更好地认识这个世界，更好地利用自己所学到的知识，绝对不是为了去得 A。所以我们在做任何事情的时候，我们都需要认真思考一下，我们所做事情的真正目的是什么，不要被错误的思想所左右。

其次，当别人说你不行、说你不够格的时候，一定要相信自己，相信自己可以做到这些，不要被周边的环境所影响，不要放弃自己的目的和追求。

曾经有一个叫雷斯特尔的传教士到各个监狱中去给犯人们传达福音，他在这个过程中了解到，在这些犯人中有90%的人都有同样的经历，那就是他们的父母一再打击他们，告诉他们“你怎么努力也不会改掉你的恶习”。所以这些人最终来到了监狱中。

通过这些数据我们可以看到，周边的环境的确会影响到一个人一生的发展，而且会对一个人的心理产生很大的影响。一个人正是在这种被否定的环境中成长，他们心中那种犯罪的意识才会逐渐滋生，最终无法解脱。对于自己所处的环境，对于周围人们的看法我们一定要有一个自己的判断，我们要始终相信自己，要明确自己的想法和理念，不要让周边的环境压倒自己，我们要试图从环境中得到解脱。

美国曾经有一个著名的足球运动员叫弗兰，他于1961年开始在职业队中踢球，在他入队的时候一些专家对他评估道：“弗兰如果去做全场指挥的话，他的双脚太慢了，而且身体太弱，无法承受大量的运动。”面对这样的一份评估，弗兰并没有放弃自己的理想，也没有退出足坛。最后他通过自己的努力成为了全队的核心球员，而且最终获得了一次“最佳球员”。

再次，周围的环境是客观存在，是无法改变的，我们抱怨环境没有任何意义，我们更无法左右环境，所以我们要在环境中找到突破的空间。无论是抱怨还是叹息都没有任何的作用，就算是我们将责任推给了周围的环境，但是我们的人生却没有办法改变了。

曾经有一位音乐造诣非常高的音乐家，他经常代表自己的祖国参加一些世界性的音乐盛会。后来他在政治上遭受了迫害，被囚禁了起来。每天他只能露出头来吃饭，四肢都没有办法动弹，就在这样的环境中他身边的囚犯都无法忍受下去，最后一个个自杀了。只有这位音乐家最后坚持了下来，而得到了释放。

释放后不久，他得到了邀请去参加一个音乐盛会，他于是在灯火通明的大厅里进行了演奏，人们发现他的音乐比入狱之前更加动听，演奏技术也更加高超。

有些人百思不得其解，于是询问他说："你在被囚禁的时候，四肢都不能动弹，每天只能露出头来吃饭，为什么几年之后的演奏你还是如此高超，毫无生疏之感？"于是这位音乐家解释说："在我的脑海中就有一架钢琴，我的身体虽然不能动弹，但是我的思想每天都在不断弹奏钢琴。"

其实这个故事告诉我们，就算我们所处的是逆境，也不要让周围的环境左右我们，只有我们拥有战胜逆境的勇气，命运才能掌握在我们自己的手中。

最后，我们可以踢开周围的环境，解开束缚让自己踏上更好的道路。

爱迪生小的时候是一个问题儿童，他最终退学。有一次，爱迪生的老师在课堂上教算术，爱迪生就问自己的老师："老师，为什么 1+1=2 呢？"老师说道："爱迪生，你现在拿出一根铅笔，然后再拿出一根铅笔，然后看看是不是两根铅笔？"随即爱迪生拿出两个软糖，然后对老师说："你看老师，一个软糖然后加上一个软糖还是一个软糖。"他在说话的时候用力将两个软糖揉在了一起。老师不知道该如何回答了。

接着爱迪生又说："老师，假如将两杯水倒入一个更大一点的杯子中，那还是 1+1=2 啊？"这个时候老师有点不耐烦了，于是对他说："你可真烦人，你自己好好想想这个问题吧，我们继续上课。"然后老师继续开始讲课了。

过了一会儿，爱迪生又一次举起了手，老师非常生气地说："你又有什么事情？"爱迪生说："老师，为什么鸡蛋里面会孵出小鸡呢？"老师说："那是因为母鸡给小鸡加温了。"爱迪生又接着问："那为什么母鸡给鸡蛋加温就可以孵化出小鸡呢？"老师还是无法回答爱迪生的问题。后来这个老师有点惧怕爱迪生的问题，而老师们对这个好学的学生越来越不喜欢了，最终爱迪生只能选择了退学。

但是爱迪生并没有屈服于周边的环境，同时也没有放弃他的理想，他在自己母亲的帮助下，开始慢慢研究这些问题，并且最终成为了全世界著名的“发明大王”。

其实上面的这些故事都很简单，其中所包含的道理也很朴实。但是不管是一个普通人，还是一个企业的高级管理者，在遇到问题的时候都应该效仿上面提出的几条建议，能够跳出自己周边的环境，能够敢于和逆境抗争。当然这里讲到的抗争并不是和周边的环境对立，因为对立的最终结果只能是两败俱伤。我们要懂得巧妙利用周边环境的优势，经过自己的努力，从而达到一个共赢的目的。这样无论是对一个人还是对一个企业都非常重要。

## 策略5 收集信息要有选择性

著名的心理学家哈洛韦尔曾经说过：“人类历史上的人类从未像现在一样需要接受如此多的信息。”美国的一项权威数据表明，一个美国人每天接收的信息量为34G。现在我们所处的时代是一个信息化爆炸的时代，信息越来越多了，但是人的精力却越来越有限了。所以在现在如此多的信息中找到对自己有用的信息却非常不容易，这需要花费很大的时间和精力，也需要我们对所有的信息进行有效的整合。

而对于一个企业来说，信息的了解、掌握和利用是一个非常重要的过程，也是一项非常重要的内容。我们需要时刻擦亮自己的眼睛，看到周围存在的或者隐藏着的信息，在此中找到自己工作中需要的信息，对自己行业的难点和热点问题进行收集，了解客户急需解决的问题等等。这些信息对于自己企业的工作，尤其是企业的推动方面有很重要的意义。

田志刚在个人知识管理方面颇有研究，他就讲道：“学海无涯，我们该学到什么时候呢？现在的信息这么多，而且知识的更新周期这么短，人就算是不吃饭、不睡觉也不会学到多少知识的。所以在学习的过程中怎么学是很重要的一个问题。如果对这方面的经验比较欠缺，那么学习就会很慢，而且自我竞争力的提高也不会很快。”通过这段话我们可以看出面对这么多的知识，有选择性地学习才是最重要的。

其实老庄的思想同样适用于这种信息的收集和选择工作。准确找到自己所需的信息，提高自己对信息工作的认识，在这个基础上，将我们所能够掌握的信息进行把握，处理好各个信息之间的关系，从而确保收集到的信息的准确性、合理化。想要做到有选择性地吸收自己想要的信息，如下几点不得不注意。

**第一，要对自己收集信息的目的明确。**

只有确定了自己收集的目的以及自己的方向，才不会盲目地寻找目标。我们现在接触的信息越来越多，涉及的方面也越来越广，这些信息中有些是对我们的工作有用的，而有些是对我们生活有用的，但是有大多数是对我们工作和生活都没有用的。所以我们在收集信息之前一定要明确收集的目的。因为拥有了这样的目的才不会让自己收集的信息重复或者多余。而且我们收集到的信息一定要切合实际，这对我们解决问题有很大的参考价值。

**第二，要制订一个收集信息的计划。**

为了在信息收集的过程中不出现遗漏和重复，我们需要确定一个收集信息的计划。这个计划的制订一定要从实际情况出发，对各种信息源的具体情况进行仔细分析，尤其是要明确自己该从哪些方面去获取信息，而这些信息的可信度又怎么样？如果信息量过大，那么我们在信息收集的过程中就要进行合理化地删减，或者选择有代表性地进行收集。另外，我们在收集信息的过程中除了从报纸、电视等介质中搜集之外，还要懂得利用互联网，从而拓展自己的信息来源。收集资料有时候并不是越多越好，而是越精越好，所以互联网这种信息的开拓非常有效。

**第三，收集信息要广泛和深入。**

一个人如果想要自己收集的信息足够深入，足够全面，就需要深入到各种群体的人脉关系网中。而且在收集的过程中不要只看信息的表面化，更重要的是要挖掘表层之下更深层次的东西，并且从中找到规律，找到任何问题最深层次的原因。

**第四，不断培养自己对信息的敏锐性。**

我们现在所处的这个环境各种信息瞬息万变，而各种各样的商机也是稍纵即逝，所以我们就需要有敏锐的信息观念，在日常的生活中就需要注意到市场的动态和趋势，多问几个为什么，对信息中展现出来的问题多做一些了解，然后逐步提高自己的分辨能力，以及分析和研究的能力，不断增强自己对各种问题的敏锐度，并且及时找到自己所需要的，以及对自己有价值的东西。

**第五，收集到的信息不但要多元化，而且要有质量。**

选择信息的时候，不能只盯着一种信息去收集，而是要多元化收集信息。但是收集的信息并不是越多越好，因为很多信息是没有质量甚至是重复无用的，所以我们收集信息还要保证质量。我们所收集的信息一定要将重点放在质量上。我们要对各种信息进行筛选和概括，从而找到对我们有用的信息。

**第六，我们在收集信息的时候要冷静，要认真。**

我们要对企业的发展情况做到心中有数，然后开始逐层分析，并且从各个角度、各个方位进行选择和整理。我们要保持冷静的心态将一些粗浅、无用的信息进行整合，从而找到这种信息的深层意义。也只有经过这样处理的信息对我们才更加有用。

# 第十三章 惟道是从：守自我之道做自我管理

管理者的管理，不单单是对别人，对下属进行管理。自身的管理也是非常重要的一个部分。一位管理者，若是连自己都无法管理，那他该如何服众？如此一来，管理也就变成了棘手的事情。因此，守自我之道，做好自我管理也是一件极为重要的事情。

## 【经典今解】

孔德之容，惟道是从。道之为物，惟恍惟惚。惚兮恍兮，其中有象；恍兮惚兮，其中有物。窈兮冥兮，其中有精，其精甚真，其中有信。自今及古，其名不去，以阅众甫。吾何以知众甫之状哉？以此。（《老子》）

大德的内涵，是由道所决定的。只有在“道”中才能了解到“德”的真面目。而“道”这个东西，恍恍惚惚地存在于人们的脑海中。“道”是万事万物本质规律的体现，是客观存在的。恍恍惚惚中似乎有形态的存在；恍恍惚惚中又似乎有实体的存在。它是如此长远而幽深，在这长远幽深之中，又包含着生命之源。而这些生命之源又是十分真实的。如果天地没有这些生命的原素，天地就不能长久，人类没有这些原素，人类就无法生存。而且其中还包含了应用不失其时的信验，与循环不息的根据。从古到今这现象从未消失。它是检验万事万物来源于发展的依据。我怎样才能知道万物的来源与发展呢？就是通过这个方法。

## 【古为今用】

### 策略 1　洞悉趋势，着眼未来

作为企业管理者应该要注重了解市场趋势，唯有积极了解局势，着眼于未来，具备敏锐的洞察力，从“风吹草动”中见微知著，才能从中发现机会，并及时把握机会，为企业的发展保驾护航，掌控企业未来的发展方向。

彼得·德鲁克曾经说过一句话：“管理者的一项具体任务就是要把今天的资源投入到创造未来中去。”对于一个优秀的管理者的要求是着眼于未来，而非沉迷于过去。是否能够立足现在，掌控未来，是考验一个企业生存价值以及个人生命意义的重要依据。

对中小企业来说，企业的生存发展，与管理者对当前市场局势与发展趋势的把握程度更是直接相关。一个企业的未来发展，是企业内外生存环境共同影响决定所产生的结果，并且存在一定的潜在变化规律。企业管理者如果具备足够敏锐的洞察力，就能发现这些规律，并为其所用，以此做出正确的决策，把握企业的未来命运。相反，如果管理者缺乏洞察力，不能发现这些规律，在制定决策时，因为对市场形势的分析失误做出了错误的决策，很可能给企业带来无法挽回的损失，甚至使企业遭遇灭顶之灾。这就像蝴蝶效应一样，小小的风吹草动，都有可能暗含玄机，所以管理者的眼光对企业的发展来说是至关重要的。

伏尔泰曾说：“使人疲惫的不是远方的高山，而是鞋子里的一粒沙子。”就像在日常生活中，能够带给我们困扰或者迷惑的通常是那些鸡毛蒜皮的小事，一些不吸引人注意的细枝末节的东西，往往能够不断地消耗我们的精力、体力，直到我们被击垮。

人们通常把企业之间的竞争比喻成一场没有硝烟的战争，商场就犹如战场。大多数企业家认为在这场没有硝烟的战争中，保持敏锐的洞察力，并及时准确地把握企业的内部和外部环境，是让一个企业取得胜利并立于不败之地的关键。想要使自己的企业在众多竞争对手中脱颖而出，成为行业领航者，获得长远的发展，这就要求管理者具有前瞻性的思维，比别人看得更远，听得更分明，就像顺风耳、千里眼一样。只有管理者思维拥有足够的前瞻性，企业才能在市场竞争中占得先机。

**第一，懂得见微知著。**

着眼未来，了解市场环境的发展趋势，具有先见之明，能见微知著，从繁杂而细微的信息中准确地筛选出有利于企业未来发展的部分，并根据这些信息有预见地做出合理充足的准备。即使对于不利于企业发展的信息，也要做好充分准确的应对措施，保证临危不乱，举措得当。

**第二，完善企业人才体系。**

人才的大力支撑，是推动企业未来发展的重要因素之一，尤其是在知识经济时代，建立完善一套有效的人才机制，主要内容包括引进机制、用人机制以及考核机制。引进机制要求管理者能够选择并吸引业内最优秀的专业人才；用人机制要求管理者发挥人力资源的最大优势，做到知人善任、人尽其才，组织适当培训，挖掘员工潜力，帮助员工尽快适应企业的成长；考核机制则要求管理者注重于员工的绩效考核工作，建立奖惩分明的考核体系，奖励先进员工，鼓励后进员工，使公司内部能者上、平者让、庸者下。

**第三，创建合理有效的管理机制。**

建立卓越有效的管理机制，能使企业在面对危机时，也能进行科学的管理，在管理机制的基础上保证工作顺畅运行。成熟有效的管理机制不仅是对企业管理者管理层的要求，也是企业发展追求的目标，它能保证公司的决策得到顺利执行。

**第四，提升综合创新能力。**

现代企业要实行有效的管理还需要通过不断创新，培养管理者自身的创新意识，讲究创新文化。创新型企业要求企业拥有自主的知识文化产权与核心技术，能独立生产知名品牌，要求管理者具备良好的创新意识和企业管理文化，让企业领先于同行业管理水平，保持企业特有的竞争优势以及长期发展的能力，在管理创新中形成鲜明的特色。因此想要实行有效的管理，创新是企业不可或缺的能力。有统计资料表明，我国拥有自主知识产权以及核心技术的企业，只占有总数万分之三的比重，高达99%的企业没有申请专利，另外甚至有60%的企业还没有自己的注册商标。大多数企业仍然处于“有制造没创造，有产权没知识，有品牌没品位”的产业初级阶段，由此带来的是整个企业创新意识与创新能力的落后，导致企业无法实现同行业领先发展水平，甚至长期游离于行业的低端阶段。

如今，企业的发展需要创新，创新需要人才。这些道理都是相通的，这不仅为企业的发展谋求道路，还能给国家的兴旺、民族的繁荣提供源源不竭的动力。

**第五，建立良好的学习模式。**

世界经济正处于全球化的发展趋势，各种商业信息、商务资讯都处于一种濒临爆炸的状态。如此大量的信息冲击犹如一把双刃剑，对企业的发展有利有弊。尤其在新技术、新平台、新形势处于不断更替的情况下，企业经营意识和管理模式也发生了全新的改变。只有建立新型的学习模式，在吸取理论界各种新式管理思路的同时，不断进行探索、尝试，总结出具有自身特色的管理方式，才能走在时代发展的前沿，立于竞争的不败之地。

阿里巴巴主要创始人之一马云也说过：“如果你不懂电子商务，未来将无商可务!”他们虽是处在网络营销领域，但也体现出了商业发展趋势。对大多数企业而言，管理者的水平直接关系到企业未来的发展方向与和发展潜力，影响着企业的未来。成败与否，只在一念之间。因此，为了从容应对新的挑战，把握新的机遇，管理者必须不断地提升自己的综合素质，根据市场局势不断调整企业定位。

## 策略2　开阔眼界，明确目标

宏远的目标和理想，能够照亮我们前进的道路，为我们指引前进的方向，给我们不断前进的力量。对我们自身要求而言，就是要将目光投向远方，拥有明确的目标和方向。

方向与目标两者相互依存，只有把握正确的方向，并以此不断迈进，才会实现既定的目标。

有这样一个例子，一位长者遇到甲、乙、丙、丁四个饥饿的人。长者将四个人分成两组，分别是甲和乙，丙和丁。然后分别赐给他们每组一根鱼竿和一篓活鱼，让他们自己决定如何利用。甲和乙认为应该一人一样，于是甲选了一篓鱼，他认为该优先填饱肚子，而乙选择了鱼竿，他认为有鱼竿了，就有源源不断的鱼。结果甲吃光了那一篓鱼之后，不久就饿死在那个空鱼篓旁边。乙也因为太过饥饿，在提着鱼竿去海边的路上就晕倒了。

而丙和丁就不一样了，他们并没有选择分道扬镳、各奔东西，而是在商量过后带着鱼和鱼竿继续结伴前行。他们一起踏上去海边的旅途，一路上两个人为了节约口粮，只有每逢饥饿难忍的时候才共同煮一条鱼吃。。不知道这样结伴走了多久，他们终于到了海边。两人兴奋地吃完了最后一条鱼，然后用老者所赠的鱼竿，开始以钓鱼为生。几年过后，他们就各自拥有的房子，家庭，子女，并不再是单靠钓鱼维持生计，而是建造了自己的渔船，拥有了长期稳定的工作。

相同的事物面临不同的选择，导致了四个人截然不同的命运。甲目光短浅，只看到眼前的利益；乙虽有长远的目光，却空有志气，忽视了实现目标应有的资本。丙和丁就不一样，同样是鱼竿和一篓鱼，通过合理分配和利用，以踏实的脚步，一步步共同实现自己的长远目标。

这个问题阐述一位优秀的管理者，必须清楚明确自己的方向与目标。唐太宗贞观年间，一匹马和一头驴子是好朋友。马在贞观三年（629 年）被玄奘选中，前往印度取经。

17 年后，马驮着佛经归来，到了长安便去见驴子。老马向驴子说起旅途中遇到的神话般的世界，走过的沙漠浩瀚无边，翻越的山峰高耸入云，闯过的火山炽热无比，一切都闪现着奇幻的波澜……

驴子听后大为惊异，不禁感叹：“你走过那么遥远的路途，经历那么奇幻的事情让我想都不敢想。”老马说：“其实，这 17 年，我们走过的路途距离是一样的，在我前往印度的时候，你也一刻没有停留。不同的是，我跟随玄奘大师，有一个明确的目标，始终向目标前行，因此，我们看到了更为广阔的世界。你却被困在狭隘的天地，双眼被蒙蔽，一直围着磨盘打转，永远无法走出去。”

马和驴子，由于目标不同，导致两者看到了完全不同的世界。好的目标与有目标不能画等号，企业要制定一个好目标，一定要与企业长远利益和员工特点相结合。彼得·杜拉克有句名言：“目标是方向，而非命运。目标是承诺，而非命令。目标只是动员企业资源与能源，塑造企业未来的手段，无法决定企业的未来。”

管理者必须明白目标在企业中的重要性，明确目标特性，懂得如何将目标与日常工作相结合。管理者必须利用科学有效的制度和程序，明确目标的方向并以此实现目标，而不是单纯依靠管理者随意而发的感性思想来达成。

结合实际的有效目标管理能够帮助管理者减少盲目工作，摆脱惯性思维，更有利于发觉自我潜力，提升发展空间。优秀的目标管理者通常具备自我奉献精神，目光长远，保证不断朝向目标努力工作。管理人员应懂得“吾日三省吾身”，应时常问自己：自己为企业的发展付出了怎样的努力？如何让自身优势得到更好的发挥，完成别人或自己之前无法完成的工作？这不仅是正确实现目标的方法，也是对目标管理者的基本要求。

管理者无法做好自己的工作，并非因为应有的知识与经验积累不足、缺乏足够的想象力，而是因为他们无法做到眼光朝上，只重视某些基本思维，而忽略了成果的重要性。他们只关心自己的付出能否换来相应的收获，自己有没有受到亏待，还有人抱怨职位太低，眼中只有自己手中所能掌握的职权，这种心态给工作带来消极作用，不注重做事效率，又何来成果。他们忽略了成果的重要性，一名管理者在工作中的知识能力，与自身价值，只有依靠成果才能得以体现。

管理学家认为，管理者要突破各项内在或外在条件的限制，超越自我，就必须强调目标的重要性。只有懂得时刻利用自己的内在优势，为企业和员工共同的目标做出贡献才会把自己的工作与客户、需要服务的人群等联系起来，明确工作对象，发现自身工作的意义。实际上，也只有重视目标明确目标，才能彰显自己的才能，卓尔不群。

提升自我，增强调控情绪能力就是善于把握自我，调控自身情绪，能时刻保持乐观心态并懂得如何及时化解紧张情绪。

一名成熟的领导者应该能够及时有效地控制自身情绪。哪怕遇到了违背自己本意的事情，都得及时控制自身情绪，避免过激的言行。开阔的胸襟，是一名领导者成就大事，达成目标的必备因素。

由此可见，作为一名管理者，应懂得忍字当头，在该忍的时候不及时忍耐，最终损害的是企业与自身的利益。

一位美国经理曾经负责管理印度尼西亚海洋的石油钻井台，某天，他发现一位员工表现比较糟糕，便对那位员工怒斥道："你这个没用的东西，赶紧收拾好东西滚回去吧!"这番话使该员工的自尊心极其受挫，心底涌上强烈的怒意，他二话不说，操起斧子就朝经理冲过来。经理大惊失色，立刻往工棚里逃窜。谁知那位员工也一路穷追不舍。幸亏最后钻井台的其他工作人员及时赶到，才避免了这场恶性事件的进一步发生。

这件事的起因就是美国经理鲁莽冲动，没有控制自己的情绪，给事情带来恶性发展。

忍耐不光是一般人所应当遵循的美德，更是一名优秀管理者所必须具备的品格。在某些特殊场合上，针对某些特殊的人与事，必须掌控自身情绪，做到喜形不露于色，愠怒不露于外。

尤其对于一名成熟优秀的管理者而言，情绪控制能力的强弱与管理工作直接相关。管理者情绪的好坏，甚至直接影响到整个企业的氛围。如果管理者的负面情绪无法控制，有可能会影响整个企业员工的士气与工作效率。所以，管理者必须时刻注意控制自身情绪，即使遇到违背自己本意的事情，也要避免有过激的言行。

当一个人对你加以辱骂及嘲弄时，无论他做得是否有理，请你记住，相同的报复态度，只会让事情变得更糟。

因此，请你拒绝生气，把握自身情绪的控制，冷静应对，那么，你已经掌控了事态的主动权。

善于掌控情绪的人，更容易保持平静愉悦的心态，更能乐观应对困难，承载更多压力，从而成为自己生命的主宰。他们善于理解他人，与他人建立并维持友好的人际关系，能有气度地化解人际交往中产生的矛盾。这样的掌控力，将我们一生的幸福与成功都握在了手中。

要拥有掌控力，首先要认真地进行自身反省："我是否有被愤怒冲昏头脑的时候？""我能控制好自己的消极情绪吗？""我能承担自己情绪所导致的后果吗？还是，我习惯将责任推卸于他人身上——我没有错，是别人让我生气、愤怒、失去理智……"要想抑制这些不良情绪，不妨参考以下几点。

**第一，提高自身忍耐力与抗压能力。**

站在领导者的角度分析，顽强的忍耐力和高度的抗压能力是公司领袖所需具备的最重要的素质。人生难免坎坷，公司领袖的成长道路，也免不了挫折、打击、失败，如果不具备强有力的忍耐力和抗压能力，面对恶劣环境和打击挫折便溃不成军，就不可能迎来成功。

李·雅科卡在春风得意之时，被亨利·福特无情地解雇。但雅科卡没有因此认输，他欣然接受克莱斯勒汽车公司的聘请，采取一系列措施，使濒临危机的克莱斯勒汽车公司重新步入正轨。自己也因此成为美国商界的传奇人物。

你一旦被挫折击垮，就可能一辈子都抬不起头；反过来，当它被你击垮，它就永远服服帖帖，任你差遣。

挫折也被人看成一种"投资"，借此能得到收益。但一味盲目地"投资"，是无为之作，并不是我们所提倡的。我们应当有愈挫愈勇的精神，不断克服眼前的困难，超越自我，而不是一味地沉溺在痛苦所带来的存在意识，这是颓废的、病态的心理。

挫折是对公司领导者心理素质的检验，并有助于强化和提高其忍耐力与承受能力。只有具备坚定的意识和强大的内心，才能历经挫折不被压垮，从而顺利完成公司的使命。

**第二，领导者要善于调节自身情绪。**

领导者要善于调节自身情绪，首先要正确评价自己。既不要过分拔高，也不必太过自谦。保证自我评价的客观性，才能在处事待物的过程中正直坦率，维持内心深处的安宁，信心十足，同时又不盛气凌人。

完全认清自我，客观条件必不可少，主观思维难免导致片面武断的评价，客观条件的反应与他人对自己的态度、评价，是认识自己一条重要途径。通过观察别人眼里折射出的自己，可以消除以自我为中心造成的认识障碍。想要努力克服自己的心理弱点，就要懂得进行自身规划，不怕磨炼，坚持完善自我调节的过程。

自我宣泄是一种最自然的情绪调节方式。通过拳击、跑步、打球、健身等体育活动可以宣泄掉工作中无法表露的负面情绪。体能消耗通常伴随着强力有效的心理宣泄，由此可见，适当的体力活动对维持公司领袖的心理平衡十分有利。需要注意的是，情绪宣泄需要适宜的对象和场所，宣泄对象最好是以物为主；至于场所，应选择就近、方便、无干扰的地点。

补偿，是另一种自我心理调节的有效方法。大多数人都希望拥有一个不被工作琐事侵占的私人天地，在私人天地里，可以摆脱日常工作给我们带来的束缚，享受生活的另一种乐趣。这个小天地可以是自己的家庭，可以是自己的密友。管理者可以从家人、子女、朋友那里得到心理慰藉。

当心理调节用艺术的方式表达，就是常说的自嘲。现代管理者的显著作风之一就是幽默。管理者的豁达、聪慧和机智都在幽默中得以充分体现，又能减少与群众间的隔阂。自嘲是幽默一种超脱的表达方式。当人们讽刺林肯有两副面孔时，林肯自嘲式地说："大伙瞧瞧，如果我还有不同的面孔，我会选择这一个吗?"自嘲式的幽默，能够有效摆脱因遭到不利处境而导致的尴尬，这种方式百试不爽。

自我心理调节能力的存在与否和能力的高低，是判断企业领袖是否具备成熟心理素质的标志。通常情况下，如果企业管理者具备坚强的意志、刚毅的性格，以及较强的忍耐力和承受力，那么在面对挫折与困难时就能够及时地完善自我心理调节，重整精神再次投入战斗。相反，生性懦弱、承受能力差的管理者，一旦遭遇挫折与困难，便不能及时调控自我心理，被失败意识所击垮。

**第三，领导者面对危机要处乱不惊。**

1. 商业竞争中保持镇静

公司领袖承担着公司象征和灵魂的重大职责，要具备良好的心理素质，面对纷乱复杂的局面也能处变不惊，保持镇定，有足够的能力和自信处理企业危机。

在如今竞争日益激烈的商品经济社会中，唯有临危不惧、处乱不惊的心理素质才能领导自己的企业乘风破浪，立于竞争的不败之地。

2. 喜怒不形于色

人人都有七情六欲，都有表达情绪的自由。但对于企业领袖来说，要担负起肩上的重担，必须做到喜怒不形于色。在面临生死存亡的重大危机面前，沉着应对、勇敢刚毅、果断决策，带领大家走出困境，这是领导者必须担负的责任与必须完成的任务。喜怒不形于色是否等同于领导者心中不存在喜怒哀乐呢？当然不是，这只是管理过程中逐渐培养的心理素质，象征着顽强的毅力与坚韧的自制力。无论面对胜利还是失败，领导者都不能因为个人情绪的偏失做出错误的预想和决策，这是管理者应有的责任，是一种眼光。

管理者必须以饱满的热情与自信迎接每一个任务，哪怕任务再艰巨，情况再复杂，危机再严重，也没有理由选择退缩，顽强坚韧是管理者必须遵循的品质。愈是面对困难与危险，人们就愈发需要督促与鼓励，需要精神上的支柱。公司领袖应及时为下属提供所需要的帮助，以防他们精神崩塌，丧失信心与激情，公司领袖首先自身要保有必胜的信念才能稳定和调动员工情绪，带领企业和员工取得真正意义上的胜利。

真正优秀且成功的领导者都有高于一般人的品质，这样的特殊品质并非与生俱来，多半是通过后天磨炼所得。一般人追求的是生活本身，但对于领导者来说，真正追求的是生活以外的事物，只有当他们高于生活，才能获得比一般人更加坚韧强大的力量。一个公司濒临破产，想要摆脱困境，首选的最佳措施是选择一名具有极强心理素质的公司领导者，只有当领导者自身具备坚定的意志和充分的信心，才能让公司员工获得新的力量与激情，在此基础上实行一系列改进措施，公司就有可能摆脱危机，重新走向繁荣。

在一个企业中，领导者良好的心理素质不仅让自己面临危机时做到处乱不惊，更重要的是，领导者的信心与力量能在整个公司中得以传达，也就是说，管理者的心理直接影响与带动整个企业的员工。正是由于管理者的不断疏通与鼓舞，才令整个企业上下员工的力量得到团结，避免员工各自东奔西走所导致的士气低落、人心涣散，充分发挥集体的潜在力量。

## 策略 3　沟通、沟通、再沟通

管理是人与人之间的工作交流，永远离不开沟通二字。及时有效的沟通能够有助于管理者迅速解决和处理员工间的问题与矛盾。为什么有些管理者能受到大家的尊敬，显得魅力十足，而有些却令人避之唯恐不及？为什么有些管理者能够帮助企业员工相互协作，创建以凝聚力为中心的强健队伍，而有些却只能对员工的绩效表现出担忧，无法采取有效措施。通过许多实例，我们不难发现所有成功的管理者都具备一个共同的特点——卓越的沟通能力。真诚有效的沟通，能够有效地跨越管理者与员工之间的代沟，巧妙而正确地利用沟通手段，不但能够赢得他人的尊重与信任，还能增强企业的竞争力与凝聚力，从而开拓新的事业道路。

在日常工作中，我们不难听到一些员工的抱怨，他们觉得自己的付出没有得到相应的肯定与回报；交予上级的合理化建议没有得到重视和采纳；与同事相处不融洽；对工作环境不满意……这些都是导致员工失去工作热情与积极性的重要因素，并直接影响整个企业的效益与工作效率。而导致这些员工的抱怨与不满的根本原因，是管理者没有进行及时有效地沟通，使上级与下级之间形成隔阂。

构建和谐的沟通机制是企业管理者首要面对的问题。

某企业的事业部业务发展迅速，该部门领导者为解决人手不足的问题，请人事部帮助协助，进行招聘。在挑选到合适的候选人并约好进一步交流面试的时间后，该负责人却以工作太忙、没有时间为由，仅随意见面后便通知试用，结果不由而知，最后由于双方没有进行充分的沟通交流，无法达成共识，导致试用者不满离去，问题最终没有得到解决。

当然，这样极端的例子并不多见，多数管理者在招聘过程中都会保持严谨的态度。但这也足以告诫我们，对于企业所需要的人才，管理者应给予足够重视，充分灵活地运用沟通这一手段，企业对人才需要的不仅仅是“吸引”，更重要的是“留住”，将人才引进后，也要进行有效的疏理沟通，充分发挥人际沟通交流的积极性与创造性。

事实上，仅凭一己之力，领导者是很难做好管理工作的，在这个过程中，领导者必须借助他人的力量，相互协作，才能出色有效地完成工作任务。由此可见，一个领导者的成功，跟他与员工之间的有效沟通是密切相关的。

在此，我们结合具体事例，总结出以下几点与员工沟通的技巧。

**第一，主动沟通。**

康熙年间曾发生过一件轰动整个安徽桐城县的奇闻。宰相张英家想盖房子，地界却与邻居叶秀才家紧紧相靠。叶秀才便要求张宰相留出一条供他们出入的道路，不料张家不顾反对依旧沿着叶家墙根砌起了新墙，理由是地契上已写明“至叶姓墙”。

叶秀才也不是好惹的主，一纸状书告到了县衙门，不顾亲朋好友的劝说，执意打起了官司。张家管家急忙写信禀告宰相张英，不久便收到回信，信中只有一首诗：“一纸家书只为墙，让他三尺又何妨。万里长城今犹在，不见当年秦始皇。”

张管家立即领悟到主人诗中的意思，马上告诉叶家，张家决定明日拆墙，后退三尺。叶秀才也看完宰相张英所写的信，内心十分触动，便同样拆了自己的墙，后退三尺。这就是通城县著名的历史名胜“六尺巷”的由来。

对于一名企业领导者来说，主动沟通，拉近与员工间的距离，更能显示你作为领导者的风范和博大胸怀。优秀明智的领导者善于建立和谐友好的员工关系，与员工真诚主动地进行沟通交流，使企业团队保持高度的凝聚力与向心力。

**第二，体谅他人。**

一个企业当中，所有人都有共同的经营目标和理想规划，万事应懂得体谅他人。大家团结一致，所有困难都会迎刃而解。遇到难处，不能一味替自己开脱，应多站在他人的角度，反省自身，替对方着想。

**第三，互帮互助。**

联合国教科文组织“国际21世纪教育委员会”发表报告《学习：内在的财富》，报告中列举出对现代人最基本的要求之一：“学会共处”。当你希望得到他人的尊重时，应当首先懂得怎样尊重他人。你对别人的态度直接决定了别人会如何对待你。愿意在别人面对困难的时候伸手相助，才有资格让别人帮助自己走出困境。

**第四，团队意识。**

著名的拓扑心理学创始人库尔特·勒温曾以男孩为对象做过一个实验，实验过程中将他们随机分为三组，每组配备一名成年人担任领导者，并分别以民主、专制、放任三种不同的领导方式进行管理，共同完成指定任务——使用纸面板制作面具。

实验结果显示，民主型领导方式的群体工作效益最高，每位成员都具有高度的自觉性和责任感，即使没有领导者在场监督，工作效率也没有产生下滑趋势。其次是专制型领导方式，成员自觉性较差，工作缺乏主动性，只有管理者进行临场监督时，大家才会表现出相对服从的态度。而放任型领导方式效益最低，对任务完成的质量与数量都非常差。

民主型领导方式之所以能够产生如此高的工作效益，就在于，民主型领袖善于倾听与接受大家的意见，实行决策民主化，一切遵循群众意见，管理过程中强调“我们”为主的集体观，更能塑造成员的团队意识与凝聚力。

团队意识能增强整个部门的集合力，产生一加一大于二的“系统效应”。团队意识表现为企业全体成员的向心力、凝聚力与责任心。团队不仅仅是单纯人的集合，更是集体能量的融合与爆发。在团队中，增强以“我们”为主的集体意识与团队观，平等友善、善于交流、谦虚谨慎、接受批评、化解矛盾，增强自身的团队价值观，那么，这将给你的企业和团队带来永不枯竭的原动力。如果你能够做到灵活运用以上沟通技巧，并严格要求自己，就必定能收获诸多益处。

## 策略 4　分清工作的轻重缓急

一名优秀的领导者，应该对每天日程表上，工作的轻重缓急进行明确细分，避免被一些琐碎繁杂的事物所干扰，导致真正重要的工作没有得到及时解决。在此有一种避免琐事缠身，最切实可行的方法。首先，要认清自己在工作过程中的优势和劣势，扬长避短，将不擅长与不该做的事情一一列出，抽丝剥茧，再优先完成自己该做的事，做到从容管理、有的放矢。因为对于管理者而言，肩负的责任重大，每一个决策落实都关系到对社会、对企业、对员工的责任。所以，应尽量对事情进行全面分析，避免一步错满盘皆输的局面。

有句话说得好，“高层管理者正确地做事，中层管理者做正确的事，下属员工把事做正确。”这其中所包含的就是职责定位的问题。那么，对于企业领导者来说，如何分清事物的轻重缓急？又该以何种姿态面对工作中的各项事务呢？

**第一，实行分权制度。**

国内大部分企业还处于创业的起步阶段，尤其是一些中小型企业，为了节约工作成本，许多事都亲自去做，一人多能，一人多职，一个人管理企业上上下下、大大小小的全部事情。只要有关企业的工作决策，都事必躬亲。这样的管理，一旦时间长了，不但会为管理者增加不必要的负担，还会让员工产生精神上的懈怠，对企业的发展、员工的成长造成不利影响。所以，企业应尽可能地实行分权制度，避免权力过于集中而造成的工作压力。学会放权，用人不疑，疑人不用。

**第二，明确自我定位。**

还有一部分管理者，由于对下属工作效果不满意，就将所有的工作揽到自己身上，造成自身职责定位的不明确。有些设计师出身的管理者，他们将更多的注意力放在了“怎样设计出好东西”上，从而忽视了企业的本质工作——管理。大多数情况下，管理者都把自己当成一名独当一面的将军，而非掌控企业的统帅。

微软公司的创始人比尔·盖茨在计算机领域有着天才般的卓越才能，同时也具备十分优秀的管理能力。他能保证自己在做管理工作与技术开发的时候，两者互不干扰，同一时刻只全身心投入一门工作。事实证明这样的做法完全正确，因为这能够让他有足够的精力，一心一意完成眼下的工作，而不受到外界的影响。

苹果公司的前任总裁乔布斯在担任公司CEO期间，同时担负公司的管理、运营以及技术开发的工作。虽然他在软件设计方面的才能丝毫不逊色于比尔·盖茨，但由于他没有注入足够的精力在这上面，导致各项工作都是绩效平平，甚至还一度被公司罢免。

**第三，认清本职工作。**

子曰：“不在其位，不谋其政。”意思是不担任这个职务，就不去过问这个职务范围内的事情。但是许多管理者依旧不懂得这个道理，自认为工作质量与数量是画等号的。但事实就是——一个司机在开车的时候，如果没有专注于驾驶，其他的事情即使做得再好，也是失职。

由于传统文化的根深蒂固，我们总会对身兼数职的人给予鼓励与褒奖，却忽视了他们对“分内之事”的完成度。所谓“不在其位，不谋其政”，就是向我们指明，当我们不在这个岗位上，就要明智地提醒自己，对他人的权力范围表示合理的尊重，做到“不谋”。

美国一家医院有两名实习医生一男一女。其中女医生不光专注本职工作，还会主动热心地为患者提供必要的帮助；男医生却截然不同，他遵循自己的分内工作，遵守各种规章制度，对职责外的事情都充耳不闻。

后来，医院一年一度的实习医生评选，结果却出乎所有人的意外，男医生被选上，女医生落选了。在大家都对此感到不解的时候，院长出面说明理由："医生本职工作是替患者看病，她虽然主动帮助患者解决问题，但这并不是她职责内的事情，这只会影响自身的本职工作。一名优秀职员的前提就是做好本职工作，所以，她是失职的。"

**第四，辨别事物缓急。**

现代企业管理，难免出现许多繁杂琐碎的事物，领导者要实行有效的管理工作，就必须分清事物的轻重缓急，决定事物的优先顺序。一个动物园的管理员发现园中的袋鼠从笼子里跑出来了，于是动物园开会讨论，一致认为是笼子的高度过低。于是，他们将笼子的高度由原来的 10 米加高到 20 米。结果第二天他们发现袋鼠还是会跑到外面来，于是他们又决定再将高度加高到 30 米。但是，第二天依然有袋鼠跑到外面，最后，管理员们开始考虑砌围墙及张网等措施。但是，他们在做这些看似重要的大事的时候却忽视了，袋鼠们跑出来的原因其实是因为笼子门上的锁坏了而已。

在管理中，有些事情其实很简单，只是被我们忽略了，没有去做，而是去做那些看起来很重要，却没用的事。因此，一个企业管理者面对每天纷繁复杂的事物，要有辨别能力，不去做那些看似重要的却并非重要的大事，这样才有精力去做好该做的事。

**第五，保持思维高度。**

有一位企业家，平日对许多大事几乎不过问，只过问三件事：财务状况、产品质量、市场反馈。除此之外，更多的时间是运动和旅游，但是企业的发展状况却非常好，市场开拓非常快。

事实之所以如此，就是因为这位企业家没有被企业管理中纷繁杂乱的事物和表象所迷惑，抓住经营的几个关键点。企业大发展就会保持遵循原有的轨迹，不会产生太大的偏差。再大的事情，也有不重要的，再小的事，也有不能错过的。站在企业发展的最高处，保持思维的睿智，有一种透过现象看本质的气度。这才是属于一位成功管理者应该把握的关键。

优秀的企业领袖不一定要做出异于常人的卓越成就，在管理工作中，大事不代表事必躬亲，小事不等于无须过问。企业的做大做强，不是要惊涛骇浪，而是要在平稳中求发展。一名优秀的管理者不用面面俱到，只要把主要精力和时间投入到自己的本职工作当中，将本职工作良好地完成，便足以称之为优秀。

## 策略5 全心投入工作，体会工作的乐趣

管理者要善于发现工作中的乐趣。其实，每项工作都存在自己独特的乐趣，当你全心投入，你会逐渐体会工作领域所独有的内涵，慢慢地熟悉与了解更多的人和事，拥有许多属于自己的故事与特殊回忆。你越来越熟练地掌握工作技能，并不断巩固提高，你会发现工作中的问题变得越来越容易解决，这就是你一步步不断进步的过程。当你与上司、同事、下属频繁沟通，与他们维持和谐的人际关系，培养真挚的情谊，你会深刻体会到工作带来的乐趣。

当你全心投入工作，你不仅能够及时出色地完成工作任务，还能承担一些额外的工作，获得突出业绩，从而获得升职加薪的机会。这个时候你会发现，这些原本努力工作的动机，让你在达到目标的同时又收获了额外的自信、成就感以及

他人的尊敬。

工作是否能引起你强烈的兴趣，并激发起你的热情，取决于你的工作态度。当然，我们利用工作谋生，用自己的劳动换取报酬，以此满足自身的生活需求。但是，仅仅为了生存的工作会让我们觉得无聊乏味。因为缺乏兴趣，你对工作感到厌倦，无法投入，绩效平平，于是你越发觉得焦虑紧张，感到巨大压力，唯恐失去工作。长期沉溺这样没有成就感且焦虑的状态下，你又会衍生出空虚、迷茫，自卑的心理，甚至自暴自弃。如此看来，我们不妨把工作视为一件艺术品，需要你潜心研究，精心雕琢，才会让它得到他人的赞叹，令你发自内心地感到骄傲、引以为豪。只有全身心投入的努力才能换取我们对工作的兴趣和热情，这也是帮助我们走向成功的驱动器。

工作不仅为我们提供生存资料，帮我们获取信心与成就感，还充当我们人际交往的重要媒介。几乎每个人都通过工作来了解世界、与他人共同专注研究同一事物，再以相同或相关的工作为媒介，互相沟通交流，相互合作或者竞争，从而建立自身主要的人际关系网。

为此，我们也对管理者如何培养工作激情，并保持工作中的愉悦进行了详细的分析。

**第一，培养工作热情。**

你对自己工作的热爱源自于积极向上的心态，它能转化成充沛的精力帮助你全身心投入工作，并发现工作的乐趣所在。当你有足够的热情投入到工作中，就必定能够出色并且高效地完成工作任务。

你所做的工作是否是你所喜爱的，或者所从事的职位是否是你所擅长的，这些都无关紧要。你暂时无法决定另外的工作内容或职位，但你可以决定自己的工作心态。当你以积极明朗的态度迎接每一份即将到来的工作，专注于自己所做的事，你会感受到意想不到的快乐。没有绝对单调乏味的工作，每一份工作，只要你全身心投入，以积极的态度去对待，都会收获其中的乐趣。只要认真对待，每一份工作都能帮助你逐渐成长，最终提升和完善你的自身水平。

**第二，在工作中完善自我。**

在工作中发现自身的优势与劣势，并以此挖掘自己的潜能。工作的过程就是令人不断成长的过程，能够帮助我们发现自我、认识自我，以自身优势来弥补不足。工作并不会永远一帆风顺，其中总会遇到各种各样的困难，当你全身心投入工作，为找到解决方法而苦心钻研，为了寻求问题突破口而不断巩固加深相关知识与技术时，你会发现自己的分析能力、动手能力、学习能力，甚至创新能力已经步入了一个新层次。

**第三，感受他人带来的愉悦。**

在全心投入工作的同时，应当注意维持好与同事间团结和谐的关系，此时同事会因你对工作的用心投入与和善态度而乐于跟你配合，让你享受默契搭档带来的愉悦；你的上司、亲人、朋友都会为你的小小成功而感到快乐。当然，你自己也融入成就所带来的快乐，但是，独乐乐不如众乐乐，与他人一同分享的快乐能带给你更为真挚的愉悦感。

如果你只是为了维持生活工作，就很难发现工作的乐趣所在，更不用说产生工作激情，一个无法将激情投入工作当中并得以维持的人，不可能在事业上有大的成就。李开复说过：“我辛勤工作，不是因为我贫穷，而是因为我充满着激情。”激情的确是激发我们自身创造潜能的原动力，也是获取成功的路上不可缺少的要素。一些业绩突出的企业家、科学家、艺术家，他们因为怀揣对工作的热爱与激情而全心投入，因而获得比别人更高的成就，他们有创意有想法，愿意为了更好地解决工作上的问题而积极开动大脑，从而开拓出新的事业领域，提升新的事业高度。我们收获到的成功和快乐，与我们对工作的付出成正比，对工作投入度越高，获得的成就就越高，努力工作能获取他人的尊敬，体会成就带来的愉悦。

每天为了工作而奔波的人，更多的感受是充实、开心。他们不像那些经常无所事事的人，整日抱怨生活乏味，命运不公。相比之下，工作带来的乐趣足以填满生活的无聊。

有敬业精神的人，无论从事何种工作，都会带着强烈的责任感尽全力去做好，即使工作再繁杂琐碎，也能全身心投入其中。

## 策略 6 适时休息，劳逸结合

或许你对工作有热情、有兴趣、有充足的精力和精湛的技术，或许你承受着巨大的工作压力、繁重的工作任务，或许你急切盼望成功，不愿轻易辜负家人、同事的期望。为此，你孜孜不倦地工作，牺牲休息时间不停加班，将工作日程排得满满的，你漂亮地完成工作，受到上司的青睐、同事的尊重，你的事业蒸蒸日上。你为自己的事业绘制出美好的蓝图。可是，当你试图依照自己选择的道路，全程冲刺，奔向成功时，你还是在中途无奈地倒下来。或许你离成功只有一步之遥，但你无法迈开双腿，你必须停下来休息，此刻的你只能眼看着对手从你面前从容经过，迈向成功的终点。因此，请你在为事业奔忙的同时，注意及时适时休息，只有持续不断为自己补充工作的正能量，才不会因为过度疲倦，在成功的前方迫不得已停下来。而且此时的你身体可能已经完全透支，需要经过长时间的休整才能继续投入工作，而在这段时间里，你的对手正一步步超越你，你努力的成果正被别人随手拾起，你付出了百分之九十九的汗水，却没有换来百分之一的回报。

即使你再怨天尤人叫苦不迭，也已经来不及了。就算你勉强支撑，靠疲惫的身心取得了成功，那也只是侥幸的，暂时的，你身体的快速损耗无法将这份成功维持下去。事业道路漫长，“身体是革命的本钱”，这句话不只是挂在口头说说而已。我们应当明白，健康是一所能源站，为我们源源不断地提供用以实现理想的正能量。只有失去它时你才会发现，你所拥有的一切都无法代替这所能源站的力量。

再优秀的管理者也只是普通人。在面对紧迫的工作和生活节奏时，懂得劳逸结合显然十分重要。适当放慢脚步，驻足小憩，可以维持充沛的精力与强健的体魄，为后面的工作道路打好基础。现代管理模式已经逐渐从“以事为重心”向“以人为中心”转变。这样的管理模式强调对人自身的生理及心理特点把握，要求管理者有依据地指定作息时间表。

制定科学的作息时间表需要考虑多种综合因素，生理科学理论、个人作息时间、工作性质、日常习惯等，经过详细分析，科学规划，找到健康的生活工作方式。

周末要尽可能放松身心、恢复精力。如果在这段时间你能够良好地完成工作任务，就尽量拒绝额外的工作，让情绪得到缓解。如果长期处于紧张工作状态没有得到放松，就会逐渐失去工作热情，感到工作越来越枯燥乏味，导致工作效率降低，以致无法按时按量完成工作，被迫加班，长期如此便形成了恶性循环，对你所从事工作不断带来消极因素，最终直接影响事业前途。

通常情况下，我们应尽可能地灵活安排作息时间。在每个时段内安排出适当余地，尤其要注重对业余休息时间的安排，你的朋友、同事常常会临时安排各种事情，或是临时加班的通知等，这些事你都无法推脱，并且会占用你很多时间。如果你将自己的时间排得过分紧凑，就会让你无法在需要的时候及时抽空，使你的作息规律被扰乱，破坏生活、工作的有序性。

相对于工作状态而言，休息的形式是多样的。当你站着工作，那么坐下即是休息；当你坐着工作，那么站起来即是休息。休息分为静态和动态两种。我们平时将“休息”狭隘地局限在静态休息的范畴，譬如睡觉，这样在不知不觉中减少了休息的机会。你时刻抱怨工作紧张，得不到休息，实际上是你自己不懂得如何休息。

休息与工作并不矛盾，休息是维持良好工作状态的基本前提，有时工作得到另一种形式的转换就是休息，并非所有的休息都要以工作时间作为交换。当你厌倦了单一乏味的工作时，不妨转换一下工作形式，使你因为长期工作而处于紧绷状态下的身心得到休息，这不但会增加你的工作兴趣，还能提高工作效率。休息有时也是工作另一种形式的体现，休息时你所做的事为你接下来持续稳定的工作提供保证。如果你在上班时间觉得工作累了，不妨伸展一下四肢，做个简单的按摩，或是犒劳一下自己，给同事帮忙跑跑腿，也可以收拾一下文件，整理一下办公间的卫生。这样自己获得短暂舒展的同时，又给一起工作的同事提供更为整洁的办公环境与温馨的工作氛围，何乐而不为呢。

我们不必选择睡觉的方式来度过宝贵的休息时间。做家务、阅读、和朋友聚会、K 歌、逛街、旅行以及会外的体育活动等都是可供你选择的。还可以借此机会结识一些新朋友，学习自己感兴趣的技能与活动。或许在这段时间内，你所学习的知识与结交的朋友会给你往后工作带来意想不到的收获。

我们在了解多种休息方式之后，就要学会灵活运用。在无法抽出特定休息时间的紧张工作中，不妨转换一下工作方式，在不断的工作中也能得到良好的休息与放松。

# 第十四章 无为而治：最棒的管理就是“不管而管”

管理，并不是说管得越多，管得越严格，效果就会越好。如果不能掌控一个度，结果就会适得其反。善于放权，乐于给下属提供民主的管理者，才是真正懂管理的领导。当一切都做到最好的时候，管理也就会变成一件“不管而管”的简单事。

## 【经典今解】

有物混成，先天地生。寂兮寥兮，独立而不改，周行而不殆，可以为天下母。吾不知其名，强字之曰道，强为之名曰大。大曰逝，逝曰远，远曰反。故道大，天大，地大，人亦大。域中有四大，而人居其一焉。人法地，地法天，天法道，道法自然。（《老子》）

在天地形成之前就有一个东西浑然天成。看不到它的形体也听不到它的声音，空虚而寂寞，可以不依靠外力而长久生存，甚至循环运动而不知道停歇，此物算得上是万物的根本。人们不知道它的名字，但是可以称它为“道”，再很勉强地给它起了一个名字——“大”。这个东西广大无比而永不停歇，并且一直延伸，伸展到很遥远的时候再返回本原。宇宙间有四大，分别是：道大、天大、地大、人大。人取法地，地取法天，天取法“道”，而道法任自然。

我无为，而民自化；我好静，而民自正；我无事，而民自富；我无欲，而民自朴。（《老子》）

我坚持以民为本的领导原则领导人民，人民就会得到教化；我对自己很严格，人民则会自然而然遵守规矩；我尽量不给人民增加麻烦，人民慢慢就会富裕起来；我没有过分的欲望，那么人民也就会变得淳朴。

文王观于臧，见一丈夫钓，而其钓莫钓；非持其钓有钓者也，常钓也。

文王欲举而授之政，而恐大臣父兄之弗安也；欲终而释之，而不忍百姓之无天也。于是旦而属之大夫曰：“昔者寡人梦见良人，黑色而髯，乘驳马而偏朱蹄，号曰：‘寓而政于臧丈人，庶几乎民有瘳乎!’”

诸大夫蹴然曰：“先君王也。”

文王曰：“然则卜之。”

诸大夫曰：“先君之命，王其无它，又何卜焉!”

遂迎臧丈人而授之政。典法无更，偏令无出。三年，文王观于国，则列士坏植散群，长官者不成德，斔斛不敢入于四竟。列士坏植散群，则尚同也；长官者不成德，则同务也；斔斛不敢入于四竟，则诸侯无二心也。

文王于是焉以为大师，北面而问曰：“政可以及天下乎?”臧丈人昧然而不应，泛然而辞，朝令而夜遁，终身无闻。（《庄子·田子方》）

文王曾经到渭水附近的臧地巡视，他看到一个老年人在钓鱼，但是他发现这个老人的钓鱼不用鱼钩，只是手里拿着钓竿而已。

文王召见了这个老年人，经过一段时间的聊天之后他就想把国家中的重要事情交给他去处理，他担心这个举动会引起其他大臣和自己父兄们的不安；但是这个老人实在是太优秀了，他又担心失去这样一个人才。于是到第二天早朝的时候，他对大臣们说："昨天晚上我梦到了一位良臣，他面孔非常黑，而且留着胡子，骑着一匹杂色的马，马的蹄子一半是红色的，他对我说：'将你国家的一些重要事情交给臧地的一个老头，因为他是一个千年难遇的贤良之臣。'"

诸位大臣听完之后都非常紧促地说："这不就是先王季历所下的命令吗？"

文王窃喜然后说："要不，我来占卜一下看。"

诸位大臣则继续说："这可是先王的命令，大王不应该猜疑，没有必要占卜了。"

于是，文王迎接来了臧地的这位老人，并且将国政交给了这位老人，这位老人上台之后并没有颁布任何法令，也没有修改任何的法典。经过三年时间之后，文王再次巡视全国，发现士大夫们都解除了朋党，地方官吏也都不敢贪赃枉法，都在同心协力。而其他不法分子都不会进入其国境。

文王看到这种情况之后，于是拜这位老人为太师，并且请教他说："这种政令可以推广到全国吗？"

老人对此没有回答，只是告辞了文王。而早上还在施行的政令，下午就已经不知所终了，从此再也没有了音讯。

## 【古为今用】

### 策略1　用最简单的方式做管理

其实往往复杂的东西不一定具有普遍性和真理性。很多大道理都是通过大量的事实认识之后而达到一定的境界，然后用最简单、最易于别人接受的句子概括出来。也就是“大道至简”的道理。

亨利·明茨伯格是全世界著名的管理学大师，他曾经说过：“管理是一种奇怪的东西，它的回报非常大，但是往往缺乏常识。”而常识则是人类共有的，通过大量事实证明过的真理。

最简单的概括往往是又通俗、又容易让别人理解的。但是很多人对这种简单的道理却不相信。

很多人告诉我们读书需要将书读薄，然后再读厚。而在管理中，我们很多时候需要将简单的东西复杂化，其实我们需要将其还原。一个管理者想要达到一定的境界，就需要懂得将事情简单化的方法。管理的目的也是将所有的东西简单化，一个管理复杂的企业终将会害了自己。

曾经有一个农夫经过了大半辈子的努力之后，终于实现了自己的理想，拥有了一座属于自己的牧场。

等到这位农夫的牧场开张的时候，他的朋友都来祝贺，同时也都来欣赏这里的景色。很多人都问这位农夫有没有给牧场取名字？牧场主非常得意地说：“说到名字真的很有意思，我的大儿子希望能够用自己的名字‘詹姆斯’；而我的小女儿则希望用她的名字‘司连丽’；我太太认为这里的生活让她感觉很开心，所以干脆就简单一点叫快乐牧场；而我一辈子的梦想就是拥有自己的牧场，所以我想叫它‘梦想牧场’，现在我们已经达成了一致意见，它的名字叫做‘詹姆斯司连丽快乐幸福牧场’。”

朋友们听完之后说：“名字听起来很不错，但是在你的牧场里怎么没有看到你喂养的牲畜呢?”农夫则回答说：“以前是有的，但是很多牛和马都因为忍受不了在身上烙那么长的名字，而逃跑了。”

通过这个故事我们看到如果将简单事情复杂化，那么会害死人的。同样的，如果一个企业的管理复杂，那么就会坑害这个企业。

清华紫光集团总裁张本正主张“管理的最高境界就是去除管理”。这里讲到的“去除管理”并不是不要管理，而是要让员工感觉不到管理的存在，管理制度不能束缚和约束员工在精神上的自由。

一个高明的领导者能够做到让部下感觉不到他的存在，不管他在还是他不在，员工都可以积极、主动地工作。这其实就是一个高明的管理者想要达到的最高境界，同时也是每个企业渴望看到的。

作为一名管理者，可能面对一些管理方面的事情有点手足无措，没有了方向，但其实很多时候他们根本不需要去做什么，他们要记住的就是一句话：管理方面的事情越简单越好。然后根据这种管理去挑选和提拔一些优秀的人才，然后将权力下放给他们，给他们提供充分的工作支持和保障，给他们一个工作的重点和方向，为大家营造一个彼此都喜欢的环境而已。如果做到了这些，就会让企业达到成功的彼岸。

## 策略2　懂得放权去做管理

道家的思想讲究的是“无为而治”，其实完美化的管理同样是无为而治的管理。

中国台湾奇美公司以生产石化产品ABS而在行业中位居全球第一，奇美的董事长许文龙所采用的管理企业的风格和观念就是“无为而治”，简单说就是需要管的少管、不需要管的不管。

企业内部的很多事情许文龙总是实行全部授权的方式，他从来不做任何书面的指令，就算是偶尔和主管们开会，也只是随便聊聊天而已。很多时候他都不知道自己的印章放在什么地方，而且更令人叫绝的是他连一间专门的办公室都没有，因为他没有专门的办公室，所以他经常开着车去钓鱼。曾经有一次他在路上遇到了大雨，于是他就到公司去避雨，结果员工看到他感觉很奇怪，很多人问他说：“董事长今天没有事情你来干什么？”许文龙想了想说：“是啊，没有事情我来干什么呢？”说完之后居然开着车离开了。

杰克·韦尔奇也曾经说过“管理越少，成效越好”的道理，其实就是“无为而治”。

杰克·韦尔奇在接受GE的时候，GE已经处于官僚主义盛行，令人憎恨的大企业顽疾中，杰克·韦尔奇认为所有这些问题都是在扼杀公司的竞争力。杰克·韦尔奇采用自己的管理方式，按照“管理越少，成效越好”的理念，尽可能放开自己手中大权，然后让员工放手去做。他不仅自己做，而且督促自己手下的经理也减少管理，因为他认为一个经理要是管理得少一点的话，那么公司的员工们就会做得更多一些。

“管得越少”就会“成效越好”，其实这种说法反过来也正确，成效少了绝对可以证明管理得少，这是一种管理的境界。但是并不是所有的企业或者企业管理者懂得这个道理。

很多人都在考虑如何将管理做到“管得少”而又“管得好”，其实关键就在于“管得住”。管理者未必要任何事情都亲自去做，只要懂得了委托和授权就可以了。在企业的管理中，其实少就是多，你越管理得少，则收获越多。

海尔集团首席执行官张瑞敏对这种授权出去的管理也非常认同。他在管理上习惯于指出思路，具体的细则则有手下的员工去做。海尔的各个部门其实都能独立运行。集团在管理上先任命一把手，然后再由这位一把手去任命手下的员工和组建领导班子。等到一切都配备好之后，只有涉及一些质量、资金等问题的时候再由集团统一去调配，其余的事情都由各个部门自己去做。

而对于授权管理这种方式，海尔集团的各个部门都很清楚，因为集团已经有了成熟的管理方式，各个方面的程序都很细致，所以他们只要认真领会，然后根据自己的实际情况进行处理就可以了。张瑞敏对自己手下的一些年轻负责人也很信任，一年上十亿元的资金都在他们的手中流动，他也不说什么。

海尔集团的内部实行彻底放权，从各级管理者到员工都有自己的权力和责任，他们的这种做法可以积极调动员工和管理者的工作积极性，同时也为集团减轻了很多负担，而这种“不管理”的效果就是通过放权达到的。虽然看起来管理者管的事情和人少多了，但是却达到了很好的效果。

## 策略3　不越位，谁的工作就由谁来做

在管理中不要越俎代庖，自己做好自己的事情，不要超出自己的本分而代理别人的事务。就比如一个打扫卫生的工作人员突然超越了自己的职责，到厨房去做厨师的工作了，自然这种越权要受到别人的指责了。其实在我们的现实生活中这种事情非常多，所以很多人总是觉得自己好心没有好报，或者感觉自己忙活了很久却得不到别人的赞许，关键就在于他超越了自己的权限去做别人要做的事情了。

美国通用电气公司前 CEO 杰克·韦尔奇总是在强调：“经营和管理其实很简单，你们只需要记住千万不要去做不属于自己做的工作。也就是说做老板就应该去做老板的工作，如果包办了下属的工作，那就会让下属感觉自己在公司没有事情可做。下属同样也是，如果自己去做了领导做的事情，那么就会越权。”

在现代企业中经常能看到这样的现象，很多领导看到下属所做的工作不如自己，总是喜欢去指点几句，但是他的这种做法并不能得到很好的效果，一方面会让自己劳累过度，而另一方面也会让下属整天无所事事，最终消极工作，失去了工作中的主观能动性。

曾经有一家企业接二连三有好几位中层领导辞职，这让企业的老总感觉很诧异，因为这些中层领导的待遇都很好，为什么会出现这样的情况呢？

后来慢慢才发现，原来这家企业的老总总是喜欢越俎代庖，本应该是一些中层领导审批的文件，他总是要直接去审批。慢慢地一些中层领导认为自己手中没有实权，本应该他们拍板的工作都需要老总最后审核。这让很多中层领导感觉很不舒服，随即开始辞职。

管理者在做事情的时候尽量不要越俎代庖，不要包办属于下属去做的工作，更不应该涉及员工执行分内的工作，只需要给他指示就可以了，提供给他们工作的工具，然后让他们放手去做。

如果工作中的很多事情都由领导来办，那么下属就开始依赖领导，从而很难发挥出自己的才能。要改变这种现状，需要懂得如何妥善给下属布置工作，明确下属的工作是什么，哪些工作该去做，哪些工作不该做。一个成功的领导要懂得相信自己的下属，然后给自己的下属锻炼和成长的机会。

一个领导者要对自己的下属信任而不包办他的工作。在工作中要充分依靠和相信自己的下属，要充分发挥他们的积极性和他们的创造精神。凡是属于下属工作范围内的工作，就一定要鼓励他、启发他让他自己去做。让下属有工作的动力。

## 策略 4　争辩的双方都是失败者

戴尔·卡耐基曾经说过：“从争论中获胜的唯一秘诀就是让自己避免争论。”国内一些高校也对这种做事风格进行剖析，其实争辩让人感觉当事人非常没有风度，而且争辩根本就不能解决任何问题。尤其是一个管理者每天需要做的事情有很多，没有必要将时间都浪费在一些没有任何意义的争辩上。

有一天晚上，卡耐基去参加一个宴会。在晚宴上他旁边的一个人讲了一个幽默的故事，而这个故事是通过一句话展开的，“不论我们如何去努力，我们的结果其实早已经注定了。”那位来宾在讲故事的时候说这句话出自于《圣经》。

卡耐基听到这句话之后就知道他将这句话弄错了，因为他对这句话非常熟悉，而且非常清楚地知道这句话是出自于莎士比亚的作品。于是卡耐基就给他指出了错误，但是那位宾客听完之后还是坚持自己的看法，他说：“这句话肯定是出自于《圣经》，对这一点我非常了解。你居然说它出自于莎士比亚的作品，这简直是太荒唐了。”就这样，他们两个人为了这句话的出处而争吵了很长时间。

此时，卡耐基的一个专门研究莎士比亚文学多年的朋友甘蒙特听到了他们两人的争辩，于是两个人都将这件事情交给了甘蒙特来判断，甘蒙特听了这个事情的经过之后，在桌子下面踢了踢卡耐基的脚，然后对他说：“卡耐基，这次是你错了，这句话的确是出自于《圣经》，这位先生说得很正确。”

在晚宴结束他们回家的路上，卡耐基就问甘蒙特说：“你应该知道那句话是出自于莎士比亚的作品啊。”甘蒙特则回答说：“是啊，那句话出自于莎士比亚的《哈姆雷特》。但是卡耐基，你们都是这个晚宴上的客人，你们为什么不能给主人留点面子呢？你为什么一定要将别人的错误指出来呢？你认为这样做会让别人认可和喜欢你吗？他在讲话的时候并没有征求你的意见，你又何必去正面和他们冲突呢？”

这件小事情对卡耐基的影响非常大，从此之后卡耐基就开始观察和研究人们的争辩了，最后他得出了一个结论：在一次争辩中双方都是失败者。

我们可以做一个设想：当我们和别人在争辩的时候，就算某个人在争辩的过程中赢了，那又有什么呢？就算是你击败了争论的对手，让对手变得颜面尽失，就算在短时间内自己内心感觉非常好，但是对于对方来说，你已经伤害到了对方的自尊，从而让对方感觉到自卑，于是他就会嫉恨你。人们这样做只不过是给自己树立一个敌人而已，对自己其实一点好处都没有。所以只要一个人卷入到了一场争论之中，就算争辩的最后你取得了胜利，那么同样也是一个失败者。因为你在人际交往中已经输掉了。

在某家汽车销售公司有一位著名的推销员叫霍华德，但是这位霍华德先生在最开始做销售的时候业绩一塌糊涂。因为他特别喜欢和别人争论，甚至是在销售的时候会和客户争吵起来。

在销售中，一旦有人咨询他关于一些卖车的信息时，他说着就开始和别人争吵。有些时候霍华德在离开别人办公室的时候会说一句话：“我一定要让那些不欣赏我、不赞同我的人，终有一天知道我的厉害。”的确，他让别人见识到了他争吵中的厉害，但是他的销售业绩却非常糟糕，丝毫没有起色。

后来，几位好朋友将霍华德的这个缺点说了出来，于是他在朋友的帮助下开始改正自己的毛病，尝试着和别人不争吵。没有想到的是就在改正的过程中取得了很好的效果。

于是霍华德继续着自己的销售工作，当有人给他说：“你卖的这种车就算是送给我，我也不会要的。我要买的话肯定是买其他品牌的车子。”而霍华德并不会生气，他只是说：“其他品牌的车子都很好这一点毋庸置疑，如果您要买其他品牌的车相信他们也会给您很好的服务。”他这样一说，反而让客户没有话可说了。之后他在销售的过程中从来不和别人争吵，他的业绩也开始越来越好，他也成为了全美销售业绩最好的推销员之一。

如果在刚才那种事情中，霍华德一开始就和对方争吵起来，一直说自己品牌的车子有多么好，而别人的有多么差，那么他这单生意肯定做不成，而之后他的业绩估计也不会好起来。

富兰克林曾经说过：“如果你的人生总是处于不断的争辩之中，那么就算是你最终取得了争辩的胜利，也只不过是短暂和虚无的，因为事情的结果不是靠输和赢来决定的。虽然争吵赢了对方，但是对方对你的影响肯定会大打折扣，会对你失去信任和好感。”一旦你想和别人争吵了，一定首先在自己的心里平衡一下，看自己的这次争吵有没有意义，这个时候你就会发现争辩根本就没有意义。

威廉·麦肯铎担任过美国财政部部长，他有很丰富的从政经验，他就说过：“仅仅靠辩论无法让无知的人服气。”在我们的日常生活中可以体会到，不管对方是聪明，还是愚笨，你都无法通过争辩的方式来改变对方的想法和态度，或许对方会因为你的强迫而赞同了你的看法，但是他们内心实际上对你根本没有好感，慢慢会疏远你。

曾经有一个年轻的军官总是和朋友们发生激烈的争吵，有一次，林肯责备他说：“如果想要获得成功，就不要把大量的时间花费在争吵上，争论的最终结果只能是逼得你失去控制力从而发火，或者是让对方失去控制力而发火。所以在和别人争吵的时候不如多做一些让步，给你举个例子：当你走在路上，有一条狗想要咬你，这个时候你与其被它咬，或者去打它，那你还不如躲一下。因为即便你打死了狗，那也会让你受伤。”

人类的本性中隐藏着自尊和骄傲，每个人最爱的和最相信的往往都是自己，所以人们总是认为只有自己的观点才是正确的。如果每个人都从这个角度出发，那么就会生出很多固执己见的人，从而发生很多次争辩。如果一些小事都能够引发人们之间的争辩，那么双方的关系就会越来越僵，最终达到无法调解的地步。

比如说：两个好朋友出外旅游，他们经过了一座宝塔，一个说这座塔是8层，而另一个则说是9层，最后两个人因为这个问题而争论起来，不管这座宝塔有多少层，但是他们在争辩的过程中将会浪费掉这次旅游，他们肯定没有心思再玩了。而他们的争辩也没有任何意义。

所以，一个渴望成功的人就懂得避开一些没有意义的争辩。如果一次争辩已经开始那么我们就要尽可能阻止它继续发展下去。这样可以保证我们将大好的时间花在有意义的事情上。